L'HOMME ET LE LOUP

L'HOMME ET LE LOUP

Daniel Bernard

avec la collaboration de
Daniel Dubois

Introduction par
Henri Gougaud

LIBRE EXPRESSION

© Berger-Levrault, 1981
229, boulevard Saint-Germain, 75007 Paris
pour l'édition française

© Éditions Libre Expression, 1982
pour l'édition canadienne
ISBN : 2.89111.096.X — Dépôt légal : 1er trimestre 1982
Bibliothèque Nationale du Québec

Le loup est assez commune bête,
aussi n'y a t-il pas lieu de le décrire,
car il y a peu de gens qui n'en aient vu.

Gaston Phébus, *Le livre de la chasse,*
XIVe siècle.

Introduction

Dans la neige de Noël, un loup chemine, famélique. Il porte un lamentable feutre mou, couleur d'hiver, enfoncé sur les yeux. Les poings au fond des poches de son vieux jean rapiécé, il mâchonne un mégot jaune comme le ciel, et froid comme l'hiver. Il s'arrête, dans la vaste plaine, sous un arbre noir. Un gros paquet de neige tombe de la plus haute branche, s'écrase sur sa tête. Un oiseau, là-haut, s'envole en riant. Le loup s'ébroue, lui tend le poing, impuissant. Une stalactite de glace pend au bout de son museau. Il serre sa ceinture de trois crans et d'un pas lourd s'éloigne en grommelant, la tête enfoncée dans ses maigres épaules voûtées, pauvre maudit ridicule. Soudain, le voilà qui tombe en arrêt. Ses yeux se fendent et lancent de brefs éclairs cruels, d'un bleu sinistre. La stalactite tombe de son nez dans un tintement de cristal. Ses babines se retroussent, découvrant deux étincelantes rangées de fourchettes et de couteaux acérés — sa denture. Il flaire, il hume le fumet d'un rôt. Comme par miracle, une serviette blanche à carreaux rouges s'est nouée autour de son cou. On entend des éclats de fête dans une chaumière de conte de fées, là-bas, au bout du chemin creux. A pas de loup le loup s'avance, l'oreille dressée. Il coule un regard cupide par la fenêtre. Il ricane. Trois canetons font la ronde autour d'un sapin de Noël, devant un feu délicieux. Il se glisse le long de la muraille, se confond avec elle, parvient à la porte de planches mal jointes, l'ouvre en hurlant comme un démon. On entend un sifflement de boulet de canon. Une énorme tarte à la crème s'écrase sur son visage, imparable. Le méchant regard se fait ahuri, et la langue pend sur la neige blanche. Le film ne fait que commencer. On sait d'avance quel en sera le terme : un éclat de rire exorciste aux dépens d'un antique démon.

Ce « cartoon » est aussi vieux que le loup même. Car ce fauve ravageur et redouté, ce croque-mitaine aux couleurs de cauchemar — rouge sang sur noir pelage — fut aussi le bouffon des pauvres, sa vie durant. Bouffon ambigu, semblable à un tyran raillé, beaucoup plus qu'à un clown, même triste. Lorsque les piques se brisaient sur l'échine de la terreur, on décochait les flèches du rire contre les yeux de braise, au fond de la nuit, armes magiques et conjuratoires. On imaginait donc, à la veillée, sire Ysengrin royalement roulé dans la farine par compère Renard. On attachait, en rêve, un panier à la queue du grand méchant, et l'on riait. On la plongeait dans l'eau glacée de l'étang, jusqu'à ce qu'elle soit semblable à un bâton de givre, et l'on riait encore. Ou bien l'on offrait au glouton un fromage; lorsqu'il ouvrait la gueule l'on brisait, à coups de pierre, ses dents aiguës, et l'on riait toujours, au coin du feu, à l'abri des volets tirés et de la porte verrouillée. On fit à cet animal plein de rage les pires farces imaginaires.

9

Car le loup est une brute simple d'esprit, disait-on pour se rassurer — un rustre.

> Je dis le loup, car tous les loups
> ne sont pas de la même sorte,
> il en est d'une humeur accorte
> sans bruit, sans fiel et sans courroux,

dit Perrault, qui s'y connaît. C'est vrai, il est de bons diables. Une légende gasconne raconte qu'un homme métamorphosé en garou courut six jours et six nuits avec la horde forestière à la poursuite du remède qui devait sauver son père de la mort. Voilà qui n'est pas sans noblesse.

Le monde et l'ancien temps connurent d'autres loups glorieux, bons, lumineux même. En Chine, il fut une étoile — Sirius — gardien du palais céleste — la Grande Ourse. En Grèce, il fut consacré à Apollon, le dieu des beautés, et son image figura à côté de l'Olympien aux boucles brunes, sur les pièces de monnaie. Il fut, chez les Mongols, un symbole solaire de haute race. Plusieurs clans sibériens descendent, disent-ils, d'un de ces fauves. Les Ouïgours racontent que leurs ancêtres sont nés de deux superbes jeunes femmes fiancées « dans le ciel » à deux loups. « Une chronique chinoise rapporte qu'une tête de loup en argent figurait dans les armes des T'ou Kine [1]. » Et Genghis Khan, le redoutable, le glorieux, l'intrépide eut pour aïeul un loup gris. Il y a là de quoi imposer le respect. Au Japon, ce père de roi est veilleur de nuit : il protège les humains à peau tendre contre les autres bêtes sauvages. Il vaut mieux pourtant ne point trop se fier à lui. Il est chien de garde, soit, mais ne supporte pas la laisse. « Le loup apprivoisé rêve toujours de la forêt », dit le proverbe. Il déchire sans discernement le voleur et le maître, pour peu que ce dernier le veuille museler. Car il est la colère prompte, la puissance ravageuse parce que débordante. Il est, tel Attila, ce guerrier dévastateur derrière lequel l'agneau ne repousse guère.

Son regard est insoutenable. Il perce les ténèbres, affirme-t-on, ce qui fait de lui un prince parmi les guides. Il fut chien d'aveugle pour saint Hervé qui ne voyait que noir, selon la légende dorée. Il est, chez les Roumains, conducteur de l'âme des morts, « car le loup connaît l'ordre des forêts », et, chantent au défunt les vieilles pleureuses,

> il te conduira
> par le chemin droit
> vers un fils de roi
> vers le paradis.

Sa puissance est parfois rassurante comme un feu dans la nuit. Mais gare, le feu brûle, s'il chauffe : la foudre du ciel est un loup bleu, dit-on en Turquie, loup céleste d'une virilité de couteau qui pourfend la biche de la Terre, et l'ensemence pour qu'elle accouche de héros, de conquérants, de rudes chefs armés de vigueur surhumaine jusqu'aux yeux d'acier rougi. Ce fauve est ténébreux même dans ses bontés. Il arrive pourtant qu'on lui demande grâce avec la pure et naïve confiance de la brebis qui tend sa gorge au coutelas. En Anatolie, c'est ce croqueur d'enfants que les femmes stériles invoquent pour avoir un fils. Au Kamtchatka, c'est sous la protection de son image grossièrement taillée dans un paquet de foin que l'on place les jeunes filles, à la fête d'octobre, pour qu'elles soient fécondes. Ce n'est guère étonnant. Tout le monde sait que Rome doit la vie aux mamelles d'une louve compatissante qui recueillit

Romulus et Remus, les fils de Mars abandonnés, nourrit avec douceur ces étranges chiots et leur sauva la vie. Un berger, Faustulus, les découvrit tétant leur mère fauve. Il eut pitié d'eux, les emporta chez lui et les confia à sa propre femme, Acca Larentia, qui les éleva jusqu'à l'âge d'homme. Telle est la légende, que les pères de l'Église contestent violemment. La nourrice bestiale des Romains, disent-ils, ne fut autre que dame Larentia elle-même, que l'on nomma louve parce qu'elle était femme de mauvaises mœurs. Il est vrai qu'en latin l'on désignait du nom de lupae — louves — les prostituées, ainsi nommées parce que — tous les folklores d'Europe l'affirment avec force — madame Ysengrin est une femme insatiable qui ne songe, la malheureuse, qu'à se vautrer dans le stupre et la fornication.

Les bruits les plus saugrenus courent à son sujet. Il est écrit, dans « le livre du chevalier de la Tour Landry », que « certaines femmes ressemblent à la louve qui eslit son amy le plus failly et le plus laid ». Quant à Gaston Phébus, il déclare fort sérieusement que « lorsque la louve est en chaleur, elle se trouve incontinent accompagnée du premier loup qui la rencontre ». Mais que passe par là un deuxième gaillard, puis un troisième, puis un quatrième, ils suivent aussi, le museau de l'un flairant le train de l'autre, « tellement que de queue en queue ils font une grande traînée de loups ». Notre femelle « vague », dit Phébus, « sans aucun arrêt », jusqu'à ce que ses soupirants soient « las et recrus », et tombent de sommeil. Alors, « elle s'adresse au pire de la troupe, qui est celui qui le premier a fait sa rencontre, et qui est lassé davantage. Quand elle a satisfait à son déduit, elle s'éloigne, et les autres à leur réveil, étonnés de son absence, et reconnaissant au flair celui qui les a supplantés, tous d'un commun accord le dévorent ». La Louve : il fut pourtant une haute dame, respectable et respectée, au XIIᵉ siècle, près de Carcassonne, qui porta fièrement ce nom. C'était une maîtresse femme, très belle, très désirable, et quelques troubadours parmi les plus considérables du temps furent amoureux d'elle. L'un d'eux, dit la chronique, voulut en son honneur faire retraite dans la forêt, vêtu d'une peau de loup. Il s'appelait Peire Vidal. Des bergers, le prenant pour un fauve, le bastonnèrent et le ramenèrent à moitié mort au château de sa dame, à Pennautier. Si pur hommage émut la Louve. Elle soigna son malheureux soupirant avec compassion et lui offrit, quand il fut guéri, une somptueuse fête.

Il y a loin de la femelle en chaleur à la dame désirée, mais, en tout cas, il est clair qu'un loup vagabondant sur les chemins d'amour ne peut être symbole que d'excessive passion. Point de rêves éthérés en sa compagnie, point de tendresse, mais du feu. Il n'est pas facile d'être loup au pays des fantasmes, et, tout bien considéré, ce n'est pas un sort enviable. Car il faut bien se rendre à l'évidence : dans cette Europe qu'il terrorisa, le noir carnassier n'est guère de bon augure. A l'exception d'une « clef des songes » campagnarde qui promet aux « maladifs », s'ils rêvent de lui, « que bientost sans dommage, sains et guaris feront quelque voyage », tous les grimoires le vouent au diable. Il est maudit, dès sa venue au monde. Une légende provençale raconte que le bon Dieu offrit à son fils Adam une baguette magique en lui disant : « Chaque fois que tu frapperas de cette verge, tu donneras naissance à quelque objet utile. Mais prends garde, celle qui vit auprès de toi ne doit pas en user. » Il va sans dire que notre première mère voulut passer outre, et se saisir du bâton. Adam lui en cingla les épaules, et naquit un bel agneau. Ève, fort courroucée, le prit à son tour, *malgré l'ordre, et frappa le sol : il en sortit un loup énorme qui croqua d'un coup de dent le trop tendre agnelet. D'autres contes traditionnels prétendent curieusement que c'est Jésus qui « inventa » ces fauves, afin qu'ils défendent les choux du jardin de sa mère, que les chèvres venaient brouter. Mais la Vierge, les trouvant par trop féroces, les maudit. On dirait que nos ancêtres ne parvinrent pas à faire du loup un franc objet de répulsion. Sa puissance les fascina. Sans doute est-il l'implacable adversaire, mais, comme dit Giono, « on sent que c'est une bête avec laquelle on peut s'entendre, sinon avec des paroles, du moins avec des coups de fusil ». Ennemi, soit, mais honorable, et respecté. Odieux sans doute, mais considérable. Sa dépouille était tenue pour un trophée sans pareil, que le roi même pouvait brandir avec orgueil aux remparts de ses citadelles. Ainsi proclamait-il aux quatre vents sa victoire sur un démon, ainsi faisait-il sienne la mystérieuse et redoutable vigueur de la bête. Amadis Jamyn raconte qu'au retour d'une chasse courue par Charles IX, dans la forêt de Saint-Germain,*

sur le front du chasteau pour signe de conqueste
on attacha la pate et l'exécrable teste
du loup et de sa louve et de cinq louveteaux.

Il semble bien que ce genre d'exhibition ait été, à l'époque, pratique courante. Il arriva même que l'on fasse à ce sauvage l'honneur de le juger, et de le pendre, comme un homme. Pourquoi? Parce qu'il « tue et ravist plus que beste ne soit », dit Eustache Deschamps. Surtout parce qu'il faut être expert en sorcellerie pour ravager avec une telle arrogance, et un sorcier, cela ne s'exécute pas sans ménagements, sans apparat, sans magie : il ne faut pas que ses venins survivent à son cœur fendu. Or, le loup, en fait de pouvoirs maléfiques, est surabondamment pourvu.

D'abord, il est l'une des montures favorites de ces malfaisants qui se rendent au sabbat, les nuits de pleine lune. Ensuite, il fait perdre la voix à ceux qui respirent son haleine, ou qui se laissent fasciner par son regard. Enfin, ces assoiffés de sang « ont coutume au soir de hurler, pour s'assembler tous ensemble ». Ils tiennent congrès, aux carrefours, élisent leur chef, s'entretiennent de leurs affaires, trament leurs mauvais coups. Ce ne sont pas là manières de bêtes chrétiennes. Les sorciers humains pactisent avec eux. On en a vu courir les bois en leur compagnie. Certains bergers savent l'art de se concilier leurs bonnes grâces. Le commun des mortels, qui n'entend rien aux subtilités diaboliques, leur fait offrande de mouton, à la lisière des prairies, pour qu'ils laissent en paix les troupeaux, et psalmodient contre eux d'innombrables formules qui ne doivent pas être très dissemblables, quant à leur fond de peur, de rage et de magie, de celles que récitaient les hommes des cavernes devant l'image peinte des carnassiers, avant de partir à la chasse : « Loup, louve ou louvinet, tu n'auras pas de pouvoir sur moi ni sur les bêtes qui sont à ma charge, pas plus que le grand diable n'en a sur le prêtre à l'autel. Que le bon saint Georges te ferme la gorge, que le bon saint Jean te casse les dents. »

Celui sur qui l'on appelle ainsi les saintes sévérités est un démon d'autant plus redoutable qu'il n'est imaginaire qu'à demi. Il se repaît de chair vivante, c'est incontestable. Mais devant telle horreur, la raison est prompte à s'emballer, et à piquer du nez dans le délire. On dit ce monstre vampire, dans la plus pure tradition des terreurs cinématographiques. On raconte en Wallonie qu'un ménestrier, trouvant un soir sur son chemin un loup de belle taille, se mit à jouer du violon, pour tenter d'adoucir ses mœurs. Le fauve s'enfuit aussitôt, épouvanté d'avoir vu, dans l'archet croisé sur l'instrument, l'image d'un crucifix. Le comte Dracula, son proche parent, n'aurait pas autrement agi, car lui aussi déteste les croix, lui aussi arbore de terribles canines, et des yeux sanglants hypnotiseurs. Il ne lui manque guère, pour être un vrai loup-garou, que le pelage hirsute et la griffe humide.

On crut longtemps, dur comme fer, à l'existence de ces monstres à demi humains. On en vit partout, on en tua des centaines. C'était au temps où l'esprit des forêts, puant l'humus puissant et les racines, menait encore de rudes assauts contre les blanches murailles des églises villageoises. Ils furent l'armée du Dionysos terrien, païen, grouillant de vie obscure et nécessaire, insurgé contre la tyrannie du christianisme triomphant. Ils furent la révolte des viscères contre la dictature de l'esprit désincarné. On vint à bout de leurs furies, non sans mal. On les arracha de notre inconscient comme mauvaises herbes, sans que cela nous rende l'âme plus fertile. Aujourd'hui, on ne menace plus guère les petits turbulents du siècle industriel de les donner au loup, s'ils ne sont pas sages. Et pourtant, ce vieux croque-mitaine échoué aux portes de nos temps mécaniques venait de fort loin — de l'Achéron, exactement, l'antique enfer dont Mormolycée, la louve, fut la nourrice. Elle terrorisa les enfants grecs avant de dévorer, déguisée en mère-grand, la petite fille de Perrault, et de devenir l'anti-Père Noël brandi comme un épouvantail par nos aïeules paysannes.

Le loup est mort, qui fut la Mort, dévorant les astres, engloutissant dans sa gueule nocturne l'oiseau-caille, selon le Rig Véda — la lumière. Désormais, les délires humains ne le nourrissent plus. Du haut de sa tour d'ébène, il peut contempler le temps parcouru avec la fierté sauvage de ces guerriers qui furent cruels, mais jamais asservis. Les moutons gras vont en troupeau, les chiens replets lapent leurs écuelles. Peut-être crèvent-ils de nostalgie, à leurs instants lucides, en se souvenant du vieux solitaire indompté hurlant dans les vallons neigeux, efflanqué, soit, « inadapté social », sans doute, mais libre.

Henri Gougaud

---

1. Uno Harva. *Les représentations religieuses des peuples altaïques.*

L'animal

*La grande famille des Canidés dont les caractéristiques communes sont évidentes,
comprend plusieurs espèces bien distinctes réparties sur tous les continents.
1 : Loup commun, variété noire (Canis lupus); 2 : loup commun (Canis lupus);
3 : loup d'Abyssinie (Canis simensis); 4 : loup de prairie ou coyotte (Canis latrans);
5 : renard commun (Canis vulpes); 6 : fennec (Canis zerda);
7 : loup de l'Antarctique (Canis antarcticus); 8 : loup américain (Canis lupus occidentalis);
9 : loup indien (Canis lupus pallipes).
Gravures de J.-C. Kevlemans, extraites de* A Monography of the Canidae, *Londres, 1890.*

Description morphologique

Pendant des millénaires, le loup fut l'unique fauve de nombreux pays d'Europe. Longtemps redouté et haï, il a toujours été méconnu. Depuis quelques années pourtant, l'observation directe a fait progresser l'étude de son comportement, mais de grandes divergences subsistent encore dans la classification, la description anatomique ou la relation de ses mœurs [1].

Le genre Canis est représenté par six espèces bien distinctes habitant l'Eurasie, l'Afrique et l'Amérique du Nord : le loup commun *(Canis lupus)*, le coyote ou loup aboyeur *(Canis latrans)*, le chacal commun ou loup doré *(Canis aureus)*, le chacal à chabraque *(Canis mesomelas)*, le chacal rayé *(Canis adustus)*, le loup d'Abyssinie *(Canis sinensis)*.

Le *Canis lupus* comprend lui-même deux sous-espèces : le loup gris qui vit en Asie, en Alaska et dans les régions sauvages d'Europe, et le loup roux *(Canis lupus niger)* essentiellement localisé aux États-Unis (Alabama, Floride, Géorgie et Caroline du Nord). Pour être complet, il faudrait encore citer les nombreuses variétés qui ont été signalées un peu partout dans le monde. Beaucoup ont disparu, telles le loup du Japon *(Canis lupus hodophilax)*, le loup des roseaux *(Canis lupus minor)* qui vivait encore au début du XXe siècle en Autriche-Hongrie, le loup des Indes *(Canis lupus pallipes)*, en voie de disparition et qu'on donne comme l'ancêtre possible de notre chien domestique.

Le thylacine *(Thylacinus cynocephalus)*, bien que dénommé loup marsupial, n'a rien à voir avec le loup; son nom signifie plutôt « chien à poche avec tête de loup ». Disparu de l'Australie par suite de l'introduction du Dingo, le thylacine n'existe plus qu'en Tasmanie où les rares survivants sont protégés depuis 1936.

C'est au Pliocène, il y a environ cinq millions d'années, qu'est apparu le genre *Canis*. Dans la longue histoire de l'évolution des espèces animales, il succédait à son ancêtre le *Tomarctus* qui vécut au Miocène, il y a vingt-deux millions d'années. Avant lui, le *Cynodictis*, ancêtre de tous les canidés, ours et ratons-laveurs, l'avait précédé il y a trente-huit millions d'années, à l'Oléocène. On peut remonter ainsi le temps jusqu'au *Miacis*, qui vécut au Paléocène, il y a plus de soixante-cinq millions d'années et qui serait l'ancêtre de tous les carnivores. Le loup, lui, existait déjà il y a plus de deux cent mille ans. Sa présence a été prouvée en Amérique et en Allemagne. A la même époque la Chine abritait le *Canis sinensis*, l'Amérique le coyote et l'Europe le renard et le chacal.

C'est à la suite de découvertes d'ossements en Russie et de représentations de chiens sur les gravures rupestres de la Cueva de la Vieja en Espagne ou sur des fresques magdaléniennes qu'on a pu dater l'apparition du chien domestique, *Canis familiaris*. Ses

1. Le loup *(Canis lupus L.)* est un mammifère, de l'ordre des Carnivores digitigrades.
La famille des Canidés *(Canidae)* regroupe quatorze ou quinze genres et trente-cinq espèces divisées en trois sous-familles : les Caninés, les Simocyoninés, les Otocyoninés. La sous-famille des Caninés rassemble les genres *Canis* (chacal, chien, coyote, loup), *Alopex* (renard arctique, isatis), *Vulpes* (renards divers), *Fennecus* (fennec), *Urocyon* (urocyon, renard gris), *Nyctereutes* (chien viverrin), *Dusicyon* (renard sud-américain), *Atelocynus* (chien sauvage à oreilles courtes), *Cerdocyon* (renard crabier), *Chrysocyon* (loup à crinière). La sous-famille des Simocyoninés réunit les genres *Speothos* (chien de savane), *Cuon* (dhôle ou cuon indien), *Lycaon* (lycaon ou chien chasseur). La sous-famille des Otocyoninés ne comporte qu'un seul genre : *Otocyon* (otocyon ou chien oreillard).

Attitudes du loup, croquis de Robert Hainard pris sur le vif dans les pays de l'Est.

La morphologie de la tête du loup lui permet des mimiques beaucoup plus expressives que celles du chien : 1 : menace intense; 2, 3 et 4 : menace d'intensité décroissante; 5 et 6 : anxiété (d'après Schenkel, 1948).

Page de droite, en haut :
Le hurlement du loup a toujours fasciné l'homme, cette « mélodie sinistre » permet aux animaux de se localiser et de se retrouver.
Dans le grand nord canadien.

Page de droite, en bas :
Le loup, rarement solitaire, vit en société et chasse en bande.

2. *Premier colloque d'ethnosciences.* Paris, novembre 1976.

origines sont très controversées, peut-être à cause des nombreux ancêtres qu'on peut lui attribuer génétiquement. Le loup a-t-il été le père du chien? Il est très difficile de l'affirmer, car si le loup a pu être apprivoisé et contribuer à la création du berger allemand, il n'a, en revanche, jamais pu être domestiqué. Certains chercheurs pensent que le chacal doré, devenu l'auxiliaire de l'homme pour la chasse, se serait transformé en chien domestique. Pour Darwin et Konrad Lorenz, le chien tiendrait à la fois du loup et du chacal; l'essentiel de leurs arguments s'appuient sur les caractères psychologiques de ces deux animaux. On a aussi émis l'hypothèse de la descendance du chien à partir du loup des Indes.

Rejetant les thèses précédentes, Pierre Pfeffer pense que « la persistance dans toutes les souches de chiens domestiques de caractères originaux et parfaitement stables est le meilleur argument en faveur de l'existence d'une espèce bien différenciée qui aurait disparu à l'état sauvage par suite d'une véritable mutation psychique qui l'aurait conduite à une symbiose totale avec les premières sociétés humaines » [2].

Très méfiant, le loup ne se laisse pas approcher facilement. Seuls quelques naturalistes y sont parvenus après de très longues périodes d'attente. « Qui se lance dans cette aventure doit savoir à quoi il s'expose », dit Robert Hainard, l'illustrateur animalier suisse qui a passé sa vie à traquer les loups libres. « J'ai vu huit loups dans ma vie. Le temps que j'y ai passé, jour et nuit, atteint une bonne demi-année, encore que deux des rencontres — l'une double côté loups — me soient échues lorsque je cherchais autre chose. Mon dernier contact, d'une demi-minute au clair de lune, dans le nord-ouest de l'Espagne, m'a coûté six semaines. » (Robert Hainard, *Mammifères sauvages d'Europe.*)

Le loup est le plus grand animal du genre *Canis* : sa taille et la couleur de sa fourrure varient beaucoup d'un habitat à l'autre, ce qui rend plus délicate son identification et explique qu'on voit souvent un loup là où il n'y a qu'un chien. Sa mâchoire très puissante est armée de quarante-deux dents. Les incisives, petites, servent à nettoyer les os de toute chair; les canines ou crocs, grandes, pointues et fortes saisissent les proies et les déchiquettent; les carnassières, très développées, les broient. Cette mâchoire peut exercer une pression énorme évaluée à plus de 15 kilos au centimètre carré : on comprend ainsi que le loup puisse facilement briser le fémur d'un élan adulte. Son museau très fin, ses yeux obliques d'un jaune d'or troublant, ses oreilles toujours droites lui permettent des mimiques beaucoup plus expressives que celles du chien. Ce visage se transforme suivant les préoccupations de l'animal : les sourcils s'allongent ou se froncent, le nez se plisse aussi, les oreilles restent droites en cas de qui-vive ou se couchent en signe évident de soumission, le regard change rapidement en permanence. Toute cette musculature est donc si mobile qu'au dire d'un autre artiste animalier, William Berry, « il est très difficile de dessiner un visage de loup ». La vue et l'ouïe sont très développées, mais le flair est prépondérant.

La longueur totale du corps varie de 100 à 140 centimètres, la hauteur au garrot entre 65 et 95 centimètres. La queue, longue de 30 à 40 centimètres, est touffue et pendante. Les membres longs, minces et nerveux sont terminés par quatre doigts aux pattes postérieures et cinq aux pattes antérieures, chacun se terminant par une griffe non rétractile.

18

De tout temps le loup a été chassé pour sa fourrure avec laquelle on faisait de magnifiques manteaux, mais aussi des tapis et des descentes de lit.
Préparation de peaux de loups en Pologne vers 1970.

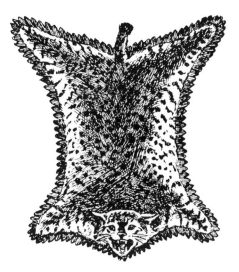

En 1913, le catalogue de la Manufacture française d'armes et de cycles de Saint-Étienne *proposait encore le montage des peaux des derniers loups de France.*

MONTAGE DES PEAUX EN TAPIS avec tête naturalisée, gueule ouverte avec mâchoire, double garniture en drap. *Travail soigné.*

Renard, blaireau, chat sauvage, ou domestique.
  Prix . . . . 20. » à 25. »
Loup, chevrette, biche, hyène, etc.
  Prix . . . . 45. » à 70. »
Sanglier, cerf, daim (la tête ne se fait pas pour tapis).
  Prix . . . . 50. » à 70. »
Panthère, jaguar.
  Prix . . . . 60. » à 90. »
Tigre, lion, ours.
  Prix . . . . 90. » à150. »

Page de gauche, en haut :
Les loups s'attaquant surtout aux animaux malades ou affaiblis contribuent à maintenir un équilibre sanitaire parmi les troupeaux d'herbivores forestiers.

Page de gauche, en bas :
Couple de loups à l'aube. Gravure sur bois à cinq tons de Robert Hainard d'après un croquis pris sur le vif à Štalje, en Slovénie, en 1955.

Tout ceci fait du loup un animal doué pour la course. Sa vitesse moyenne est de 40 kilomètres à l'heure et peut atteindre 50 sur de petits parcours. C'est surtout un coureur de fond capable de se déplacer sur de grandes distances : il peut parcourir 250 kilomètres en deux semaines. Gérard Ménatory dit qu'un loup « dérangé dans son secteur et longtemps poursuivi peut parcourir jusqu'à 100 kilomètres dans une journée ». Il cite l'aventure du Grand Dauphin, fils de Louis XIV, « attaquant un vieux loup dans la forêt de Fontainebleau et le prenant quatre jours après aux portes de la ville de Rennes », ou celle de quatre officiers de gendarmerie de Lunéville, qui, partis des environs de Nancy, poursuivirent un loup trois journées, et le prirent après trente-neuf heures de « laisser-courre », aux environs de Trèves. Cette mobilité régulière, ce nomadisme latent ont bien souvent fait croire aux populations apeurées qu'elles étaient en présence d'une bande de loups, alors qu'elles n'avaient affaire qu'à quelques individus.

Son pelage, dont la teinte n'est pas uniforme, varie du blanc au noir. Le loup d'Europe est généralement gris fauve avec des jarres noirs, bruns ou blancs. En Amérique, on trouve des loups roux, noirs ou blancs, sans que ces couleurs soient nettement uniformes. Georges Constant, dans *Le guide de la fourrure*, en donne cette description professionnelle : « Sa fourrure est gris-jaune, charbonné de noir. Si les poils du dos, et particulièrement de l'arête, sont drus et longs, la plus belle partie reste les flancs

Si, pour le profane, le loup ressemble beaucoup au berger allemand, des indices précis permettent pourtant de le distinguer du chien (forme des oreilles, oblicité des yeux, pelage, etc.).

Le loup et le chien, gravures comparatives du XVIIe siècle « dessinées d'après nature » par W. Holzar.

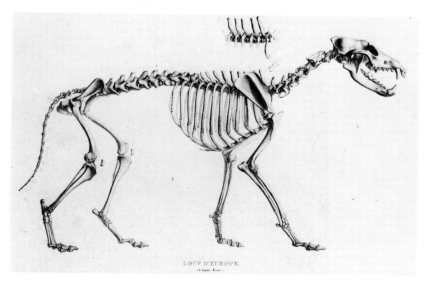

Le loup a l'avant-train robuste, mais l'arrière-train plus faible et l'omoplate plus oblique que le chien, ce qui lui permet une grande aisance de mouvements.
Squelette de loup gravé par Ducrotoy de Blainville, 1839-1864.

et le ventre qui sont d'un crème soyeux, allant jusqu'au blanc pur. Le cuir est fin et résistant. » Les louveteaux qui ont un pelage laineux foncé le perdent rapidement pour acquérir leur couleur naturelle. Les adultes muent au printemps et paraissent plus faméliques en été; les vieux loups grisonnent comme les chiens.

Le cou très large et musclé a sept vertèbres cervicales dont aucune n'est soudée. L'omoplate, plus oblique que chez le chien, modifie la position des membres antérieurs et permet à la fois une plus grande aisance pour respirer et une plus grande facilité de mouvement. L'arrière-train semble faible, contrastant avec l'avant-train plus robuste. Cette raideur de la nuque et cette prédisposition à la claudication ont donné lieu à des croyances dont nous reparlerons.

Comme pour tout ce qui concerne le loup, son habitat est encore un aspect de son comportement assez méconnu, toujours discuté et controversé. L'animal a su s'adapter à de nombreux milieux, quels que soient la végétation, la nature du sol, le relief ou le climat, mais le désert et la forêt tropicale ont arrêté son expansion vers le sud. Si primitivement il fréquentait les plaines découvertes, la lutte acharnée que lui ont menée les hommes l'a refoulé vers des territoires de plus en plus étroits. Il se retranche maintenant dans des lieux écartés où il risque moins d'être pourchassé. La présence de proies en quantités suffisantes est désormais plus importante que la nature du terrain. Le loup qui a une organisation sociale comparable à celle de l'homme est en compétition avec lui [3]. Comme beaucoup de fauves, il ne vivra bientôt plus que dans les sanctuaires naturels que l'on voudra bien lui accorder.

Traqué pendant des millénaires, l'animal est devenu prudent : il se tapit le jour au fond d'un ravin buissonneux, dans les roseaux d'un marais, dans les roches et les petites cavernes, au creux d'un fourré épais ou même derrière un tronc d'arbre abattu. Le cas échéant, il ne dédaigne pas un terrier abandonné par un renard. La femelle prête à louveter choisit un bosquet près d'un point d'eau, appelé « chaudière ». Elle déménage ses petits en cas de danger. Le loup quitte son abri, surtout la nuit, pour chasser.

Le loup en famille utilisé par la caricature. Dessin de Cham pour le Charivari, *vers 1850.*

Proudhon, qui avait mis la famille en question, se trouve à son tour mis en question par une famille tout entière

Une peau préparée pour la confection des manteaux.

3. Cette similitude a été étudiée par une équipe de chercheurs réunis autour de R.L. Hall et H.S. Sharp dans un ouvrage intitulé : *Wolf and Man. Evolution in parallel.* New York, Academic Press, 1978.

Sentinelles cosaques attaquées par des bandes de loups.
Le nombre des animaux d'une meute était souvent
très exagéré dans les représentations ou les récits populaires.
Gravure sur bois, vers 1904.

Un chasseur organisé

Pour se nourrir, le loup s'attaque d'abord aux animaux qui fréquentent son territoire de chasse. Sur cet espace, et en fonction des ressources qu'il offre, sa nourriture sera très variée. S'il a de la chance, il survivra grâce aux ongulés, les élans, les daims, les cerfs, les caribous, les antilopes. En cas de nécessité, il capturera de petits mammifères tels les écureuils, les castors, les rongeurs, les lemmings, les souris; au besoin il mangera un renard, une charogne délaissée, des batraciens, des oiseaux et des végétaux. Bon nageur, il pêchera avec dextérité des goujons ou des brochets; il pourra se contenter de hannetons et même jeûner pendant plusieurs jours. En concurrence avec l'homme, il s'attaquera au gibier, au bétail ou au chien dont il aime la chair.

Il peut engloutir des quantités importantes de viande; plus de dix kilos par jour et jusqu'à 1/5 de son poids, dit-on, ce qui paraît bien improbable. Gérard Ménatory le conteste : « C'est beaucoup et c'est trop, et le pauvre loup aura subi les affres de l'indigestion avant d'avoir ingurgité une telle quantité de nourriture [4]. » Il fait des réserves, les enterre et reste à proximité de ses provisions jusqu'à ce qu'elles soient épuisées. Il ne tue donc pas pour le plaisir.

Certes, quelques loups se sont attaqués aux hommes, mais il s'agissait certainement de bêtes déséquilibrées et leur nombre est

Rencontre d'un cerf et d'un loup en Tchécoslovaquie.
Croquis sur le vif de Robert Hainard, 1948.

La litière, formée de poils et d'herbes est installée dans un lieu impénétrable, caché et protégé. « C'est sous une roche un peu inclinée, écrit Raymond Rollinat, ou près d'un gros arbre au tronc énorme et depuis longtemps par terre, ou même en plein roncier au plus épais des bois, que la louve forme son liteau. »
« Louve dans son fort », lithographie de F. Grenier, extraite du Journal des chasseurs, *1841.*

4. G. Ménatory. *La vie des loups.* Paris, Stock, 1969.

bien éloigné de celui que la légende leur prête. Le gouvernement canadien avait offert une prime à qui prouverait l'anthropophagie de ces animaux, il ne s'est encore trouvé personne pour la réclamer.

Dans *Les mangeurs d'hommes,* Burton constate que les loups, en Europe comme en Asie, « n'attaquent pas les adultes, excepté lorsqu'ils sont poussés par la faim durant les hivers d'un froid excessif... On m'a dit en Russie blanche, sur les lieux que traversa l'invasion de Napoléon, près de Smolensk, où les loups étaient nombreux, qu'on n'avait jamais entendu dire qu'ils aient attaqué l'homme. Durant la retraite de 1812, les traînards blessés de la Grande Armée de Napoléon eurent sans doute à souffrir des loups, mais ils furent probablement moins cruels et moins constants dans leurs attaques que les paysans russes ».

Robert Hainard témoigne également : « Presque chaque hiver, on annonce qu'en Laponie un village a été assiégé par les loups et délivré par les mitrailleuses des avions. Cela amuse beaucoup les naturalistes suédois, qui estiment à une dizaine le nombre des loups pour l'immense Laponie... L'avocat, qui dirigea mes investigations sur les loups en Banat, possède une grande collection de journaux de chasse austro-hongrois du début du siècle. Il n'a malheureusement pu me retrouver l'article, mais m'a raconté qu'un de ces journaux avait envoyé un enquêteur sur place chaque fois qu'un cas d'attaque sur des êtres humains était signalé. Sur cent cas, quatre-vingt-dix-neuf se révélèrent faux; le centième concernait un homme ivre-mort. »

Ainsi, pendant des millénaires, on a rendu les loups responsables de morts naturelles, de crimes inavoués, d'exactions imaginaires. Il a servi de victime expiatoire à toute une population qui ne pouvait se défendre et chez laquelle cette peur était sciemment entretenue. Le sophiste grec Zénobius disait déjà au IIe siècle de notre ère : « On accuse le loup, coupable ou non. »

Les observations des naturalistes sur la vie sociale et familiale du loup divergent. Leurs controverses portent sur la saison des amours, le temps de gestation, le comportement parental ou les techniques de chasse. Mais personne ne conteste l'exceptionnel développement de son organisation sociale qui ressemble, par bien des aspects, à celle de l'homme.

La période des amours commence en hiver (février ou mars en Eurasie, début d'avril en Amérique arctique). Les femelles appellent les mâles : les fiançailles seront longues, mais le « mariage » qui suivra sera, en principe, conclu pour la vie entière. Après la gestation, qui est de neuf semaines, lorsque la mise bas approche, la femelle, aidée par le mâle, cherche un endroit propice, près d'un point d'eau, pour y dresser un douillet liteau [5] de feuilles sèches, de poils et de mousse où elle donnera le jour à ses petits, de 4 à 7 en général. Ce liteau peut être une légère excavation, un terrier de renard récupéré, une grotte, un surplomb de roches, un arbre creux ou une cabane de castor. Les jeunes naissent inertes et aveugles, mais se développent rapidement. Huit semaines après leur naissance ils sont sevrés et s'ébattent au seuil de la tanière sous la vigilance des parents ou d'une jeune femelle, véritable « baby-sitter » employée pendant les expéditions de chasse. Les louveteaux jouent entre eux ou avec un adulte qui tient le rôle de proie; très curieux, ils explorent les environs de leur cache avec une audace qui n'est pas toujours du goût de la mère. Très tôt, ils sont nourris de viande régurgitée par les parents ou par les membres du groupe. Ils observent et imitent leurs aînés dans la

5. Liteau : lieu où se repose le loup pendant le jour.

26

Le loup attaque les troupeaux d'herbivores, mais se nourrit aussi de charognes et de cadavres qu'il dispute aux corbeaux.
« Le banquet », gravure sur bois extraite de La chasse illustrée, *1878.*

recherche de la nourriture, la poursuite des proies et la lutte qui précède la capture.

Adultes dès la fin de l'année, par la taille et par l'acquisition d'une autonomie presque complète, ils ne seront cependant définitivement intégrés au groupe qu'au bout de trois années, une fois atteinte la majorité sexuelle. La vie n'est pas toujours facile pour ces jeunes loups qui apprendront les rudes lois de l'existence et, bien souvent, le plus faible de la portée sera éliminé.

On ne peut rester insensible devant la tendresse des parents, le courage de la mère, agressive en cas de danger, et la grande sollicitude des membres de la meute. Ces liens d'aide et de solidarité s'étendent à tous les individus qui ne délaissent jamais leurs congénères malades ou blessés, et assument à tour de rôle les tâches difficiles.

Au sein de ce groupe bien hiérarchisé, les loups vivent solitaires ou en couples, et marquent leur territoire à l'aide de leur glande anale ou de leurs excréments. Les nécessités de la chasse d'hiver les réunissent en bandes d'au moins cinq à six individus.

A chaque proie correspond une technique de chasse particulière. Le chien est attaqué à la gorge, d'où ces colliers spéciaux, en cuir armé de clous, dont on munissait les mâtins de bergers. Connaissant bien les défenses de chaque animal, le loup attaque le cheval de face et la vache par-derrière en lui mordant le pis; le porc est harcelé par deux loups : le premier le mord à l'oreille, l'autre l'égorge; le mouton est saisi au cou et traîné rapidement. Lorsque la chasse est l'affaire d'un couple, un des loups détourne l'attention tandis que l'autre attaque par-derrière. Mais, pour les proies plus importantes, la chasse en meute s'impose. Les loups sont par définition des prédateurs de grands gibiers et un seul animal serait incapable de venir à bout d'un ruminant. La chasse en meute est donc une nécessité vitale, elle implique la division du travail, la compréhension mutuelle et l'organisation.

Il est difficile d'évaluer le nombre de loups d'une meute au seul examen de leurs traces. A la recherche de la nourriture, ils se suivent à la queue leu leu, ne laissant qu'une empreinte sur la piste; ce n'est que dans les courbes, qu'on peut les dénombrer, parce qu'ils s'écartent les uns des autres. Farley Mowat, qui a passé de longs mois dans le grand nord canadien, a donné de remarquables descriptions de leur technique de chasse. Il a constaté que leur présence près d'un troupeau de caribous n'in-

Les loups d'une meute se suivent à la queue leu leu, ne laissant qu'une seule trace sur le sol. C'est dans les courbes où ils s'écartent qu'on peut évaluer leur nombre (d'après Crzimeck).

Comme chez le chien, les attitudes de la queue traduisent les intentions de l'animal :
1 : attitude normale; 2 : confiance;
3 : menace peu assurée; 4 : domination;
5 et 6 : soumission.

quiète nullement ces derniers. Il faut que les loups se mettent en ordre de chasse pour que les caribous montrent de véritables signes de nervosité. « Ils sont parfaitement conscients de leur supériorité et savent que, normalement, ils ont peu à craindre de la part des loups. Les loups le savent aussi et, comme ils sont très intelligents, ils ne tentent que très rarement de poursuivre un caribou en bonne santé, sachant très bien que ce serait un gaspillage d'efforts insensé [6]. » Pendant la poursuite les loups testent en permanence la condition physique des animaux et essayent de découvrir le plus chétif d'entre eux, permettant ainsi une sélection naturelle.

A l'encontre des idées reçues, le même auteur affirme que « le loup ne tue jamais pour son plaisir, ce qui est une grande différence avec l'homme. Pour le loup, chasser un gros gibier représente un dur travail... dès qu'il a obtenu suffisamment de viande pour lui-même et sa famille, il préfère passer le reste du temps au repos, au jeu ou à ce que j'appellerai les activités sociales ».

Aux animaux attaqués d'ailleurs, la fuite n'est pas le seul moyen de défense, et il n'est pas rare de trouver des cadavres de loups tués à coups de corne. Les juments forment des cercles et envoient des ruades, les étalons encerclent la meute et galopent à toute allure autour des loups, les chassant à coups de dent ou de sabots. Les taureaux aussi se mettent en rond, cornes pointées vers les attaquants, protégeant ainsi le troupeau.

Une organisation sociale aussi perfectionnée serait impossible sans moyens de communication appropriés. D'abord le marquage du territoire de chasse déjà évoqué signale aux intrus les limites à respecter. Ce bornage, refait chaque semaine, serait paraît-il un moyen d'information précis sur le nombre, le sexe et l'âge des individus du clan. Les comportements, les expressions de la face, les mouvements de la queue, les positions du corps sont compris par les partenaires. Un geste d'amitié répond à une expression amicale, une soumission à un geste d'autorité, une gêne peinée à une intimidation. La physionomie d'un loup peut exprimer beaucoup de nuances tels la timidité, la menace, le soupçon, la gêne, l'anxiété, la défense. Se rouler sur le dos indique la soumission passive; souvent, le loup dominé urine, déclenchant le réflexe de nettoyage chez son adversaire dominant. Enfin, par ces hurlements variés, qui ont contribué à inspirer la peur du loup, les animaux se reconnaissent et communiquent entre eux. L'arrivée d'une harde de caribous, le passage de l'homme ou tout autre danger imminent ou lointain sont ainsi signalés. Un individu isolé qui indique sa position par des hurlements de détresse est aussitôt secouru.

Le « chant du loup » est l'un des modes de communication animale les plus perfectionnés; c'est aussi, pour qui sait l'entendre, le plus tragique et le plus musical des hurlements. Les chasseurs qui vivent à leur proximité comprennent ces appels et adaptent leur comportement à ce qu'ils expriment.

6. Farley Mowat. *Mes amis les loups*. Paris, Arthaud, 1974.

« Le loup garde
le caribou en bonne santé »

Les populations de loups ont régressé et parfois disparu des lieux où elles étaient abondantes. Des dates fatidiques jalonnent cette guerre acharnée de l'homme contre l'animal.

En Angleterre, vers 1500, on brûlait les forêts pour hâter sa disparition. En Écosse, l'espèce survit jusqu'en 1680 et en Irlande jusqu'en 1770.

Les chiffres montrent l'importance du massacre à l'époque contemporaine : 20 800 loups détruits au Kazakhstan en vingt ans; 25 800 en Russie en 1949; 4 000 en Yougoslavie en 1958...

Des experts, réunis à Stockholm en 1973, ont constaté la survivance du loup en Grèce, en Roumanie, en Yougoslavie, en URSS et aux USA. En revanche, ils signalèrent l'extinction complète de l'animal dans onze pays européens : en Irlande, en

Pourchassés sans relâche par l'homme, les loups ont régressé de la plupart des pays d'Europe, toutefois ils sont encore nombreux en Europe centrale.
Retour de chasse en Pologne en 1970.

Le Petit Journal
illustré

Comme au temps des grands fléaux du Moyen âge

L'exploitation démesurée par la presse de la moindre apparition d'un loup fut un des facteurs de la disparition de l'espèce. Page de titre du Petit journal *en 1922.*

Grande-Bretagne, en France, en Belgique, aux Pays-Bas, au Danemark, en Allemagne de l'Est et de l'Ouest, en Suisse, en Autriche et en Hongrie. Sa disparition est probable en Finlande, en Suède et en Norvège et sa situation précaire au Portugal, en Espagne, en Italie, en Bulgarie, en Tchécoslovaquie et en Pologne. Il est encore chez lui dans de vastes régions de l'URSS, au Canada où il occupe 90 % du territoire, et en Alaska.

Ces mêmes chercheurs ont souligné la difficulté d'obtenir la compréhension, la sympathie et l'appui du public à l'égard de la conservation des loups et des mesures à prendre pour le protéger [7]. Cette situation évolue cependant favorablement, car on se rend enfin compte de l'importance écologique de cet animal. Des études menées par des naturalistes dans le parc provincial de l'Algonquin qui s'étend au Canada sur 7 500 kilomètres, au sud-est de l'Ontario, prouvent qu'un équilibre s'est établi entre les cerfs de Virginie et les loups du parc. Ces derniers éliminent les ongulés les plus faibles et, comme les renards, servent d'équarisseurs. Les Esquimaux le savent bien, dont l'un des proverbes dit : « Le loup garde le caribou en bonne santé. »

La protection officielle a fait de véritables progrès : les gouvernements russe, canadien et américain ont fixé un quota de chasse. Les primes de destruction ont été supprimées au Canada et en Alaska; il est maintenant illégal de chasser en avion ou avec des traîneaux automobiles. Seuls des fonctionnaires canadiens spécialisés sont chargés de tuer les loups de façon sélective dans des zones réduites, lorsque cela s'avère nécessaire.

En accord avec l'Union internationale pour la conservation de la nature et des ressources naturelles (UICN), D.H. Pimlott avait entrepris en Europe une action pour « préserver indéfiniment le loup en tant qu'espèce viable dans tout milieu holarctique, cela à des fins scientifiques, éducatives et économiques et en vue de faire mieux comprendre et apprécier son rôle en tant qu'élément important et utile d'écosystème naturel, de sorte que sa présence dans ce monde vivant soit source d'agrément et de satisfaction ». Pimlott est malheureusement décédé avant d'avoir pu réaliser son programme; son action doit être continuée avec persévérance et ténacité.

Grâce à une connaissance approfondie du loup, le temps n'est peut-être pas loin où de sages mesures de protection voire de réintroduction de l'animal seront prises avec l'appui du monde scientifique.

7. Les résultats de ces travaux ont été publiés dans *Wolves,* Morges, UICN, 1975.

*Pour certains la chasse au loup fut également l'occasion
de pratiquer un sport « dangereux » en toute sécurité.
« Chasse aux loups en Russie », peinture fantaisiste de Douglas Mac Pharson, début du siècle.*

Loups de l'histoire

La louve allaitant Romulus et Remus, fondatrice de cité.
*Gravure sur bois extraite de l'*Histoire romaine *de Tite Live, 1520.*

Mythes et images

Pourquoi cette étrange fascination de l'homme envers le loup au point qu'il lui accorde une place si importante dans ses mythologies, orientale comme occidentale? Il y a là un mystère jamais résolu, d'autant que le loup est parfois représenté comme un être malfaisant et cruel, parfois comme un animal à l'influence bénéfique, digne du culte le plus dévôt. Une même civilisation peut lui accoler successivement ces deux images. La mythologie hindoue est, à cet égard, assez significative. Dans le *Rigveda,* premier des quatre livres sacrés, l'adorateur supplie la Nuit de chasser au loin le loup. Il demande au dieu Pushan (le soleil) d'écarter du chemin des hommes pieux le loup malfaisant, voleur, hypocrite. Et, dans un autre hymne, les Açvins libèrent au matin la caille, prisonnière de la gueule du loup Vrika, symbolisant la délivrance de l'aurore enfermée dans la caverne de la nuit. Le loup est ici le mal, les ténèbres effrayantes de la nuit, opposées au bien, à la clarté lumineuse du jour. Mais dans le *Mahabharata,* la grande épopée hindoue, l'un des héros se nomme Vridokara, « ventre de loup », et ce nom signifie là honneur, vaillance et victoire héroïque. Aux Indes, le loup était d'ailleurs animal sacré et on répugnait à le tuer comme à l'offenser.

Chez les Scandinaves, cette constante dualité est également frappante. Odin, le dieu suprême, est parfois représenté avec une tête de loup et toujours accompagné des loups Gere et Freke auxquels il abandonne les mets offerts au festin quotidien des héros morts sur le champ de bataille. C'est aussi un loup, Fenris, qui provoque la fin du monde, le « Crépuscule des dieux », dont Richard Wagner s'est inspiré pour sa *Tétralogie.*

Le loup ne fut pas toujours cet horrible animal pourchassé par l'homme. De nombreuses civilisations antiques le respectaient et le vénéraient.
La louve de Rome allaitant Romulus et Remus sur le mont Palatin, gravure sur bois de 1506.

Mars, dieu de la guerre, est souvent représenté sur un char tiré par des loups, symboles de puissance et de vigueur.
Gravure sur bois extraite de Chiromancia *de Jean de Hayn, 1531.*

35

Chez les Scandinaves, Odin, dieu de la guerre, était représenté avec une tête de loup. Plaque de bronze de l'île Oeland, en Suède.

Ici donc instrument divin de l'anéantissement du monde, le loup peut être, ailleurs, fondateur de cité. Rome d'abord dut sa naissance à l'instinct maternel exacerbé d'une louve. En 77 avant J.-C., Numitor, dictateur d'Albe la Longue, est détrôné par son frère Amulius. La fille de Numitor, Rhéa Sylvia, étant vestale, donc vouée à la chasteté, Amulius est assuré de son trône, car aucun descendant direct de son frère ne viendra troubler son règne. Mais Rhéa Sylvia est aimée de Mars, le dieu de la guerre. De leur union naissent deux jumeaux : Romulus et Remus. Placés dans une caisse de bois et jetés dans les eaux marécageuses du Tibre par ordre du tyran, ils seront sauvés de justesse près du mont Palatin par une louve qui les allaite comme ses petits. Devenus adultes, ils replaceront leur grand-père sur le trône et décideront de fonder une ville à l'endroit même où les nourrit la louve. On connaît la suite : une dispute éclate bientôt entre Romulus, fier et ombrageux, et Remus, moqueur et jaloux. Traçant à l'araire les bornes de « sa » ville, Romulus enjoint à son frère de ne pas outrepasser ces frontières; Remus ayant aussitôt transgressé l'ordre, Romulus le tue froidement. L'empire le plus puissant du monde s'élèvera donc sur une terre baignée d'un sang fratricide. La louve, elle, sera désormais l'emblème de Rome, et ornera ses monnaies et ses monuments.

Pour célébrer ce prodige et sceller aussi sans doute l'unité de la ville, tous les ans, à Rome, quinze jours après les calendes de Mars (15 février) se fêtaient les *Lupercales*. On sacrifiait un bouc, une chèvre ou un chien dans l'antre lupercal d'où s'échappe le loup affamé. Ces cérémonies en l'honneur de Lupercus, mais également de la louve nourricière, devaient apporter la prospérité à la cité, puisque le loup et le bouc, tous deux symboles de fécondité, y étaient associés (*lupercus* signifie littéralement le loup-bouc : *lupus-ircus)*.

Mais, bien avant la fondation de Rome, le loup tenait déjà une place importante dans de nombreuses religions.

Chez les Sabins, un culte de loup était célébré sur le mont Soracte par une confrérie dont les membres avaient acquis, grâce à un entraînement spécial, une insensibilité aux brûlures de tisons enflammés. Suivant un oracle, pour éviter la décimation du pays, « ils avaient dû imiter les loups, qui, même au travers du brasier disposé par les pâtres en avant du troupeau, sont capables de saisir et de ramener leur proie. Ils étaient, à proprement parler, les hommes-loups, ou hirpi, du nom que les Sabins donnaient au loup [1] ».

S'il est fondateur de cité, le loup est aussi père de dynastie, puisque Genghis Khan, le fameux conquérant mongol (1162-1227), se targuait d'avoir pour ancêtre le loup mythique Bört-a-Tchino, descendu du ciel pour s'unir à une princesse-biche. Ce mythe généalogique est d'ailleurs très répandu chez les Turco-Tartares. Chez les Tu-Kiu, par exemple, le souverain faisait chaque année un sacrifice dans la grotte où une louve avait mis bas les ancêtres de la tribu.

Dans l'Égypte antique, les loups avaient leur ville, Lycopolis, où ils étaient l'objet d'adoration et de cultes particuliers. Le dieu-loup Oupouaout était le gardien de la nécropole, le dieu des morts : « Celui qui ouvre les chemins »; il conduisait les guerriers en terre ennemie et menait parfois la barque du soleil dans son dangereux voyage nocturne. Ce culte particulier aurait, selon Diodore, une origine fabuleuse : dans la région d'Éléphantine, une armée de loups avait arrêté les envahisseurs éthiopiens.

1. J. Carcopino : « La louve du Capitole », in *Bulletin de l'Association Guillaume Budé.* Paris, 1925.

1

La légende de la fondation de Rome a inspiré de nombreux artistes de l'Europe occidentale pendant des siècles.
1 : Monnaie de l'empereur Maxence.
2 : La louve allaite Romulus et Remus devant deux hommes creusant la tombe de leur mère Rhéa Silvia. Miniature extraite d'un manuscrit du XVᵉ siècle : Boccace, Des clercs et des nobles-femmes.
3 : Ce thème se retrouve encore au XVIIᵉ siècle dans de nombreuses décorations. Fronton de porte d'une maison de corporation de la Grand'Place à Bruxelles.

2

Dans l'ancienne Égypte, le loup est adoré à Lycopolis, l'actuelle Assiout.
Cette monnaie des lycopolites représenterait le dieu-loup Oupouaout, dieu guerrier qui « ouvre les chemins ».

3

Dans les Métamorphoses, *Ovide raconte que Lycaon, tyran d'Arcadie qui a offensé Zeus, fut transformé en loup, « image vivante de la férocité ».*
« Lycaon transformé en loup », gravure de la fin du XVIe siècle, extraite des Métamorphoses *d'Ovide.*

En Grèce, également, on retrouve le thème du loup protecteur des hommes. A Argos, on le vénérait, car il avait vaincu le terrible taureau qui dévastait la contrée. A Delphes, Pausanias raconte qu'un voleur ayant pillé le sanctuaire d'Apollon fut mis en pièces par un loup. Celui-ci alerta ensuite la ville par ses hurlements. Les habitants retrouvèrent le trésor, le rapportèrent au temple et érigèrent un loup en bronze près du grand autel. L'association du dieu de la beauté et du loup est d'ailleurs constante en Grèce. Chez beaucoup de peuples antiques, la mort du loup à la chasse donnait lieu à réparation; les Athéniens organisaient une grande souscription pour l'enterrer avec honneur; les Yakoutes suspendaient son cadavre à un arbre, dépouillé de sa fourrure, pour l'offrir à l'esprit maître de la forêt.

Selon Strabon [2], les Daces qui habitaient la région comprise entre la Theiss, le Dniestr et le Danube s'appelèrent d'abord *daoi,* c'est-à-dire « ceux qui ressemblent aux loups ». Les Scythes du nord de la mer Caspienne portaient le même nom. Mircea Eliade affirme que « le fait qu'un peuple tire son appellation ethnique du nom d'un animal a toujours une signification religieuse ». Il donne pour cela trois hypothèses possibles : les Daces tireraient leur nom d'un Dieu ou d'un ancêtre lycomorphe, d'un groupe de fugitifs se conduisant comme des loups, ou encore se comportant pour subsister comme de jeunes guerriers, c'est-à-dire en véritables loups. « Dans la perspective mythologique de l'histoire, on pourrait dire que ce peuple fut engendré sous le signe du Loup, c'est-à-dire prédestiné aux guerres, aux invasions et aux émigrations [3] » : la Dacie fut soumise par Trajan et occupée par des colons romains, ancêtres des Roumains.

Mais le loup peut aussi être le symbole de la cruauté et de la voracité, en un mot du mal. Zeus, le dieu des dieux pour les Grecs, punit Lycaon, tyran d'Arcadie, qui l'avait offensé en le changeant en loup, « image vivante de la férocité [4] ».

Le Nouveau Testament utilise aussi cette image en distinguant les agneaux et les brebis, ceux qui suivent « le bon Pasteur », et les loups, figures du Malin. Sur la montagne, Jésus déclare aux apôtres : « Gardez-vous des faux prophètes. Ils viennent à vous en vêtement de brebis, mais en dedans ce sont des loups

Page de gauche :
Vénéré dans l'Antiquité, pourchassé depuis le haut Moyen Age, exterminé dans de nombreux pays, le loup sera-t-il enfin protégé demain?

2. Strabon. *Géographie,* VI, 3, 12.

3. Mircea Eliade. « Les Daces et les loups », in *de Zalmoxis à Gengis Khan.* Paris, Payot, 1970.

4. Ovide. *Les Métamorphoses,* livre 1er.

« Le loup feignant d'être dévot tenait son psautier à la main comme un homme dévotieux... et se mit sous un grand amandier et admonesta ses louveteaux de ne point fréquenter l'église ni les sermons... »
« Gardez-vous des faux prophètes, ils viennent à vous en vêtement de brebis, mais en dedans ce sont des loups ravisseurs », déclare Jésus aux apôtres.
Gravure sur bois extraite des Loups ravissants *de R. Gobin, 1510.*

Cet os gravé découvert en Ariège à la grotte de la Vache, représenterait deux loups s'affrontant (longueur 10,8 cm).

ravisseurs [5]. » Et avant de les envoyer en mission : « Voici, je vous envoie comme des brebis au milieu des loups. Soyez donc prudents comme les serpents et simples comme les colombes [6]. »

Dans la mythologie juive le loup est un animal impur, comme le lièvre, la chauve-souris, le lion ou la mouche. Il est interdit de le manger ou de l'offrir à Dieu en sacrifice. *L'Ancien Testament* l'évoque aussi : « Les chefs de Jérusalem sont comme des loups qui déchirent leur proie, qui répandent le sang, faisant périr les gens pour voler leurs biens [7]. » Par contre, lorsque le prophète Isaïe annonce la restauration de la paix universelle, dans sa vision sublime de l'avènement du « Royaume » : « Le loup habite avec l'agneau, la panthère se couche près du chevreau, veau et lion paissent ensemble sous la conduite d'un petit garçon [8]. » La réconciliation du loup et de l'agneau sera le retour à l'Age d'Or tant attendu, l'espérance d'un monde meilleur et pacifique.

Partagé entre la crainte et la séduction, l'homme a donc à la fois maudit et vénéré cet animal, l'affublant parfois de pouvoirs maléfiques, en faisant d'autres fois le défenseur du genre humain. Aimé et haï, le loup est bien un personnage mythologique hors mesure, figure ambiguë, passionnelle et passionnante.

Si les premiers squelettes découverts dans les grottes et les cavernes préhistoriques témoignent de l'existence, à l'époque quaternaire, des ancêtres de nos carnivores actuels, les spécialistes s'accordent pour souligner les difficultés d'identification de ces ossements, les similitudes entre chiens et loups ne permettant pas, dans la plupart des cas, de déterminer avec précision l'animal retrouvé.

L'une des premières représentations de loups connues a été découverte dans la grotte de Font-de-Gaume, aux Eyzies, en Dordogne. Quelles relations avaient les hommes de cette époque avec le loup? Nous ne pouvons que faire des suppositions et, sans doute, cet animal n'était-il qu'un des nombreux fauves contre lesquels l'homme préhistorique devait se garantir en permanence. Le chassait-il pour sa nourriture? Cela ne semble pas être le cas.

En revanche on sait que le chien avait déjà été domestiqué il y a plus de huit mille ans dans les régions nordiques. Il était alors le commensal de l'homme, servant essentiellement de nettoyeur de déchets que laissait ce dernier.

Les hommes de l'Antiquité devaient vivre en permanence avec le loup puisque son image est présente sur une grande quantité d'objets usuels. Les médailles et monnaies figuraient souvent la représentation du loup.

5. Évangile selon saint Matthieu, VII,15.

6. Évangile selon saint Matthieu, X, 16.

7. Ézéchiel, XII, 27.

8. Isaïe, XI, 6.

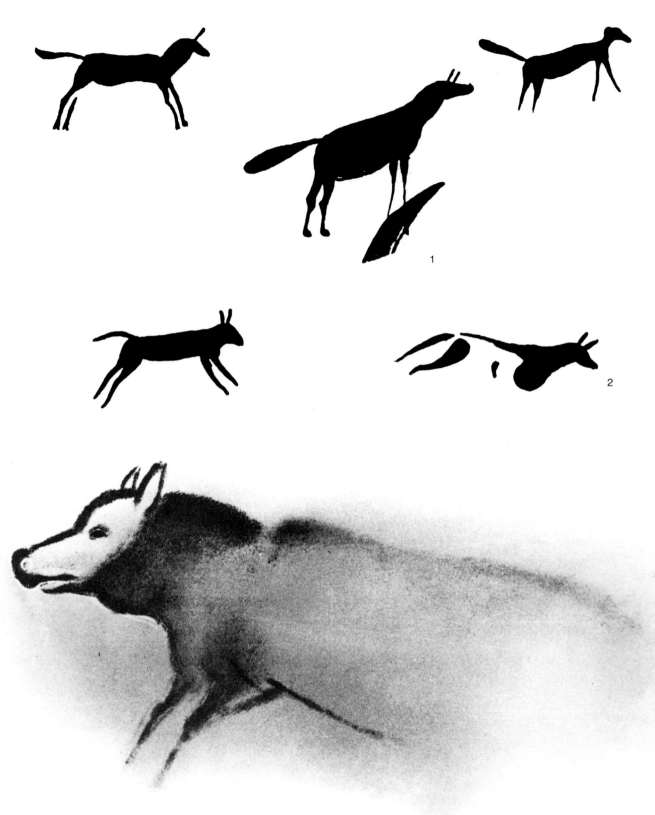

*Les représentations de loups sur les peintures rupestres sont rarissimes
et il est très difficile de les différencier des représentations de chiens.
1 : Canidés de la caverne de la Vieja, différents du loup par la queue plus touffue
et la forme plus svelte (relevé H. Breuil).
2 : Loups de la Cueva de la Vieja (relevé H. Breuil).
3 : Loup, peinture rupestre de la grotte de Font-de-Gaume aux Eyzies, Dordogne.*

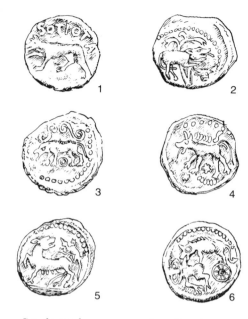

Sur de nombreuses monnaies celtes et gallo-romaines figurent des loups.
1 : Monnaie Elusate; 2 : monnaie des Petrocorii; 3, 4, 5 : monnaies Carnutes; 6 : monnaie des Silvanectes.

Déjà au premier siècle avant notre ère, dans l'Aube, les Rèmes avaient frappé une monnaie de bronze représentant une tête et un loup. Une autre pièce attribuée aux Carnutes du pays chartrain figure un loup sur un cheval. A la même époque, les Aulerques éburoviques de l'Eure en utilisaient une autre montrant un loup sous un cavalier. Des monnaies de bronze portant une tête de loup ont été mises au jour dans l'Indre et le Cher, aux environs de Vendôme et de Poitiers, provenant des Bituriges qui occupaient le Berry environ cent ans avant Jésus-Christ. Les monnaies celtes puis gallo-romaines représentèrent souvent des loups, témoignant ainsi de leur abondance à cette époque. Les animaux y étaient gravés dans une attitude agressive ou en illustration d'un thème mythologique.

L'époque mérovingienne frappa elle aussi certaines monnaies d'une tête de loup et quelques pièces gallo-romaines, postérieures à la fin du IIIe siècle, figurent la légende de la création de Rome, la louve allaitant Remus et Romulus.

Le matériel retrouvé dans les abris préhistoriques ne permet pas de bien connaître les rapports de l'homme et du loup. Les artistes les ont imaginés, souvent de façon brutale.
Homme préhistorique combattant des loups, gravure sur bois pour une édition russe des œuvres de J.-H. Rosny, Moscou, 1923.

Les ravages des siècles

Aujourd'hui, il hurle son désespoir derrière les barreaux de sa cage ou arpente inlassablement les quelques mètres carrés de sa réserve. Mais, autrefois, le loup était un habitant tout à fait commun des forêts d'Europe, où il était abondant jusqu'au début de ce siècle. Cela explique en partie le nombre d'histoires fantastiques et fabuleuses qui courent sur son compte et sa présence dans notre langage quotidien. On en rit aujourd'hui, on évoque le « grand méchant loup » auprès des enfants, mais il y a quelques siècles, la peur du loup n'était pas un vain mot et habitait les pensées de tous. Décimant les troupeaux, allant même jusqu'à pénétrer dans les villes pour y trouver de quoi manger, le loup famélique aux yeux de braise a joué un rôle néfaste dans l'économie. Les États, promulguant édits et lois pour sa capture, et les paysans, chassant avec leurs maigres moyens la « bête nuisible », lui livrèrent une lutte implacable.

Mais la présence des loups était-elle un réel danger pour l'homme? Qui sait! car l'imagination populaire, transformant les faits, enflant les chiffres, parlant de « meutes déchaînées » là où il n'y avait qu'un ou deux loups affamés, a souvent transformé de rares incidents ponctuels en horribles drames sanglants. En fait, s'il était fréquent d'être suivi par un loup, il était rare d'être attaqué ou mordu : les loups agressifs étaient souvent atteints par la rage, affamés par un hiver rigoureux ou perturbés par une guerre provoquant disettes et épidémies. Un loup enragé se jette sur tous les êtres vivants qu'il rencontre, mais ces attaques, prenant au travers des récits des proportions démesurées, étaient le fait d'une frange de cette population animale : sur les 5 351 loups et louveteaux tués en France en l'an X (1802), 22 étaient enragés, soit à peine 0,4 %. Mais les agissements de quelques animaux malades ont rejailli sur l'espèce tout entière, le processus de généralisation aboutissant à la hantise du loup dévoreur d'hommes, phénomène bien antérieur à la fameuse Bête du Gévaudan. Il faut donc réduire à de plus justes proportions la nocivité réelle du loup pour l'homme.

Ni tout à fait animal ni tout à fait démon, les pouvoirs extraordinaires qu'on lui attribuait méritaient une vigilance particulière. Cet animal n'était pas seulement un carnassier menaçant les troupeaux, mais un démon sanguinaire, doué d'ubiquité, hantant la mémoire des hommes autant que les bergeries. Les affirmations les plus absurdes étaient très sérieusement défendues par des « savants » de toutes les époques. Superstitions, croyantes, rites, formules magiques... autant de reflets d'une même peur mêlée de respect. Regrettant le « silence prolongé sur le rôle de la peur dans l'histoire », Jean Delumeau a étudié les peurs indivi-

Dans l'imaginaire des siècles passés les monstres pullulent; nombre d'entre eux empruntent leurs formes au loup, suscitant encore plus de peurs et de fantasmes.
1. La chiche-face. Peinture murale du château de Villeneuve-Lembron, Puy-de-Dôme, XIVᵉ siècle.

Le dit de la Chiche Face

Moy que l'on appelle Chiche Face
Très maigre de couleur et de face
Je suis et bien en est raison
Car ne mange en nulle saison
Que femmes que font le commandement
de leurs maris entièrement.
Des ans il y a plus de deux cens
Que ceste tiens entre mes dens
Et sy ne loze avaler
De peur de trop longtemps jeuner
Car dix mille ans ay este ennoye
Sans jamais avoir trouvé proye.
Le dit de la fam
Pour avoir fait et acomply
Le bon vouloir de mon mary
Souffrir me convient grief tourmet
Vous qui vivez an demeurant
Ne veullez pas come moi faire
Car enfance le ma fait faire.

2. Gravure du XVIIᵉ siècle, extraite de In miracula et beneficia S.S. Rosario..., *Paris, 1611.*

duelles et collectives de nos ancêtres. Le loup y est pris en considération, au même titre que les fléaux réels comme les guerres, les famines, les maladies, ou supposés comme le diable. Les veillées, les rumeurs et les sermons entretenant le mythe d'une « punition méritée » véhiculaient cette peur intense. « Si l'on en juge par les contes et les fables qui nous en ont répercuté l'écho, le cri « Au loup! au loup! » retentissait souvent. Il était, à tort ou à raison, le signal évident d'un grand danger et, en plus d'un cas, de la panique. Pour l'inconscient collectif, le loup était peut-être « le sombre émissaire du monde chtonien » (Lévi-Strauss). Au niveau des représentations conscientes, il était l'animal sanguinaire ennemi des hommes et des troupeaux, compagnon de la faim et de la guerre [9]. »

Rédigé entre 1405 et 1442, *Le journal d'un bourgeois de Paris* constitue l'un des premiers témoignages sur la présence du loup. Six passages de cet immense recueil nous renseignent sur ses méfaits dans les environs immédiats de la capitale et même jusque dans la ville.

Le printemps 1421 fut très froid; les Parisiens déjà éprouvés par la guerre de Cent ans et le conflit entre les Armagnacs et les Bourguignons souffrirent de la disette et les morts furent nombreux. Au début de l'été, les loups étaient si affamés qu'ils déterraient les corps ensevelis à la hâte dans les villages ou dans les champs. La nuit, ils pénétraient même dans les villes, n'hésitant pas à parcourir les rues ou même à franchir les cours d'eau à la nage : « Souvent passoient la rivière de Saine et plusieurs autres à neu. » Ne se contentant pas des cadavres, ils ravissaient les jambons pendus aux portes et attaquaient les êtres humains, surtout les femmes et les enfants.

A la fin du mois de juillet 1423, ils vinrent jusque dans la capitale. Certains furent tués et transportés à travers la ville, pendus par les pattes de derrière. Les passants donnèrent quelque argent aux chasseurs; ainsi s'effectuait la « quête du loup » qui s'est maintenue dans les campagnes jusqu'au XIXe siècle. Dans les années 1438-1439, pendant la dernière phase de la guerre de Cent ans, la férocité des carnassiers était à son comble et les attaques contre les humains se multiplièrent. A la fin de 1438, « venoient les loups dedans Paris par la rivière et prenoient les chiens, et si mengèrent ung enffant de nuyt en la place aux chatz derrière les Innocens ».

Vive émotion en 1439 : des loups, vraisemblablement enragés, semaient la désolation : treize personnes, adultes et enfants, furent attaquées dans les vignes et les marais situés entre Montmartre et la porte Saint-Antoine. L'une de ces bêtes féroces, remarquable car elle n'avait pas de queue, fut surnommée « Courtaut » et devint tristement célèbre : « et parloit autant de lui, comme d'un larron de bois ou d'un cruel cappitaine; et disoit-on aux gens qui alloient aux champs : « gardez-vous de Courtaut ». »

La dernière attaque mentionnée dans le Journal se produisit en décembre 1439. Le 16, les loups égorgèrent quatre femmes, le vendredi suivant, dans les environs de Paris, ils attaquèrent dix-sept personnes : onze d'entre elles ne résistèrent pas à leurs blessures.

En cette époque troublée, de tels incidents n'étaient pas rares. On en signale aux portes d'Orléans en 1440 et dans le pays messin en 1482.

Paul Murray Kendall, dans son *Louis XI,* signale que le roi,

9. J. Delumeau. *La peur en Occident (XIVe-XVIIIe siècles).* Paris, 1978.

Poussés par la faim, les loups pouvaient s'aventurer dans les villages et même dans les villes. Aussitôt, on en faisait des dévoreurs d'hommes et rapidement le conteur et l'imagier s'emparaient des faits.
Dans un village allemand, entouré de palissades, six loups attaquent des paysans et ravissent les enfants. Gravure sur bois de 1566.

traversant la Somme en 1471 sous une pluie battante, « s'arrêta pour donner quelque argent à un pauvre homme, mordu par un loup enragé ».

En 1583, Henri III promulgue un édit destiné à détruire les loups car ils « dévorent les bestails jusques es basses courts et estables des maisons et fermes de nos pauvres subjects ». En 1595, les loups sont de retour dans Paris et le chroniqueur Pierre de l'Étoile raconte que l'un d'eux vint dévorer un enfant sur la place de Grève après avoir traversé la Seine à la nage.

Au XVII⁰ siècle les loups abondent dans le Bassin parisien, la Normandie, le Maine, la Lorraine et le Massif central. En juillet 1697, lorsque, après la paix de Ryswick, les miliciens de l'Orléanais regagnent leurs foyers, les magistrats ordonnent les battues générales, car les fauves harcèlent les habitants d'Orléans. Ces battues exterminèrent plus de deux cents loups et s'étendirent sur plusieurs régions. En février 1697, apprenant que de nombreux loups hantent les forêts du Berry, Louis XIV ordonne des « huées et chasses aux loups ».

Le XVIII⁰ siècle, plus que les précédents, est marqué dans sa réalité économique par les ravages des loups. Les troupeaux ovins notamment sont constamment décimés par ces fauves. Impossible à évaluer globalement, l'importance des dégâts frappe l'imagination à travers des récits souvent exagérés. Pourtant, même Diderot et d'Alembert, dans la *Grande Encyclopédie,* déclarent qu'aucun animal domestique n'est épargné par le loup et « ... qu'il attaque en plein jour les animaux qu'il peut emporter, tels que les agneaux, les chevreaux, les petits chiens, quoiqu'ils soient sous la garde de l'homme... Il creuse la terre pour passer sous les portes et lorsqu'il est entré, il met tout à mort avant de choisir et d'emporter sa proie ».

Çà et là, des récits extraordinaires font état d'épouvantables ravages et même d'attaques répétées contre des hommes, des femmes et des enfants. La tradition orale les amplifient et transforment plus d'un loup en monstre immortel et démoniaque. Mais en 1764, en Gévaudan, un petit pâtre dévoré marque le début des aventures de la célèbre « bête du Gévaudan » contre laquelle lutteront pendant presque dix ans les paysans de toute une province et plusieurs grands louvetiers dépêchés par le roi.

NOVVELLE
INVENTION
DE CHASSE.

*POVR PRENDRE ET OSTER
LES LOVPS DE LA FRANCE: COMME
les tables le demonstrent, auec trois discours
aux Pastoureaux François.*

PAR M. LOVYS GRVAV,
PRESTRE CVRE' DE SAVGE
Diocese du Mans.

A PARIS,
Chez PIERRE CHEVALIER, au mont S.
Hilaire, à la Court d'Albret.

M. DC. XIII.
Auec Priuilege du Roy.

Page de titre du traité de Louis Gruau,
publié en 1613, qui décrivait les mille et une
astuces pour se débarrasser des loups.

Si l'on en croit les contes, les chansons, les
gravures, le cri « Au loup! Au loup! »
retentissait souvent dans les campagnes,
surtout lors des hivers rigoureux, des périodes
de famine ou de guerre.
Détail d'un carton de tapisserie, extrait de
Jehan Leclerc, Les amours de Gombaut et
de Macée, XVIIe siècle.

Ordonnance d'Henri III (janvier 1583) instituant les battues aux loups et la création
des lieutenants de louveterie :
« Aussi pour le peu de soing que nos subjects habitans des villages et plat pays ont
eu à l'occasion des guerres, qui, à nostre très grand regret ont duré par l'espace de
vingt ans en cestuy nostre royaume, à l'extirpation des loups, qui sont accreuz et
augmentez en un tel nombre qu'ils dévorent, non seulement le bestail jusques ès
basses courts et estables des maisons et fermes de nos pauvres subjects, mais encore
sont les petits enfans en danger : enjoignons ausdits grands maistres réformateurs,
leurs lieutenans, maistres particuliers et autres, faire assembler un homme pour feu
de chaque paroisse de leur ressort, avec armes et chiens propres pour la chasse
desdits loups trois fois l'année, au temps plus propre et plus commode qu'ils
aviseront pour le mieux. »

Figure du Monstre, qui desole le Gévaudan,
Cette Bête est de la taille d'un jeune Taureau elle attaque de préférence les Femmes,
et les Enfans elle boit leur Sang, leur coupe la Tête et l'emporte.
Il est promis 2700 # à qui tuerait cet animal

« *La bestio qui mange le monde* » *désole dès 1764, la région du Gévaudan.*
Cette gravure de l'époque imagine le monstre devant les restes de ses victimes.

La bête du Gévaudan

Au début de l'été 1764, aux limites du Vivarais et du Gévaudan, des enfants se plaignent de dégâts commis dans les troupeaux par une « bête ». Celle-ci exerce surtout ses méfaits vers Langogne, et bientôt, dans toutes les montagnes du Gévaudan, on ne parle plus que de « la Bestio » ou de « la Bête qui mange le monde ». Elle « a la tête large, très grosse, allongée comme celle d'un veau et terminée en museau de lévrier. Le poil rougeâtre, rayé de noir sur le dos, le poitrail large et un peu gris, les jambes de devant un peu basses, la queue extrêmement large et touffue et longue; elle court en bondissant, les oreilles droites; sa marche au pas est très lente... Elle mange les moutons en l'air, droite sur ses pieds de derrière; alors elle est assez grande pour attaquer un homme à cheval. Sa taille est plus haute que celle d'un grand loup. Elle est friande du sang, des tétons et de la tête; elle revient constamment sur le cadavre qu'elle a été forcée d'abandonner et, si on l'a enlevé, elle lèche la terre s'il y a du sang [10]. »

Les grands pays d'Europe sont rapidement mis au courant des méfaits de la bête; témoin cette gravure anglaise de 1765. Le texte qui l'accompagne donne une description du monstre qui tient à la fois du veau, du loup, du tigre et de la hyène.

Les descriptions de la Bête ressemblent plus à celles d'un animal mythique échappé de quelque légende ou conte fantastique qu'à celles d'un simple loup. Grâce à l'imagination fertile des hommes, la bête du Gévaudan deviendra vite le catalyseur momentané de peurs ancestrales. Elle sera le premier événement animalier à prendre une importance nationale, mobilisant l'intérêt de tous les Français, même s'ils n'avaient rien à craindre de la terrible « Bestio ». A Paris, on ne parlera bientôt plus du Gévaudan qu'en l'appelant « le pays de la bête ».

A la fin de l'année de nouvelles attaques sont relatées, la panique se propage vite en Gévaudan et le moindre loup, le moindre animal courant les bois ou la campagne, est assimilé à

« Sa taille est plus haute que celle d'un grand loup... Elle mange les moutons en l'air... » Textes et imageries populaires colportaient des représentations démesurées qui contribuaient à épouvanter les populations. Gravure sur bois, imagerie de Rouen, XVIIIᵉ siècle.

10. Lettre du gentilhomme Labarthe à Séguier, 27 octobre 1764.

la bête fantastique. Le curé de La Besseyre, ayant interrogé plusieurs témoins, se risque alors à une description plus « scientifique » :

« La bête semble bien avoir quelques rapports avec le loup, mais elle en est différente de plusieurs chefs. Cet anthropophage ne va que par sauts et par bonds, faisant trembler la terre dans sa course, reculant avec autant de légèreté que lorsqu'il avance; il est beaucoup plus grand qu'un loup, surtout lorsqu'il s'hérisse...; il a des taches comme rouges et noires sur les flancs; le col gros et extrêmement court, le museau camus, la tête plate et une barre noire depuis les épaules jusqu'aux extrémités de la queue dont le bout est d'une grosseur prodigieuse [11]. »

De son côté, l'évêque de Mende, profitant de l'aubaine, déclare cet animal envoyé par Dieu pour punir les habitants de leur inconduite, renforçant encore dans les mentalités paysannes l'image de mystère qui entoure maintenant la moindre attaque de chien errant. Par un mandement affiché dans toutes les paroisses et communautés religieuses de son diocèse, il ordonne des prières publiques. On y lit notamment : « Vos malheurs ne peuvent venir que de vos péchés. Les divines Écritures nous fournissent de fréquents exemples de châtiments pareils à ceux que nous éprouvons... Les dégâts cesseront quand la miséricorde de Dieu sera arrivée sur nous [12]. »

Les prières débuteront le 6 janvier 1765 dans la cathédrale de Mende et se poursuivront dans tout le diocèse pendant trois dimanches consécutifs.

Mais sans doute ne sont-elles bien efficaces, car les attaques de la bête se succèdent sans relâche et les dégâts s'aggravent. Le capitaine Duhamel, aide-major des dragons du régiment de Soubise, dépêché sur place avec une soixantaine d'hommes, se révèle bien vite incapable d'attraper le monstre qui vagabonde maintenant de Gévaudan en Auvergne et fait même des escapades dans le Rouergue. Duhamel ne peut courir partout et la bête à présent tue des hommes.

Elle avait déjà dévoré une veuve de la paroisse d'Aumont en novembre 1764 et voici maintenant qu'elle s'attaque à sept enfants à Chanaleilles, sept petits pâtres qui gardent leurs troupeaux sur « une des plus hautes montagnes du Gévaudan ».

Louis XV, exaspéré par ces méfaits et par l'impuissance de Duhamel, fait afficher en janvier 1765 dans tout le Languedoc et l'Auvergne cette proclamation :

« Le Roy accorde une somme de 6 000 livres à celui qui tuera cette bête et a ordonné que lorsqu'elle sera tuée, qu'elle soit vidée et arrangée pour en conserver la peau et même le squelette, qui serait envoyé ici pour être déposé au jardin du Roy [13]. »

Mais les chasses locales ne sont guère fructueuses. On organise alors de grandes battues générales les 7 et 11 février 1765. Hélas! les vingt mille paysans réquisitionnés feront chou blanc! Dans le pays ces échecs discréditent Duhamel; il devra bientôt se faire seconder par le sieur Denneval, un habile louvetier qui ne compte à son tableau de chasse pas moins de douze cents loups normands. Quand celui-ci arrive en Gévaudan, en mars 1765, les ravages de « la Bestio » ont repris de plus belle. Le 11 du même mois, dans l'après-midi, une enfant, Marie Pounhet, est dévorée devant la maison de ses parents « par un animal antropophage ou bête féroce dont on n'a pas pu jusqu'ici savoir au vrai le nom de l'espèce... Ladite Marie Pounhet ayant été rongée aux deux cuisses, le ventre percé d'où sortaient les entrailles et le visage

Page de gauche, en haut :
Plan pour une battue circulaire visant à détruire la bête du Gévaudan en sollicitant le concours des habitants de 46 paroisses. Document anonyme et non daté (vers 1766). Archives nationales, Paris.

Page de gauche, en bas :
Présentée à Louis XV et à la Cour, la bête tuée par Antoine de Beauterne en 1765 n'était qu'un des nombreux loups qui ravageaient le Gévaudan. Après cette prise, la région souffrit encore pendant deux ans des ravages de la Bestio.

11. Fournier, curé de la Besseyre, 1765. Archives départementales du Puy-de-Dôme, C 1738.

12. *Mandement de Monseigneur l'Évêque de Mende pour ordonner des prières publiques.* Mende, Bergeron, 1764.

13. Archives départementales du Puy-de-Dôme, C 1731.

Ce monstre le 12 Janvier dernier ataqua 4 ou
5 enfans qui gardoient leur troupeaux, elle en
prit un par la tete et l'emporta ces camarade
se mirent à la poursuivre et battirent si coura-
geusement qu'il firent lacher prise a ce monstre
et sauverent leur compagnon le Roy leur fit
donner une recompense

*Une des nombreuses attaques de la bête
féroce qui « dévore les hommes et
principalement les femmes et les enfants, leur
arrache les mamelles, leur mange le cœur et
le foye et leur arrache la tête. »*
Détail d'une gravure populaire de 1764.

percé par les dents défensives de ce cruel animal, a été ensevelie dans le cimetière de Fontans, le lendemain [14]. »

Cette abondance de détails macabres n'est pas rare lorsque l'on décrit les atroces méfaits de la Bête. Le curé de Javols raconte ainsi qu'un enfant de neuf ans, François Fontugue, est dévoré le 29 mars :

« Il fut saisi par la Bête féroce qui désole Vali; il fut emporté dans une pièce que l'on appelle Fonfreigne, le crâne de la tête tout rongé, le poumon et le cœur mangés avec toute la poitrine et le col, les intestins jetés sur les cuisses, enfin réduit en état d'horreur. Les susdits restes m'ont été portés ce matin, que nous avons enseveli selon l'usage ordinaire. »

Après avoir obtenu le départ de l'infortuné Duhamel et de ses dragons, Denneval se met à l'œuvre. Il entreprend ses premières grandes chasses à partir de la fin avril et les poursuit, sans parvenir à déloger l'animal, jusqu'à la fin du mois de juin. Louis XV décide alors de le remplacer et envoie le porte-arquebuse et lieutenant de ses chasses, Antoine de Beauterne. Très vite, de Beauterne, qui s'est fait accompagner d'illustres chasseurs, croit avoir vaincu le monstre. En septembre, au cours d'une chasse dans la réserve de l'abbaye de Cheyes, il a abattu un énorme loup qui porte des cicatrices sur le corps et des traces de chevrotine. L'animal, naturalisé, est envoyé à la Cour. A la mi-octobre, la louve et les deux louveteaux qui l'accompagnaient sont tués à leur tour et les ravages cessent bientôt.

Le répit sera de courte durée, car en 1766 les attaques recommencent. A cette époque, le Gévaudan, comme bien d'autres régions de France, est infesté de loups. Mais les habitants se refusent à voir dans ces attaques autre chose que les méfaits de « la Bestio ».

En mars, Lasfonds, subdélégué de Gévaudan, informe l'intendant de Montpellier de la reprise des méfaits : « Les bêtes féroces qui avaient laissé le pays tranquille depuis plus de six mois viennent d'y recommencer leurs ravages. Mardi dernier, 4 de ce mois, un enfant appelé Jean Bergougnoux, âgé de huit ans, du lieu de Montchauvet, paroisse de Saugues en Gévaudan, ayant été conduire sur les six heures du soir les bœufs de son père à un abreuvoir peu éloigné de là, fut saisi et enlevé par la Bête. Les bœufs se mirent à mugir. Le père de cet enfant ... sortit de sa maison avec d'autres personnes; ils aperçurent la bête qui leur parut emporter quelque chose. Ne pouvant distinguer ce que c'était, parce qu'elle entrait en ce moment dans un bois, ils coururent après elle. Ils trouvèrent d'abord dans ce bois les sabots et le chapeau de l'enfant et, à cent pas de là, l'enfant lui-même, que la bête avait relâché, perdant tout son sang par une blessure qu'il avait à la jugulaire. Il paraissait qu'elle l'avait saisi à la joue où il avait aussi une blessure. Le reste du corps n'avait pas été touché et ses habits étaient entiers. On le porta à sa maison où il expira une demi-heure après [15]. »

Beauterne, convaincu d'avoir éliminé la bête, avait quitté la région; le jeune marquis d'Apcher va alors tenter sa chance. De leur côté, les habitants multiplient prières et pèlerinages pour supplier Dieu de les débarrasser du fléau. Enfin, à l'une des chasses dirigée par Apcher, le 19 juin 1767, Jean Chatel tue un énorme loup près de Saugues, dans la forêt de Tenazeyre. L'homme, réputé sorcier, avait, paraît-il, fait bénir son fusil et fondu ses balles avec des médailles de la Vierge. Le loup, embaumé pour être montré au roi, arrivera à Versailles dans un

14. Archives départementales de la Lozère.

15. Archives départementales de l'Hérault, C 44.

état de décomposition qui ne permettra plus de l'examiner et le chasseur n'obtiendra jamais la récompense promise. Une semaine plus tard, après la prise de la femelle, les ravages semblent enfin cesser définitivement. Mais les multiples récits des méfaits de la bête mystérieuse occuperont le Gévaudan pendant de longues soirées d'hiver.

La bête du Gévaudan était-elle ce loup? Le mystère n'aura jamais été véritablement levé. Réfutant toutes les hypothèses selon lesquelles la Bête pourrait être un sadique sanguinaire ou un fou meurtrier qui aurait maquillé ses crimes, Xavier Pic conclut ainsi son examen des archives :

« Tout s'explique le plus naturellement du monde si, au lieu de se creuser la tête pour chercher ce qu'était la fabuleuse bête du Gévaudan, on admet tout simplement, ce qui est l'évidence, que c'étaient des loups qui, durant les années néfastes 1764, 1765, 1766, 1767, désolèrent le Gévaudan et l'Auvergne. Une fois disparus les loups tués par Antoine (de Beauterne) et ceux tués par les chasseurs du marquis d'Apcher, il n'y aura plus de meurtre, plus de gens dévorés, plus de Bête, plus d'assassin ou de fou sadique [16]. »

Quoi qu'il en soit, le bilan des massacres humains fut lourd : en deux ans et demi une centaine de personnes furent dévorées (soixante-huit en Gévaudan, trente en Auvergne, une en Vivarais et une en Rouergue). Parmi les cent morts, soixante-huit étaient des femmes. Ce furent surtout des enfants, plus faibles, petites vachères et vachers de moins de quinze ans, qui périrent sous la dent de la Bête.

Le Roy-Ladurie explique, dans *Histoire de la France rurale* que l'affaire « eut des répercussions dans tout le royaume, grâce au développement de l'imagerie populaire et des récits et brochures colportés dans les campagnes. Dans la littérature populaire, on ne perçoit cette nationalisation des nouvelles, du reste folklorisée pour la circonstance, qu'à propos de faits promus au rang de mythes, comme sont la bête du Gévaudan ou Mandrin ». Par la diffusion de ces récits, « les paysans hypostasient ces divers loups ... dans l'unicité d'un concept d'une *Beste* antropophage et *garou*, vomie par la gueule de l'enfer ».

« Bête furieuse que l'on suppose être une Hiene qui désole depuis 6 mois les pays de Gévaudan, d'Auvergne et de Languedoc, sans que toutes les mesures que l'on a prise jusqu'à présent pour la détruire ayent pu réussir. Elle dévore principalement les Femmes et les Enfans, elle leur a livré plusieurs combats qui seront à jamais mémorables comme on le voit ici représenté. A Paris chez Mondhare, rue Saint-Jacques, à l'hôtel Saumur. »
Détail d'une gravure sur bois populaire de 1764.

Près de deux siècles après ses méfaits, la bête est encore un animal diabolique, fantastique et mystérieux pour les enfants du Gévaudan. Dessin d'enfant, 1958.

16. Xavier Pic. *La bête qui mangeait le monde en pays de Gévaudan et d'Auvergne.*

A la fin du XVIIIe et au début du XIXe siècle, chaque région ou presque eut sa « bête du Gévaudan ». Les imagiers réutilisaient souvent les mêmes bois pour illustrer des drames différents.
Gravure sur bois, début du XIXe siècle.

« Martyre des *mass media* du XVIIIe siècle, célébrée par l'estampe et par le livret, par les racontars de la Cour et par les veillées de la chaumière, la *Beste* fait passer le fait divers apocalyptique et la peur du loup-garou, qui forment depuis toujours le fond d'une culture paysanne, primitive et localisée, jusqu'au niveau tout à fait inédit d'un frisson national et même royal. Dans son style à la fois bouffon et sanglant, la *Beste* fait vibrer un immense espace d'oc et d'oïl, sur un fond désormais activé de sensibilité populaire : il donnera de nouveau sa mesure lors de la Grande Peur de 1789 [17]. »

Mais le Gévaudan ne fut pas la seule région dévastée par une bête mystérieuse et effrayante. Un peu partout en Europe, aux mêmes époques, et parfois plus près de nous, de semblables aventures se renouvellent. Pourquoi ne furent-elles pas récupérées par la tradition populaire et ne parvinrent-elles pas jusqu'à nous? Sans doute la bête du Gévaudan avait-elle déjà occupé l'espace de cette culture populaire, mais certaines de ses « collègues », à un niveau régional certes, connurent également un franc succès.

Dans l'Orléanais, en 1814, la bête de Chaingy fut portée au rang de vedette par l'imagerie populaire. Elle avait, le 6 décembre, dévoré ou blessé huit femmes et enfants qui ramassaient du bois mort dans les forêts de Chaingy et Huisseau. Les archives régionales de la louveterie ayant été incendiées, le seul témoignage relatant cette aventure est composé par les légendes de trois imageries populaires conservées au Musée historique et archéologique de l'Orléanais. Le vocabulaire et les tournures de phrase concourent à rendre encore plus dramatiques les circonstances de ce fait divers, mais ce texte a également un rôle apaisant et rassurant envers les populations effrayées :

« Détails sur l'affreux accident arrivé le 6 décembre 1814... Les campagnes de Chaingy et d'Huisseau sont éloignées d'Orléans de trois à quatre lieues. Elles sont les dernières du vignoble du côté de l'ouest, qui avoisinent la forêt. Leurs habitants aux approches de l'hiver se répandent ordinairement dans cette forêt pour y ramasser du bois mort. Le 6 décembre 1814, au moment où des femmes et des enfants étaient occupés à ce travail, une louve monstrueuse et affamée vint les assaillir. Saisies d'épouvante et sans arme, pour s'opposer à la fureur de ce féroce animal, huit

17. *Histoire de la France rurale,* sous la direction de Georges Duby. Paris, Le Seuil, 1976, 4 vol.

M.r Antoine étant averti que cette Bête faisoit des ravages dans les Bois de l'Abbaye Royale des Chaises en Auvergne, a envoyé des valets de limiers et les Chiens de la Louveterie de sa Majesté pour détourner cet Animal. On a fait tirer à M.r Antoine qu'elle était dans les réserves des Bois de Pommieres, tout le conte cet Officier est parti du Besset où il était, qui est éloigné de 3. lieues de ce Bois, le 20 Septembre de grand matin, le fait fouiller le Bois par ses gardes et par 40. tireurs des habitans de Langeac et des Villages voisins ; pour lui, il s'est placé dans un petit détroit au bout d'un sentier ; la Bête s'est présentée à lui à 60. pas de distance, et présentoit le côté droit de la Tête : alors il lui a tiré un coup de sa Canardière qui était Chargée de 5 Coups de poudre, de 35 postes à loups, et d'une balle de Calibre. Ce coup à renversé par terre cette furieuse Bête. Au a crevé l'œil, et les postes l'ont frappée sur tout le côté droit et l'épaule. Quoique cet Animal ait été si fortement frappé ; il s'est relevé, et couru avec une telle promptitude sur lui, qu'il n'a pas eu le tems de charger sa Canardière, ce qui l'obligea d'appeller du secours. M.r Rainchard Garde de M.gr le Duc d'Orléans est arrivé à temps, d'a tiré sa Carabine sur cette Bête que la frappée par derriere Ce coup la fait avancer 25. pas dans la plaine où elle est tombée morte.

Le 20 Sep.bre le grand matin M.r Antoine fit fouiller le Bois par ses gardes, et par 40. tireurs des habitans de Langeac et des Villages voisins.

M.r Rainchard Garde de M.gr le Duc d'Orléans, à tiré sa Carabine et la frappée par derriere, et de ce Coup elle est tombée morte.

11807

RELATION
CURIEUSE,
VÉRITABLE ET REMARQUABLE,
DE la mort & des désordres commis par une bête féroce, aux
environs de Sarlat dans le Périgord.

IL vient de paroître, aux environs de Sarlat dans le Périgord, une Bête féroce, que l'on a jugé être un Loup enragé, d'une grandeur extraordinaire. Cette Bête féroce parcourut, avec une vîtesse incroyable, les Paroisses de Saint-Julien & de Grossejac. En vain nombre d'Habitans de l'une & l'autre Paroisse voulurent s'opposer aux ravages de ce cruel Animal. Dix-huit à vingt personnes furent les tristes victimes de sa fureur.

Cet Animal faisoit le contraste de la Bête du Gevaudan, dont il a été tant parlé ; car il sembloit que celle-ci n'en vouloit qu'aux hommes, au lieu que celle du Gevaudan attaquoit les femmes de préférence. Prêt à fondre sur sa proie, elle hérissoit son poil, & les yeux tout en feu, se dressoit sur ses pieds de derriere, & tâchoit de saisir sa victime, tantôt au visage, tantôt aux autres parties de la tête. Pour arrêter les ravages de ce redoutable ennemi, dont les suites fâcheuses ne se faisoient déja que trop sentir, le sieur Dubex de Descamps, Bourgeois de Saint-Julien,

d.Lk7 9201

« Représentation de la Bête Féroce qui a fait de si Cruels Ravages dans les Provinces d'Auvergne, de Gévaudan, etc. Qui a été tirée dans le Bois de Pommieres, en Auvergne, par Mrs Antoine et Reinchard. Le 20 septembre 1765. »
Gravure sur bois de colportage, 1765.

La littérature de colportage proposait d'innombrables « relations curieuses véritables et remarquables » de chaque attaque. Ici les méfaits d'une bête féroce dans le Périgord.
Imprimé en août 1766 par d'Houry à Paris. Le même bois illustrait déjà une feuille de novembre 1764 imprimée par F.-G. Deschamps, à Paris, relative à la bête du Gévaudan.

FIGURE DE LA BÊTE FÉROCE
Qui ravage les alentours d'Orléans.

COMPLAINTE sur l'air de Pirame et Tisbé.

Venez à mes chers amis
entendre les récits
De la BÊTE sauvage
Qui courre par les champs,
Autour d'Orléans
Fait un très-grand carnage.

L'on ne peut que pleurer
En voulant réciter
La peine et la misère
De tous ces pauvres gens
Déchirés par les dents
De cette BÊTE sanguinaire.

Le pauvre malheureux,
Dans ce désordre affreux,
Pleure et se désespere;
Il cherche ses parens,
Le père ses enfans,
Les enfans père et mère.

Qui pourrait de sang froid
Entrer dans ces bois
Sans une tristesse extrême,
En voyant les débris
De ses plus chers amis
Ou de celle qu'il aime.

L'animal acharné,
Et plein de cruauté,
Dans ces lieux obscurs,
Déchire par lambeaux,
Emporte les morceaux
Des pauvres créatures.

Les voisins de ces bois
Sont toujours pleins d'effroi,
De crainte et d'épouvante
Voyant sur les chemins
Tomber du sang humain
De sa gueule sanglante.

L'on voit de tous côtés
Des membres déchirés;
Le corps ainsi si rôté
Se trouvent tous rongés
Par l'égrisant denier
De cette affreuse BÊTE.

Hélas qu'il est touchant
De voir de jeunes enfans
Etendus dans la plaine,
Ces peaux musculeux
N'ont plus que les ossemens,
Quelle fatale peine.

O qu'il est malheureux
De voir par tous ces lieux
Un si terrible carnage,
Qu'il est désolant
De voir à chaque instant
Assouvir sa rage.

Prions le Tout-puissant
Qu'il nous délivre des dents
De ce monstre horrible;
Et par sa sainte main
Qu'il guérisse soudain
Toutes ces pauvres victimes.

DÉTAIL.

Cette Bête cruelle déchire et dévore les pauvres habitans des campagnes, désole des familles entières, abime et détruit tout ce qui se trouve à sa rencontre, et fait un carnage affreux.

se vend chez FEUILLATRE, Md. Cartier, rue Ste.-Catherine, n.° 5, près la place du Martroi, A ORLÉANS.

de ces malheureuses furent grièvement blessées, deux autres perdirent la vie et furent dévorées.

Aux cris épouvantés de ceux qui avaient échappé à la dent meurtrière de ce cruel animal, bientôt les habitants de ces deux communes se réunissent et s'empressent d'aller au secours des blessées, dont plusieurs se trouvaient incapables de regagner leur domicile. Quel horrible spectacle pour l'un d'eux en reconnaissant son épouse au nombre des victimes!... »

« M. le baron de Talleyrand a sur-le-champ ordonné une battue générale, dont il a voulu lui-même partager les dangers ... il fit fouiller le bois en tous sens pendant six à sept heures. L'animal effrayé quitta bientôt son repaire et se porta dans la commune de Cercottes, à cinq quarts de lieues de la battue, où il fut tué d'un coup de hache par un bûcheron, au moment où il s'élançait sur lui pour le dévorer. Le bruit de cet accident qui se répandit dans toutes les campagnes y porta l'effroi et donna lieu à une multitude de fables plus ridicules les unes que les autres. Ces fables qu'inspirent presque toujours la frayeur et l'ignorance, saisies par la crédulité, augmentent les inquiétudes et ont trop souvent des suites dangereuses. Monsieur le baron de Talleyrand, quoique convaincu que les bruits qui se répandaient de toutes parts étaient mensonges, crut néanmoins, pour les dissiper, devoir envoyer un officier dans toutes les communes riveraines de la forêt, afin d'y recevoir les rapports des maires. Tous les renseignements que cet officier a recueillis ne laissent aucun doute sur la destruction de l'animal qui a commis tant de ravages [18]. »

Comme pour la bête de Gévaudan, des images sont diffusées dans les campagnes par les colporteurs. L'une des gravures représente la « figure de la Bête féroce qui ravage les alentours d'Orléans ». La « complainte sur l'air de Tsibé » qui tient lieu de légende est particulièrement significative : chaque mot employé doit émouvoir et même affoler l'auditoire :

Page de gauche :
En 1814, dans la région d'Orléans, une louve furieuse sème la terreur. On la tue rapidement et elle n'atteindra pas la célébrité de la bête du Gévaudan.
Des images relatant ses méfaits furent imprimées simultanément chez Garnier-Allabre à Chartres et chez Rabier-Boulard à Orléans et connurent un grand succès.

1. *Venez mes chers amis*
Entendre les récits
de la bête sauvage
Qui coure par les champs
Autour d'Orléans
Fait un très grand carnage.

2. *L'on ne peut que pleurer*
En voulant réciter
La peine et la misère
De tous ces pauvres gens
Déchirés par les dents
De cette bête sanguinaire.

3. *Le pauvre malheureux*
Dans un désordre affreux
Pleure et se désespère
Et cherche ses parents,
Le père de ses enfants,
Les enfants père et mère.

4. *Qui pourrait de sang-froid*
Entrer dans ces bois
Sans une tristesse extrême
En voyant les débris
De ses plus chers amis
Ou de celle qu'il aime.

5. *L'animal acharné*
Et plein de cruauté,
Dans ces lieux obscurs
Déchire par lambeaux,
Emporte les morceaux
Des pauvres créatures.

6. *Prions le Tout-Puissant*
Qu'il me délivre des dents
De ce monstre horrible
Et par sa sainte main
Qu'il guérisse soudain
Toutes ces pauvres victimes.

18. Légende de l'image imprimée chez Rabier-Boulard d'Orléans. Musée historique et archéologique de l'Orléanais.

Bien que l'on soit aujourd'hui persuadé que la plupart de ces bêtes féroces et sanguinaires étaient des animaux enragés, les fantasmes et les peurs d'antan peuvent encore resurgir parfois du fond des mentalités.

Durant l'hiver 1977-1978, dans les Vosges, un animal non identifié, mi-chien mi-loup, égorge plus de deux cent cinquante moutons, quelques vaches et un jeune poulain. Aussitôt on parle de la « bête des Vosges ». Elle suscite un véritable branle-bas de combat et la mobilisation de lieutenants de louveterie, de chasseurs, de paysans, de pompiers et même de soldats qui entreprennent des battues. On ratisse le pays comme en plein XVIIIe siècle, lorsque les dragons poursuivaient « la Bestio ». Les *mass media* s'emparent du fait divers et le grossissent aussitôt. L'animal serait capable de s'échapper à la vitesse de 80 kilomètres à l'heure; traqué, il parcourerait une trentaine de kilomètres par jour. Les Vosgiens sont persuadés d'avoir affaire à un loup. La panique ancestrale resurgit, suscitant d'innombrables descriptions, toutes plus terribles les unes que les autres. On émet les hypothèses les plus diverses : loup échappé d'un zoo, loup sauvage lâché clandestinement, chien-loup dressé par un berger pour venger de vieilles rancunes, et même animal téléguidé par un système d'ultra-sons.

Les ravages de la bête cessent subitement et, avec eux, les ragots. Mais un autre animal réapparaît en pays charentais et un troisième dans la Marche. Un journal régional titre en mai 1978 : « Saint-Sulpice-les-Champs : après avoir décimé les moutons des Vosges, la Bête mystérieuse serait-elle en Creuse? » Sacré loup! il a vite fait de faire réapparaître en nous tout le cortège de peurs et de fantasmes qui alimente si bien notre imaginaire.

Colporteurs hier, journaux et télévision aujourd'hui, les hommes pourront-ils un jour se passer de ces histoires de loup extraordinaires et effrayantes, de ce seul animal pratiquement disparu qui possède sur les mentalités un pouvoir aussi mystérieux?

Qui était la bête des Vosges?
Dans l'hiver de 1977 à 1978, une « bête » commet des ravages dans les troupeaux de l'est de la France. Cette « Bête du Gévaudan » du XXe siècle mobilisera chasseurs, militaires et journalistes comme au temps de Louis XV, avant de s'évanouir dans la nature...
1, 2 : Comme les dragons du Duhamel au XVIIIe siècle, l'armée et les chasseurs d'aujourd'hui à la poursuite du monstre.
3 : Un des rares clichés de l'animal demeuré énigmatique.
4 : La bête des Vosges et la presse. La « une » du Sauvage *de décembre 1977.*

3

2

*Pendant les périodes de grands froids, les meutes de loups n'hésitaient pas
à s'introduire jusque dans les cours de fermes et les villages.
Les paysans en profitaient pour disposer des appâts.
Cette lithographie de F. Grenier extraite du Journal des chasseurs de 1845
représente un affût dans une cour. Dès que la horde sera entrée,
un homme fermera la porte avec une corde et les loups seront abattus depuis les fenêtres.*

La fin des loups

Mais revenons aux loups normaux qui, en cette fin du XVIIIe siècle, hantent toujours les campagnes, rendent les routes peu sûres et n'hésitent pas à voler les moutons au nez et à la barbe du berger.

Avec la Révolution et les guerres de l'Empire, la chasse et la destruction de ces animaux passent au second plan. Les paysans ne sont pas armés et les fauves se multiplient. « Les loups sont beaucoup trop communs en France, depuis surtout que les armées ont laissé sur différents points de la République beaucoup de chevaux morts qui leur servent de pâture et les ont rendus plus féconds », écrit le maire de Villers-la-Montagne, en Moselle, le 25 vendémiaire an X.

C'est un fait constant, les troupeaux ovins, qui constituent le grand élevage français jusqu'au XIXe siècle, ne sont en sécurité nulle part, ni au pacage durant le printemps, ni sur la brande, ni dans la bergerie.

L'ampleur des destructions est considérable : impossible à évaluer dans sa totalité, elle peut être appréhendée par des exemples ponctuels.

Dans le Sud-Ouest, au printemps de l'année 1802, des bandes de cinq à six loups se sont introduites dans des parcs et des bergeries situés sur la commune de Sabres, dans les Landes, et y ont dévoré près de six cents moutons et brebis.

En Normandie, la prolifération des fauves est telle qu'elle met en péril l'élevage local. Gérard Desrivières, ex-législateur à la Chambre des députés, s'en plaint dans une lettre du 28 janvier 1817 :

« Depuis vingt-sept ans, on a négligé de détruire les loups qui se sont tellement multipliés qu'ils dévastent tout dans le voisinage des forêts et dans les pays de bocage; ils mangent les chevaux, les poulains, les veaux de lait, les moutons et même les chiens, jusque dans nos cours; de sorte que, pour notre propre conservation et celle de nos bestiaux, nous sommes obligés d'avoir quantité de forts chiens qui consomment beaucoup de vivres... Dans nos pays de bocage, avant la Révolution, nous faisions beaucoup de beaux et bons élevages en chevaux, maintenant nous ne produisons que des rosses de la plus chétive espèce, et encore en très petite quantité; parce que, pour empêcher qu'ils ne soient mangés par les loups, nous sommes obligés de les faire renfermer tous les soirs, et de les nourrir à la crèche en tout temps. Ils nous coûtent plus à nourrir qu'ils ne valent quand ils sont parvenus à l'âge de servir, ce qui dégoûte les cultivateurs. » La dégénérescence des bêtes mal nourries et les coûts accrus de l'élevage provoquent une réaction peu ordinaire : « On hésite, poursuit Desrivières, à faire couvrir les juments. La plupart des

61

cultivateurs même font boucher les matrices de leurs juments, pour qu'elles ne puissent se laisser couvrir par des étalons de rencontre; et souvent, quand une jument a mis bas, on délibère en famille si on élèvera ou si on tuera le poulain [19]. »

Plaines du Bassin parisien, pays bocagers de l'ouest et du Massif central, chaîne des Pyrénées, régions montagneuses d'Italie et d'Espagne, plaines d'Allemagne, les troupeaux ovins de l'Europe entière sont touchés.

En 1844, le maire d'une commune du centre de la France se plaint à son tour : « Les loups en grand nombre dévastent tout le canton d'Éguzon, notamment dans les communes de Bazaiges, Baraize et Éguzon... Dans la nuit du 20 au 21, ils se sont réunis au nombre de sept, au domaine de la Baricole, situé commune d'Éguzon, appartenant à Monsieur David; ils se sont introduits dans sa bergerie et lui ont tué six moutons, en ont mangé quatre et massacré dix autres. Dans la semaine dernière, à La Ligne, commune de Bazaiges, dans un petit pré, très près des maisons, ils ont mangé une jument et sa suite; il fallait qu'il y en eût beaucoup, car le matin on n'a trouvé que partie des os de la jument et aucun vestige de la pouliche. Ils ont encore dans la semaine dernière, dans la même commune, mangé un bœuf et une vêle et, depuis deux semaines, ils ont mangé dans ces trois communes, plus de trente chiens [20]. »

Enfin, bien que peu de documents l'attestent, les loups étaient parfois signalés aux abords et même à l'intérieur des villes. Poussés par la faim, surtout pendant les périodes de grands froids, ils rôdaient autour des étals de bouchers ou près des abattoirs, ne dédaignant pas les entrailles et la tripaille. A Roanne, en 1822, des loups en grand nombre s'aventurent jusqu'aux portes de la cité et sur les bords de la Loire, causant de grandes frayeurs parmi les habitants. A la fin du XIXe siècle, en Berry, les hivers très durs attirent les loups dans quelques villes. En 1870, ils se glissent jusque dans le bourg de Lignières, dans le Cher, et hurlent devant une boucherie. En 1879, ils viennent la nuit à l'abattoir de Châteauroux.

« Pendant le grand hiver 1879-1880, écrit Raymond Rollinat, des loups sont venus, la nuit, à l'abattoir d'Argenton, se repaître de tripailles jetées au fumier; on en a vu dans une ville voisine tirant sur des quartiers de bœuf suspendus aux murs d'une boucherie mal fermée [21]. »

Si les attaques d'hommes sont exceptionnelles et presque toujours le fait de loups enragés, elles n'en continuent pas moins. En 1879, en Lozère, un bûcheron est victime du fauve, tandis qu'à Sillé-le-Guillaume, dans la Sarthe, un homme et une femme sont attaqués par trois loups. En janvier 1880 une petite fille est égorgée dans la grange d'une ferme du Morbihan, une autre est attaquée dans un bois aux environs de Périgueux le 26 janvier 1914. Et ce ne sont là que quelques exemples. En France, la dernière victime a été dévorée en Haute-Vienne, près de La Chapelle-Mont-Brandieux, le 2 octobre 1918.

Devant cette situation, toute la population rurale va se liguer contre le loup. Les paysans défendent leur bien, leur bétail et la sécurité de leur famille; les nobles et les grands propriétaires protègent aussi le gibier de leurs bois. Il faut, donc, pour être tranquille, tuer les loups jusqu'au dernier.

En Berry, en Champagne, dans la Sarthe et le Cantal, pays d'élevage, les conseils généraux préconisent la destruction de tous ces animaux si nuisibles à la société.

19. Archives nationales, F 10468.

20. Archives départementales de l'Indre, M. 3832.

21. R. Rollinat. « Le loup commun » in *Revue d'histoire naturelle,* 1929.

ARRÊTÉ

DE LA PRÉFECTURE

DU DÉPARTEMENT DE L'INDRE,

RELATIF A LA DESTRUCTION DES LOUPS.

Du 1.er Germinal an 10 de la République française.

Le Préfet du Département de l'Indre,

Vu la lettre du Ministre de l'intérieur, du 7 nivôse dernier ;

Considérant que, par la lettre sus-dattée, le Ministre de l'intérieur a décidé que les primes pour la destruction des Loups, seraient désormais à la charge des Départemens ;

Considérant que, par la même lettre, il a autorisé à réduire provisoirement ladite prime à un taux inférieur à celui déterminé par la loi ;

Considérant que les Cultivateurs et Propriétaires sont principalement intéressés à la destruction des Loups, si funestes à l'agriculture, par les pertes répétées et considérables qu'ils leur font éprouver, et qu'ainsi leur propre intérêt devrait les engager suffisamment à des soins dont ils retirent tout l'avantage ;

Considérant qu'une prime peut être encore un encouragement de plus ; mais que cet encouragement doit être circonscrit dans les bornes de la justice et de l'économie ;

Considérant qu'un paiement modéré et exactement fait, est préférable à un paiement plus fort, mais incertain,

ARRÊTE :

ARTICLE PREMIER.

Les primes pour la destruction des Loups, sont et demeurent provisoirement fixées, ainsi qu'il suit :

Pour une Louve pleine, à la somme de trente francs, ci 30.fr

Pour une Louve non pleine, à la somme de vingt-cinq francs, ci 25

Pour un Loup, à la somme de vingt fr., ci 20

Pour un Louveteau au-dessus de la taille d'un Renard, à la somme de dix fr., ci . . 10

Pour un Louveteau au-dessous de la taille d'un Renard, à la somme de cinq fr., ci . . 5

II.

Le paiement desdites primes sera fait exactement à l'expiration de chaque semestre, sur l'état qui en sera fourni au Préfet par les Sous-préfets, et un double des procès-verbaux qui auront été dressés lors de la représentation d'un Loup pris ou tué.

III.

Aussitôt qu'un Loup aura été tué ou pris, celui qui l'aura tué ou qui l'aura pris sera tenu de le présenter au Sous-préfet de son arrondissement, lequel constatera par un procès-verbal, l'âge et le sexe de l'animal ; et si c'est une Louve, si elle est pleine ou non.

IV.

Le Sous-Préfet fera couper les oreilles à l'animal, et le fera enfouir ; il en sera fait mention au procès-verbal.

V.

Le double du procès-verbal et l'état énoncé en l'art. II ci-dessus, seront adressés au Préfet dans la première décade du mois qui suivra l'expiration du semestre, et le montant dudit état sera acquitté dans la décade suivante.

VI.

Les dispositions ci-dessus auront lieu, à compter du 1.er vendémiaire dernier.

VII.

Le présent sera imprimé, lu, publié et affiché en la forme et en la manière accoutumée ; et les Sous-Préféts demeurent chargés d'en surveiller l'exécution.

Pour ampliation :

Le Préfet du Département de l'Indre,

D'ALPHONSE.

Par le Préfet :

Le Secrétaire général de Préfecture, BARBIER.

A CHATEAU-ROUX, de l'Imprimerie de A. BRANDELY.

Dans tous les départements, pour inciter les ruraux à lutter contre le loup, une prime est versée pour chaque animal tué. Dans les régions infestées, certains paysans n'hésitent pas à se spécialiser dans la recherche des loups et louveteaux. Affiche préfectorale de l'Indre, 1801. Archives départementales de l'Indre.

En 1863, le baron Dunoyer de Noirmont écrit : « De toutes les grandes chasses, celle du loup est la seule qui ait un caractère d'utilité publique. »

A la fin du XIXe siècle, le désenclavement des campagnes est favorisé par le développement des voies de communication et la mise en valeur du territoire. La construction de nombreuses routes secondaires et de chemins vicinaux, l'intensification des voies ferrées d'intérêt local provoquent des déboisements et chassent les loups. Ces travaux nécessitent souvent le creusement de tunnels ou l'emploi de dynamite; tout ce bruit et toute cette activité effraient les fauves qui fuient devant la présence de plus en plus envahissante de l'homme et se retirent dans quelques grands massifs forestiers. Enfin, la mise en valeur de territoires incultes et l'exploitation forestière plus poussssée privent les loups de leurs refuges favoris et restreignent encore leurs zones d'habitat déjà entamées par la disparition des couverts épais.

Votée le 3 août 1882, c'est une loi nationale qui, cette fois, déclare la guerre aux meutes de nos forêts. Elle vise la destruction totale de l'espèce, traduisant la fixation des esprits sur les dangers représentés par la survivance d'un fauve et la méconnaissance écologique du loup dans les milieux forestiers. Mais la peur fut la plus forte et les mythes populaires provoquèrent cette réaction gouvernementale. L'État préconisait la destruction de l'animal par tous les moyens et, pour stimuler ·les chasseurs, augmentait considérablement le montant des primes accordées aux tueurs.

Dans une circulaire aux préfets du 19 décembre 1882, De Mahy, le ministre de l'Agriculture de l'époque explique que : « Les chasseurs n'étant plus stimulés par l'appât d'une prime peu en rapport avec les dangers que représente la poursuite du loup, la chasse de ces fauves était devenue une sorte de privilège au profit des riches propriétaires disposant d'équipages de chasse. La création de la louveterie n'a pu parvenir à réformer ces abus et n'a point, en somme, répondu d'une manière suffisante à toutes les espérances qu'elle avait fait concevoir. Le relèvement du taux des primes doit certainement provoquer une émulation qui s'était éteinte... nous ne saurions parvenir trop vite à hâter la destruction d'une espèce aussi dangereuse. »

Peu à peu les loups disparaissent de la rive gauche du Rhône, du Midi toulousain, du Bordelais, de Normandie, du Bassin parisien et de Bretagne. L'espèce se meurt, en une quarantaine d'années la France fera disparaître plus de dix mille animaux. La Première Guerre mondiale provoquera leur retour dans quelques régions, mais ce ne sera qu'un sursaut avant l'anéantissement.

Enfin, lorsque la Seconde Guerre mondiale éclatera, les derniers animaux erratiques de Dordogne, d'Ardèche ou de Lorraine seront détruits. A partir de cette date, le loup peut être rangé parmi les espèces disparues de l'Europe occidentale. Pourtant, çà et là, on traque encore quelques animaux solitaires. Fischesser cite le cas d'un loup aperçu en 1948 dans la forêt de Châtillon-sur-Seine, en Côte-d'Or. Le 15 janvier 1954, un mâle est tué à Crémieu, dans l'Isère, au cours d'une battue qui rassemble deux mille chasseurs. Un vieux loup est abattu en 1961, à Gondrieu, dans la Lozère. En 1968, deux fauves, qui proviendraient d'un élevage, sont tués dans le pays landais. En 1971 et en février 1972, selon Fischesser, deux de ces animaux auraient traversé l'est de la France.

Page de gauche, en haut :
Dans la seconde moitié du XIXe siècle, la construction de nombreuses voies de chemin de fer contribuera à la disparition du loup dérangé par les travaux et le bruit jusqu'au cœur des massifs forestiers.
Image d'Épinal de 1842.

Page de gauche, en bas :
A la fin du XIXe siècle, une chasse sans merci est livrée au dernier fauve de nos forêts. Il est alors de bon ton de poser avec le trophée de plus en plus rare.
Loups tirés près de Poitiers, photographie prise vers 1890.

Les loups des zoos et des cirques d'aujourd'hui sont-ils les descendants des loups d'autrefois, cruels et menaçants? Loup apprivoisé montré à des écoliers berlinois, vers 1935.

Enfin, en 1977, un loup aurait encore été tué en Lozère. Serait-ce le dernier?

Mais ces sursitaires d'une espèce disparue, certainement échappés d'un parc zoologique, ne sont pas les descendants des chefs de meute qui hantaient les forêts et les bocages. Depuis cinquante ans déjà, le loup, en Europe, ne vit plus que dans la mémoire des hommes.

Aujourd'hui encore des hommes chassent les loups dans quelques pays du monde. Exterminés en Europe occidentale, des hordes survivent dans certains pays de l'Est, en Grèce, en URSS, au Canada et aux États-Unis, mais elles se sont réfugiées dans des régions souvent inaccessibles. Retour de chasse au loup en Pologne vers 1970.

Les loups enragés

« Le jeudi 16 juin 1783, à trois heures du soir environ, un loup enragé se rendit sur le finage de Créancey (Haute-Marne). C'était un loup mâle extraordinairement grand; il pouvait, étant dressé, mordre à six pieds de hauteur. Sa course était si vite qu'il semblait voler : il faisait des bonds de 7 à 8 pieds de hauteur, des écarts de 12 à 15 pieds de distance. Il soufflait avec un bruit effrayant. C'était sa manie lorsqu'il tenait quelqu'un de souffler horriblement, de bondir autour, de s'écarter et de revenir dessus à différentes reprises et avec une nouvelle rage.

Cet animal commença à paraître dans les vignes de Vaulargeot, du côté de Latrecey. La première personne qu'il attaqua fut Pierre Bouteille, vigneron, âgé de vingt-neuf ans, jeune homme marié, fort et vigoureux. Il le mordit à la cuisse, ensuite à la poitrine, enfin se jetait à son visage, mais le jeune homme qui se défendait vivement opposa son bras que le loup mordit et perça d'outre en outre...

A 2 ou 300 pas plus loin, toujours dans les vignes, en avançant du côté du village, le féroce animal se jeta sur Nicole Poissenot... qui travaillait seule avec son mari. Cette femme âgée de trente-deux ans était enceinte de huit mois. Le loup la mordit fortement dans le côté, l'étendit par terre, la quitta plusieurs fois et revint aussi plusieurs fois à la charge pendant qu'elle faisait des efforts pour se relever. Il lui rongea et déchira tout le visage et généralement toute la tête...

Pendant cette cruelle scène qu'on sut bientôt à Vaulargeot, Nicolas Bouteille... courut au clocher, sonna le tocsin. Tout le monde en âge de travailler était alors répandu dans les vignes et les champs. Tous ceux qui entendirent la cloche quittèrent l'ouvrage; on voyait les gens revenir en foule, et on ne fut pas plutôt informé du sujet du tocsin que les hommes et autres capables de défense s'armèrent, quelques-uns de fusils, les uns de haches, d'autres de fourches, de fer, de moyeux, etc., pour marcher contre l'animal.

Cependant l'animal, qui tenait et assouvissait sa rage sur la pauvre créature dont on vient de parler, s'approchait de Créancey et, en passant, mordit Jean Huot, laboureur, âgé de vingt-huit ans, qui venait au village pour s'armer; il le renversa, mais la morsure fut légère et il y a apparence qu'il ne lui inocula pas son venin, car les suites n'ont point été fâcheuses.

Devant Jean Huot, marchait Nicolas Doussot, vigneron, sur lequel le loup se mit à courir, mais Doussot qui courait aussi et que la peur emportait laissa tomber son chapeau, que le loup ramassa et mit en pièces, ce qui donna le temps à l'homme d'échapper.

CYGIT LE BRAVE JEAN *VERGER* (✪)
QUI MÉRITA DE SA PATRIE
UNE COURONNE DE LAURIER
POUR SACRIFICE DE SA VIE

IL TATTERA IL TE VAINQUIT
MONSTRE CRUEL ET REDOUTABLE
ET PAR TA DEFAITE IL SACQUIT
ESTIME HONNEUR GLOIRE DURABLE

Ô VOUS HABITANS DE CE LIEU
PAR AMOUR ET RECONNAISSANCE
RECOMMANDÉS SON AME A DIEU
RENDÉS GRÂCES A SA VAILLANCE

apprehendebam mentum eorum et
suffocabam eos.
Je les prenois a la gorge et Je les
etouffois. liv. des Rois.

(✪) MORT DE RAGE LE 27 JANVIER 1775

Pierre tombale de Jean Verger mordu par un loup enragé en 1775, Estissac, Aube.
En tête de l'inscription est représentée la lutte de l'homme et de l'animal.

L'animal n'était plus qu'à 2 ou 300 mètres du village où, selon toute apparence, il allait entrer et où il eût causé la plus grande désolation, car toutes les femmes et les enfants alarmés étaient dans les rues, mais il en fut détourné...

Il était alors au bout du village du côté de Châteauvillain, et sans doute qu'il voyait dans une grande côte de vigne vis-à-vis, trois personnes effrayées (une mère âgée et deux jeunes femmes) qui se hâtaient de monter et qui se cachaient dans des buissons au-dessus de cette bête... Il attaqua d'abord la mère, il lui mangeait la joue et le col du côté droit, lorsque la jeune veuve vint au secours et s'offrit au combat pour la défendre. Cette jeune héroïne tirait de toutes ses forces l'animal par les oreilles, par les pattes, par la queue, elle tâchait de lui écarter les mâchoires et lui enfonçait sa pantoufle dans la gueule. Elle l'obligea à quitter sa mère et à se tourner contre elle-même, le combat fut assez long, elle fut renversée et se releva plusieurs fois; enfin l'animal se rebuta après lui avoir fait une plaie à l'œil droit, une au sommet de la tête et neuf dans les bras. Il ne quitta prise que pour aller chercher sa jeune sœur qui s'était sauvée; ne la trouvant pas, il revint, comme de dépit, fondre de nouveau sur la mère, à qui il fit de profondes plaies dans les endroits qu'il avait déjà mordus et deux nouvelles, une sur l'œil droit et une derrière l'oreille gauche. La jeune veuve revint aussi au secours et reçut une deuxième plaie sur l'épaule droite, elle tourmenta tellement l'animal qu'enfin il abandonna la place.

Il grimpa sur le sommet du coteau; de là il aperçut les brebis, moutons, cochons sous la garde du berger; il courut sur le troupeau et se mit à mordre à droite et à gauche. Il mordit trente-cinq tant brebis que moutons et six cochons. Les habitants de Latrecey qui poursuivirent le loup qui avait passé chez eux se trouvèrent alors réunis sur cette montagne à ceux de Créancey et on y aperçut enfin l'animal qu'on cherchait depuis longtemps. Antoine Fêvre... qui se trouva plus près du troupeau que les autres et qui s'était aguerri à l'entrée du village, suivit le loup dans le troupeau, lui porta quelques coups de fourche qui purent bien l'obliger à en sortir plus vite pour être sur place d'être vu et tiré. Il ne fut pas sitôt à découvert que Mathieu Royer... lui tira en effet un coup de fusil qui porta, lui fit faire un saut, mais ne l'arrêta pas. Il se retira dans un buisson à quelque distance où il se coucha, et où Arbelin, maître d'école de Latrecey, lui donna un second coup de fusil et l'acheva.

... Nicole Poissenot qui avait été si cruellement déchirée est accouchée le lendemain de l'accident, son enfant était mort dans son sein; on lui a trouvé la poitrine et les pieds rompus et meurtris. La mère a vécu huit jours. Dès le troisième jour, l'infection était si insoutenable que personne, presque, n'avait le courage d'entrer chez elle et que ceux mêmes qui passaient devant la porte étaient obligés de se boucher le nez et la bouche...

Entre les quatre autres qui avaient été mordus, il y en a trois qui sont morts de la rage; la première... a eu deux accès, le premier a commencé le 13 juillet environ, un mois après l'accident, et s'est déclaré par une horreur de l'eau et de toute boisson qu'on lui présentait, si grande qu'elle lui causait une espèce de colère, des grimaces, des contorsions, des convulsions épouvantables qu'on ne saurait dépeindre. A mesure qu'elle avançait dans l'accès, elle montrait la même horreur du manger et de bien autres choses, au point que, quand on les lui offrait, elle se jetait dans la ruelle de son lit, comme si elle eût cherché à fuir; elle était tourmentée de nausées, de vapeurs, de crachements presque continuels, de fantômes qu'elle disait voir, surtout elle se plaignait du loup qui la tirait dans un fossé... Le 14 juillet presque à la même heure que la veille, le second accès a commencé et continué jusqu'au milieu avec les mêmes circonstances que le premier, excepté que c'était plus violent; au milieu de l'accès, elle s'est mise à baver, ce qui est arrivé fréquemment jusqu'à la fin, et quelquefois si abondamment qu'elle ne pouvait parler...

La seconde morte de la rage... a beaucoup effrayé les personnes qui la veillaient : c'étaient son père, sa sœur et deux femmes du village. Tout à coup, elle a ramassé toutes ses couvertures et les a jetées en bas, elle a sauté du lit, a voulu le renverser comme pour chercher quelque chose; son père a tâché de la remettre sur son lit, elle lui a porté deux coups de poing pour l'éloigner, et comme il persistait, elle lui en a lancé un troisième qu'il a évité; dans le même instant, elle s'est tournée en face des quatre personnes avec des yeux menaçants, hors de la tête; les deux femmes se sont sauvées dans la cour, elle les a suivies, a fermé la porte après elle à la clé et au verrou. Pendant ce temps, le père et la sœur se sont sauvés dans une chambre à côté du lit de la malade où ils n'étaient pas trop en sûreté, car il n'y avait ni serrure ni verrou à la porte de cette chambre. Quand la malade s'est vue seule, elle s'est placée au pied de son lit qu'elle venait de renverser, et de toutes ses forces à poings fermés elle frappait sur le loup : « Malheureuse bête, disait-elle, tu dévoreras donc ma mère, ah! qu'on m'apporte une hache... »

Le troisième mort de la rage n'a eu qu'un accès qui a commencé le 22 juillet. Ce jeune homme allait vers le midi voir sa mère malade; il avait plu lorsqu'il fut sur la porte; il aperçut un petit ruisseau qui courait dans le milieu de la rue, il se sentit saisi de frayeur, il éprouva un trémoussement de tout son corps, il revint chez lui, il essaya de boire pour remettre ses sens, il ne put boire et l'horreur redoubla. Sa femme se mit à arroser la chambre pour la balayer; le seul filet d'eau qui tombait lui fit des révolutions inconcevables, il se mit au lit où il ne pouvait contenir les mouvements qui l'agitaient; tout en lui faisait ombrage, les chaudrons, les poêles, la vaisselle d'étain, même de terre qu'il fallut enlever. Une personne qui arrivait dans la maison, la lueur du feu, l'éclat du vase d'argent des onctions, l'ombre de la main du prêtre qui l'administrait, tout en un mot produisait chez lui des sensations incroyables de crainte et d'inquiétude. Le 23, vers les deux heures du matin, il eut sans doute des pressentiments de fureur; il avertit qu'on le liât, il en pria même. Cet avertissement donna de la crainte aux assistants; au lieu de le lier, on se sauva, sa femme resta seule avec lui; la fureur pressentie arriva, il faisait tout ce qu'il pouvait pour mettre en fuite sa femme qui ne voulait pas le quitter. Enfin, il rompit la tringle des rideaux de son lit, l'arracha et jeta le tout sur sa femme qui sortit et après laquelle il ferma la porte. Aussitôt, il se mit à fracasser dans la chambre tout ce qu'il put, vint à la croisée, passa son bras, le poing fermé dans tous les carreaux et il se mit tout en sang, arracha les châssis et chambranles, mit tous les bois en morceau, jeta tout dehors ce qu'il avait d'ailleurs déjà fracassé, enfin les bancs qui étaient autour de la table... Quand la fureur fut apaisée, on monta, on lui lia les jambes, ensuite les bras... on l'étendit sur la paille; il était hors d'état de faire du mal ni à lui ni à personne. Pendant qu'on le

Première et dernière pages de la relation manuscrite de l'abbé Trouble, curé de Créancey en Haute-Marne, 1786.

69

Le mouron rouge entrait dans la composition de breuvages destinés à guérir la rage.

liait, il disait : « Mes enfants, prenez surtout bien garde que je ne vous égratigne », et il fermait les poings tant qu'il pouvait dans cette crainte. Il eut bien des mauvais moments jusqu'à midi. Enfin il fut abattu, rendit prodigieusement de bave, il expira à midi et demi environ, sans être aucunement défiguré...

On ne sait s'il est hors de propos d'observer que les trois personnes mortes de la rage, deux ou trois jours avant leurs accès, étaient tourmentées de l'envie d'aller dans le lieu où elles avaient été mordues et qu'on les en a détournées...

Ladite relation certifiée véritable et on ne peut plus exacte, par moi soussigné, prêtre, curé de Créancey, le premier janvier 1786 [22]. »

Cet extraordinaire récit nous fait vivre dans ses moindres détails les drames provoqués par l'intrusion d'un loup enragé au sein d'une communauté villageoise, la difficulté de maîtriser un animal devenu fou qui ne craint plus rien des hommes et l'impuissance des populations devant ce mal insoutenable qui entraînait en quelques semaines les plus forts sujets, dans la folie la plus abjecte, vers une mort certaine.

Certes, l'abbé Trouble n'a certainement pas été lui-même témoin de toutes ces scènes, il se fait le porte-parole des paysans qui lui racontèrent certaines séquences du drame et son récit est donc à lire avec prudence. Le vocabulaire employé dévoile également un souci de dramatisation, mais, dans l'ensemble, les processus de transmission de la rage et les symptômes de la maladie y sont tout à fait recevables.

Les loups, les renards et les chiens errants sont les principaux vecteurs de la rage, mais également toutes les bêtes à sang chaud, le virus se transmettant par la salive. « Qu'un loup fasse la rencontre d'un chien hydrophobe qui a quitté ses maîtres et est devenu errant, poussé par le mal comme on a coutume de le dire dans nos campagnes, et aussitôt, si l'animal sauvage a faim, une bataille s'engagera, dans laquelle fatalement le chien aura le dessous. La victime deviendra en partie la proie du loup; mais elle aura, en se défendant, inoculé à son bourreau l'horrible mal. Après une période d'incubation plus ou moins longue, l'agresseur deviendra enragé à son tour, se jettera sur les bêtes et les gens avec la grande force musculaire dont il dispose, et sa puissante mâchoire pourra causer d'atroces blessures, d'autant plus dangereuses que la rage peut s'ensuivre chez les victimes [23]. » Pour enrayer la propagation de la maladie, seule la surveillance des chiens errants et suspects était efficace. Tout au long du XIXe siècle, par mesure préventive, ils seront systématiquement abattus.

Quant aux traitements appliqués aux personnes atteintes ils seront empiriques jusqu'en 1885, date de la première vaccination antirabique effectuée par Pasteur sur un jeune garçon mordu par un chien enragé. Avant sa découverte on avait recours à des pratiques et à des prières secrètes ou l'on administrait parfois des « breuvages à base d'herbes ». Ainsi, en Berry, au début du XIXe siècle : « Quelques personnes prétendent avoir fait l'expérience que le mouron rouge est un remède efficace contre la rage. Au mois de Prairial et de Messidor (c'est-à-dire de la mi-mai à la mi-juillet), on ramasse la tige et la fleur. On les fait sécher à l'ombre; on les pulvérise et on renferme la poudre dans une bouteille bien bouchée. On la prend sur du pain ou dans deux onces (environ soixante grammes) d'eau commune à la dose de trente-six grains pour les animaux. On fait dissoudre dans l'eau deux gros de sel commun et un gros d'alun. Pour l'homme, la

22. Archives de la Haute-Marne, E. C. Créancey, 1771, an X, cité par A. et J.-C. Demard, *Le chemin des loups*, Langres, D. Gueniot, 1978.

23. R. Rollinat. « Le loup commun », in *Revue d'histoire naturelle*, 1929.

ACCIDENT EPOUVANTABLE

Arrivé en 1850 à Courtagnon (Marne),

Occasionné par un Loup enragé.

Un événement presque sans exemple vient de jeter l'épouvante dans la commune de Courtagnon ; à 6 heures du matin, un loup d'une taille énorme s'est jeté sur le chien du sieur Benet, ancien garde de M. De Laloyère. Comme à cette heure, où le jour se dessine à peine, il régnait un épais brouillard, le sieur Benet ne savait à quoi attribuer les cris de son chien qu'il n'apercevait pas ; il voulut donc en connaître la cause ; malheureusement il avait à peine fait quelques pas que le loup abandonna sa proie pour se précipiter sur lui. Benet a eu le crâne presque entièrement dénudé. Plaquet-Plet, qui est accouru sur-le-champ pour porter secours, a été attaqué par le loup, ainsi que le sieur Larbalestier, mais ce dernier seul a été mutilé. Dans ce moment d'affreux carnage, les secours devinrent assez importants pour déterminer l'animal furieux à lâcher prise et a fuir, mais ce fut pour revenir presque aussitôt à la charge. Ayant essuyé alors plusieurs coups de feu, il changea de direction et parvint à mordre encore la demoiselle Parigot et le sieur Billard fils.

Aux cris des victimes et de leurs parents, les secours ne se sont pas fait attendre ; trois autres personnes ont encore été légèrement atteintes par le loup ; mais alors le tambour a battu le rappel, la population s'est armée

---

ACCIDENT ÉPOUVANTABLE

Arrive en 1849 à St-Dizier (Haute-Marne),

Occasionné par un Loup enragé.

Un événement presque sans exemple vient de jeter l'épouvante dans la ville de St-Dizier (Haute-Marne). A six heures du matin, un loup d'une taille énorme s'est jeté sur le chien du sieur Benet, ancien garde de M. De Laloyère. Comme à cette heure, où le jour se dessine à peine, il régnait un épais brouillard, le sieur Benet ne savait à quoi attribuer les cris de son chien, qu'il n'apercevait pas ; il voulut donc en connaître la cause ; malheureusement il avait à peine fait quelques pas que le loup abandonna sa proie pour se précipiter sur lui. Benet a eu le crâne presque entièrement dénudé. Plaquet-Plet, qui est accouru sur-le-champ pour porter secours, a été attaqué par le loup, ainsi que le sieur Larbalestier, mais ce dernier seul a été

Au XIXe siècle, les loups enragés devaient être relativement fréquents et semaient la panique dans les villages. Mais les relations de ces « accidents épouvantables » vendues dans les campagnes par les colporteurs n'étaient-elles pas inventées de toute pièce? Des récits absolument identiques étaient imprimés pour décrire des événements différents.
Feuillets de colportage, Marne et Haute-Marne, 1849 et 1850.

« Un loup enragé étant entré dans Saint-Geniès, les habitans se renfermèrent dans leurs maisons, un enfant resté seul allait devenir la proie de l'animal, mais ses cris sont entendus de sa mère, elle vient à son secours armée d'une chaise, s'en sert avec tant de force et d'adresse que dans quelques instants elle a terrassé son féroce ennemi. »
Lithographie, vers 1830.

dose est d'une drachme délayée dans un verre d'eau; on en prend deux doses dans l'intervalle de six heures d'une dose à l'autre; on ne doit ni manger ni boire, que deux heures après avoir pris le remède; on fait usage de ce remède pendant deux ou trois jours; on lave la plaie avec de l'eau fraîche dans laquelle on met de la poudre [24]. » On s'en remettait aussi à des croyances populaires relatives au culte de saint Hubert. Ainsi dans les environs d'Aigurande, aux confins de l'Indre et de la Creuse, des colporteurs promenaient l'image du saint dans les campagnes; les bagues et les chapelets qui la touchaient acquéraient ainsi des vertus préservatrices. Dans d'autres régions de simples prières devant l'image de saint Hubert ou des invocations à saint Roch étaient censées produire les mêmes effets.

Lorsque ces différents moyens s'avéraient inefficaces et que la personne mordue ne pouvait être guérie, on l'étouffait entre deux matelas. Ce fut le cas par exemple de Jean-Claude Diot, le fils d'un manœuvrier de Haute-Saône, mordu par un loup le 1er septembre 1883. L'animal était enragé et le malheureux dut être étouffé par sa famille le 7 octobre de la même année [25].

La médecine possédait bien quelques drogues (notamment le hoang-nan) qui calmaient les crises, mais le procédé le plus couramment employé et le seul véritablement efficace était la cautérisation au fer rouge.

Après la morsure, le virus met en général plusieurs semaines pour atteindre le cerveau et l'on ne se méfiait pas toujours des blessures infligées par les animaux d'apparence saine. Lorsque les symptômes se déclarent il est trop tard pour guérir; aujourd'hui encore aucun vaccin ni aucun sérum ne pourra sauver l'enragé. Le malade entre alors dans une sorte de folie qui peut être agressive ou apathique et annonce la mort quelques jours plus tard.

Chez les animaux et donc chez le loup, le processus est le même. Lorsque le virus de la rage a atteint le cerveau, l'animal ne se rend plus compte du danger, entre dans les villages, recherche la compagnie des hommes ou d'autres animaux.

La rage décuple ses forces et le met dans un état de furie dévastatrice. Une nuit de 1810, dans une petite ville de la Moselle, alors que les habitants terminent de presser le raisin à la lueur des torches, un loup enragé erre dans les rues et pénètre dans les celliers. Il mordra quarante personnes et toutes mourront [26].

Les blessures occasionnées par les loups enragés étaient plus délicates encore que celles provoquées par les autres animaux. Blessures larges et profondes, elles se situaient souvent au cou ou au visage où toute cautérisation au fer rouge était impossible, le virus parvenait plus vite au cerveau et le blessé était emporté rapidement.

Le rapport du docteur Maquart qui eut à soigner en 1878 une paysanne mordue par un loup enragé en témoigne :

« Marie Aufour, femme de Jean Gay, âgée de vingt-sept ans, mordue par un loup dans la journée du 17 juillet à trois heures de l'après-midi, est entrée à l'hôpital d'Argenton le 18 juillet au soir. Déchirures multiples au visage; fractures des os du nez; blessure profonde à l'angle du nez du côté gauche allant jusque dans le sinus; lèvre supérieure complètement coupée; coupure de la lèvre inférieure; perte de substance au niveau de l'os de la pommette droite. Quelques déchirures et morsures sur les épaules et le reste du corps... Cicatrisation assez rapide et pas de

24. Préfet Dalphonse. Statistique du département de l'Indre, an XIII.

25. A. et J.-C. Demard. *Le chemin des loups.*

26. « Spécial rage n° 1 », *La hulotte,* n° 32, 1976.

Les loups enragés représentaient un réel danger pour l'homme, car la maladie les rendait agressifs et leur retirait toute notion de peur.
1 : « Voyageur attaqué par un loup », gravure extraite du Journal des voyages, vers 1850.
2 : « Une noce en Hongrie attaquée par les loups en 1894 », gravure extraite du Petit Journal.
3 : Le loup utilisé dans les aventures et les voyages extraordinaires, gravure extraite du Journal des voyages, vers 1850.

Marie Aufour fille naturelle de Thérèse — *femme de Jean Gay, âgée de 27 ans, mordue par un loup dans la journée du 17 juillet 1878 à trois heures de l'après midi, est entrée à l'hôpital d'Argenton le 18 juillet au soir.*

Déchirures multiples au visage, fractures des os du nez blessure profonde à l'angle du nez du côté gauche allant jusque dans le sinus, lèvre supérieure complètement coupée (Bec de lièvre) coupure de la lèvre inférieure, perte de substance au niveau de l'os de la pommette droite.

Page de gauche :
Contrairement à ce que pourrait laisser penser cette affiche, le loup fut rarement un animal apprivoisé ou présenté dans les cirques.
Affiche de cirque allemande pour un dompteur de loups, vers 1880.

Dans ce rapport daté du 14 janvier 1879, le docteur Maquart, d'Argenton, dresse la liste des blessures de Marie Aujour, mordue par un loup. Elle mourra enragée.

Un loup enragé est une menace de mort; toute la communauté paysanne et villageoise se mobilise pour tuer l'animal.
« Loup poursuivi dans un village », gravure sur bois de Pouget d'après un croquis de Ravoire, 1860.

symptômes rabiques jusqu'au dimanche 4 août. Ce jour-là, la malade est devenue triste et fuyait la lumière. Le lendemain, elle ne voulait plus rien prendre; mercredi matin elle manifesta le désir d'avoir du café qu'elle prit avec plaisir jusqu'au vendredi; alors les symptômes s'aggravent : horreur des liquides, caractère difficile, accès de fureur le vendredi soir; le samedi matin, un peu de calme qui fut de courte durée. Dans la soirée, elle devint méchante et menaçait les autres malades; alors elle fut mise dans une chambre à part; la nuit sans sommeil. Impossibilité de prendre des liquides ou des aliments. Le dimanche matin, la folie furieuse était plus grande; cris, difficulté de se tenir debout, les yeux hagards injectés; les cicatrices s'étaient rompues; la bouche laissait suinter une bave sanguinolente jaunâtre. A neuf heures du matin, elle succombait dimanche 11 août 1878...

La cautérisation au fer rouge eût été employée si elle avait été possible, mais la profondeur, l'étendue et la situation des plaies qui intéressaient notamment tout le visage ont rendu cette opération impraticable [27]. »

27. Archives départementales de l'Indre, M. 4006.

La clef de saint Hubert était un fer en forme de clef que l'on apposait chaud sur le corps des enragés afin d'obtenir la guérison.

Avant les découvertes de Pasteur, saint Hubert de Liège était le plus populaire des saints antirabiques, faveur qu'il a partagée avec les saints Acaire, Bieuzy, Domin, Gildas, Marcou, Pierre, Tugen et sainte Quitterie. La rage s'appelait d'ailleurs le mal Saint-Hubert. Les malades se rendaient dans la forêt des Ardennes, on leur faisait une entaille sur le front dans laquelle le prêtre introduisait un filament de la sainte étole qu'un ange était censé apporter pendant la messe de consécration; ils devaient ensuite entourer leur plaie d'un bandeau noir et le conserver pendant neuf jours. On pouvait aussi apposer sur leur corps un fer chaud appelé clef de Saint-Hubert [28]. Ce pèlerinage fut à l'origine de la création d'une confrérie à Manin (Pas-de-Calais) qui existe toujours. En avril 1738, un loup enragé tua un habitant de Manin et en blessa neuf autres; comme c'était l'usage, ces derniers partirent aussitôt en pèlerinage dans les Ardennes à Andages, où se trouve l'abbaye de Saint-Hubert. Sur les neuf pèlerins, huit furent guéris et un seul mourut pour n'avoir pas suivi les prescriptions imposées par la neuvaine de guérison qui comprenaient entre autres l'interdiction de tout soin de la chevelure pendant quarante jours. En signe de reconnaissance, les huit miraculés créèrent cette confrérie qui comprend toujours huit membres choisis pour huit ans parmi les hommes mariés de la paroisse. Chaque année, à la Saint-Hubert (3 novembre), le confrère sortant, appelé prévot, est déposé et remplacé par un nouveau venu. Jadis, celui qui refusait d'entrer dans la confrérie sans motif valable était blâmé publiquement par la sonnerie de l'église lors de son trépas, ce qui équivalait à un bannissement. De plus, ni lui ni aucun des membres de sa famille ne pouvaient être portés en terre par ses confrères. Aujourd'hui cette coutume est tombée en désuétude.

Comme dans la confrérie des Charitables de Béthune, les confrères de Manin portent les défunts en terre, honorent le Saint-Sacrement au cours des processions et, à chaque grand-messe pendant le canon. Ils assurent chaque année l'entretien de l'église par « la quête au blé » qu'ils font à la Saint-Hubert [29].

« ST. HUBER NOUS GARDERA DE TOUTE SOR DE BETRE SAUVAGE... »
Saint Hubert était le saint protecteur de la rage.
Ardoise gravée, Abbaye du Val-Dieu, Charneux, Belgique, 1794.

28. L. Réau. *Iconographie des saints*. Paris, PUF, 1959.

29. Renseignements donnés par M. Alfred Candelier, de Manin. C. Malbranke. *Guide de la Flandre et de l'Artois mystérieux*. Paris, Tchou, 1969.

Chasser le loup

*Jusqu'à la fin du XIXᵉ siècle, l'élevage ovin est
en Europe occidentale, la principale richesse du monde rural;
mais le berger doit garantir son troupeau contre ses ennemis naturels,
l'ours ou le loup suivant les régions.
La traite des brebis, miniature extraite des* Grandes heures de Rohan, *XVᵉ siècle.*

Le loup et le berger

Jusqu'à la fin du XIXe siècle l'élevage ovin était, en Europe occidentale, la principale richesse du monde rural. Les troupeaux n'étaient pas élevés pour leur viande comme le sont aujourd'hui la plupart d'entre eux. La laine surtout représentait leur principale production, le lait des brebis ensuite était apprécié aussi bien pour la consommation familiale que pour la fabrication des fromages. Chaque paysan, de la Hollande à l'Italie, de l'Autriche à l'Espagne, possédait au moins quelques moutons. Ils paissaient sur les terres les plus désolées du terrain communal, les friches et les landes incultes souvent isolées ou bordant les forêts; animaux dociles, ils étaient souvent placés sous la garde des femmes ou des enfants. Toutes ces raisons expliquent pourquoi les ovins et leurs bergers ont de tout temps été les principales victimes du loup. Mais si les pâtres en furent les victimes, ils ne restèrent pas les bras croisés et si, contrairement à sa légende, le loup inventait mille ruses pour déjouer la vigilance des bergers et de leurs chiens la culture pastorale est riche d'une extraordinaire panoplie de systèmes de défense qui vont de la formule magique au fusil, en passant par toutes sortes d'outils et de pièges.

Dans le premier traité de bergerie connu, rédigé en 1379, Jean de Brie ne semble pas particulièrement préoccupé par les loups. Il note par contre cette amusante remarque : « Au mois de janvier, les brebis portières sont très lourdes et pesantes, à cause des agneaux qu'elles ont dans le ventre... Et la providence divine a trouvé à cela un remède adapté : durant ce mois, les loups poursuivent les louves pour faire leur coït et ainsi ils se distraient

La laine représentait, jusqu'à la fin du XIXe siècle, la principale richesse des troupeaux ovins. Très nombreux dans les pays de lande et de montagne, pâturant souvent assez loin des villages, au voisinage des forêts, ils étaient plus menacés par le loup que les autres animaux.
La tonte des moutons, gravure sur bois extraite des œuvres de Virgile, 1527.

Troupeaux de plein air et transhumants passaient la nuit dans des parcs. Lorsque les loups réussissaient à s'y introduire, ils provoquaient plus de dégâts en effrayant les moutons qui s'étouffaient ou se piétinaient qu'en les égorgeant.
Attaque d'un parc par les loups. Gravure extraite de J. Clamorgan, La chasse du loup, *1640.*

et ne causent point de dommage aux brebis. S'ils n'avaient cet embarras d'être en chaleur et de courir après les louves, ils éventreraient les brebis pour avoir les agneaux [1]... »

Il ne faut pas croire que chaque apparition du loup provoquait l'effroi, la panique dans le troupeau et la fuite du berger. La plupart du temps l'animal repartait penaud, la queue pendante, sans avoir pu assouvir sa faim. Comme il était peureux, on le mettait en fuite grâce à de simples objets bruyants et le fameux cri « Au loup! au loup! » était certainement plus destiné à faire fuir l'animal qu'à appeler du secours.

Pourtant, en 1770, l'abbé Carlier, dans son *Traité des bêtes à laine,* ne plaisante pas dans son chapitre consacré au loup :

« L'ennemi redoutable aux moutons dans les climats tempérés c'est le loup.

Quelles que soient la force et la férocité du loup, cet animal est encore plus à craindre par ses ruses. Convoite-t-il une proie? il dresse des embûches de jour comme de nuit pour la surprendre. S'il est subtil et adroit, il est encore plus défiant. Il se conduit comme s'il étoit instruit que tout conspire à sa perte.

C'est dans cette défiance plutôt que dans la force ouverte que les bergers trouvent des ressources pour l'intimider et pour l'écarter.

Le loup employe toutes sortes de ruses, lorsqu'il a dessein de surprendre un troupeau au parc ou d'attraper une proye.

Deux, trois et quatre se réunissent, un seul attaque, tandis que les autres demeurent en embuscade. Ces derniers ayant pris leur poste au-dessous du vent, l'agresseur se présente au-dessus du côté opposé, et fait tous les mouvements qu'il croit propres à jeter le trouble et l'épouvante dans le troupeau. Les moutons effrayés rompent les claies et se répandent dans la campagne.

C'est alors que les loups qui attendoient le moment du désordre quittent leur poste, fondent sur les bêtes dispersées et font un carnage affreux.

Non contens d'égorger les bêtes qui doivent leur servir de pâture, ils déchirent indistinctement toutes celles qu'ils peuvent joindre, dans l'espoir que demeurans sur la place, ils reviendront successivement les prendre.

Celui qui attaqué ne s'oublie point. Après avoir fait quelques feintes de fuir pour amuser et donner le change au berger et aux chiens, il fait un circuit et revient prendre sa part du butin.

Le loup seul sans témoin et sans compagnon est plus fin, plus réservé que quand il marche avec d'autres. Il a plusieurs rôles à jouer et doit se comporter en ennemi qui attaque, qui combat et qui enlève sa proie.

Il s'avance d'abord à pas comptés contre le vent; il examine avec des yeux de lynx l'assiette des claies. Il sonde le terrain s'il est meuble ou compacte. Apperçoit-il un jour sur la terre ou un défaut entre deux claies? il gratte et tâche d'écarter avec son museau les deux bouts de claies et cela avec tant de légèreté et à si bas bruit qu'il s'est glissé dans le parc sans avoir été vu ou entendu des moutons.

Il fait alors dans le parc ce qu'on dit du loup renfermé dans la bergerie; il étrangle, il massacre : la frayeur saisit le reste du troupeau qui force les claies et prend la fuite.

Cet ennemi n'est pas moins furieux dans la déroute que dans le combat. Il continue le carnage jusqu'au moment où le berger survient avec ses chiens. Touche-t-il à l'instant critique où il court risque à son tour de perdre la vie? il saisit par le cou un

1. Jean de Brie. *Le bon berger, le vrai règlement et gouvernement des bergers et bergères.* Transcrit en français moderne par M. Clévenot, Paris, Stock, 1979.

des moutons à qui il a donné la mort, le charge sur son dos et fuit avec cette proie.

Quoique les loups exécutent presque toujours leurs expéditions par des nuits sombres et par des temps orageux mêlés de tonnerre, la faim les chasse quelquefois hors du bois suivant le proverbe.

Il n'est pas rare surtout auprès des bois de voir des loups se promener en plein jour à peu de distance des troupeaux.

Le temps où ils se montrent ainsi à découvert n'est pas à craindre. Le loup qui médite un coup en plein jour se met en embuscade et n'est aperçu que quand il n'est plus temps de le poursuivre.

N'appréhendez pas que le loup attaque votre troupeau en rase campagne, au milieu d'une plaine unie et découverte, ce n'est pas là qu'il fait la guerre; il lui faut des défilés, des ravins, des fossés, des longs de haies, des buissons. Au défaut de ces retranchements, il se blottira dans un profond sillon de charrue, dans un terrier : il attend dans cette attitude le passage du troupeau, ou que les bêtes qui pâturent auprès de là se répandent et se rapprochent.

Son adresse et ses ruses passent l'imagination. Il n'agit point pendant la journée comme pendant la nuit. Il se garde bien d'attaquer de front ou de prendre en flanc son ennemi. Il n'en veut qu'aux traîneurs et à ceux qui s'écartent. Trouve-t-il sa belle? il se glisse, se traîne et s'élance subtilement et lestement sur la bête qu'il a en vue, la saisit à si bas bruit que ses mouvements ne font aucune sensation sur les voisins de la victime.

Le mouton est saisi à la gorge et rejeté sur le dos du loup qui l'emporte au plus profond du bois.
L'attaque d'un troupeau en montagne.
Gravure extraite de La chasse illustrée, *1869.*

81

La corne d'appel était utilisée pour prévenir les autres bergers de la présence des loups. Corne gravée représentant, entre autres, une louve emportant un agneau, Lorraine, XIXe siècle.

Il happe d'abord la bête au-dessus du cou : l'animal frappé d'une frayeur mortelle ne se débat point. Il le conduit ainsi côte à côte et l'oblige de doubler le pas en le frappant de sa queue. Arrivé en lieu de sûreté, il fait sa curée.

Son repaire est-il éloigné? il découd le mouton, arrache les intestins en un clein d'œil, afin qu'ayant ce poids de moins, il le transporte sans peine. Si la bête est trop longue ou trop pesante, il la traîne.

Un loup qui habille un mouton comme il l'entend, travaille avec la plus grande dextérité et se comporte avec prévoyance. Il détache la peau par lambeaux et se paye ensuite de ses peines par une première curée. Il dépèce cette viande avec propreté et en porte les quartiers dans des réduits où il saura bien les retrouver dans le besoin. A-t-il à craindre la concurrence ou les recherches d'un autre animal carnacier? il fait une fouille, dépose ses provisions et les recouvre de terre. »

A cette époque encore la peur du loup ne devait pas être un vain mot chez les bergers, puisque l'abbé Carlier termine son chapitre ainsi :

« Il est donc à propos de se précautionner contre le loup, mais sans le craindre. Ceux qui ne font point parquer à cause du loup, s'abusent et se trompent à leur détriment. La chair du mouton n'est pas pour ces animaux sauvages le plus friand des mets. Ils lui préfèrent la chair humaine, celle de l'âne et du chien.

Avez-vous un berger vigilant? Parquez sans crainte et ne privez pas votre bétail des exercices ordinaires. Les règnes des loups étrangers ou enragés sont rares. Lorsqu'ils arrivent, l'espèce humaine étant plus exposée encore que celle des moutons, la guerre leur est déclarée au nom de la société : leur perte est conjurée. Ceux qui les combattent pour la sûreté publique travaillent en même temps à la conservation des troupeaux. Les attaques du loup sont plus rares que les accidents provenans de la peur qu'on en a.

Négliger ou éviter de parquer par des craintes chimériques dans les lieux et dans les temps convenables, priver le bétail blanc de la jouissance d'un air pur et libre aux approches des grands froids en le refermant dans des réduits ténébreux, c'est renoncer sans sujet à une partie du produit des toisons, de la vente du superflu des élèves ou des bêtes de réforme [2]. »

Plus proche de nous encore, il y a quelques années, lorsque Gérard Ménatory élevait des loups dans une réserve de Lozère, il suffisait de raconter aux bergers que ces animaux étaient destinés à repeupler les forêts cévenoles pour qu'ils se mettent très sérieusement en colère.

Pendant des siècles, les gouvernements refusèrent aux paysans le droit de s'armer, craignant révoltes et émeutes. La chasse était le privilège de la noblesse qui prétendait nettoyer les campagnes des animaux nuisibles à l'agriculture et en premier lieu du loup. Mais ils ne suffisaient pas à cette tâche assimilée à une activité de loisirs et qu'ils n'entreprenaient que pour leur plaisir. Paysans et bergers devaient donc se garantir des loups, mais sans fusils!

L'imagination populaire véhiculait mille recettes magiques, oraisons, prières destinées à éloigner les fauves.

Au XIIIe siècle, dans un grimoire attribué au pape Honorius III, l'un des formulaires; une « Garde pour empêcher les loups d'entrer sur le terrain où sont les moutons » conseille : « Placez-vous au coin du soleil levant, et prononcez-y cinq fois ce qui va

2. M. Carlier. *Traité des bêtes à laine...*, 1770.

suivre. Si vous ne le souhaitez prononcer qu'une fois, vous en ferez autant cinq jours de suite. »

« Viens bêtes à laine, c'est l'Agneau d'humilité, je te garde, *Ave, Maria*. C'est l'Agneau du Rédempteur, qui a jeûné quarante jours, sans rébellion, sans avoir pris aucun repas, de l'ennemi fut tenté en vérité. Va droit bête grise, à gris agripeuses; va chercher ta proie, loups, louves et louveteaux, tu n'as point à venir à cette viande qui est ici. Au nom du Père et du Fils et du Saint-Esprit, et du bienheureux saint Cerf. Aussi *vade retro* ô Satanas.

Ceci prononcé au coin que nous avons dit, en continuant de faire de même aux autres coins; et de retour où l'on a commencé, on le repète de nouveau [3]. »

Moins élaborées, les gardes populaires étaient en nombre considérable, variant à l'infini d'un terroir à l'autre, d'une culture à une autre. En Corrèze la formule était :

« Loup ou louve, la bête que tu désires n'est pas à toi ni à moi; elle est à la Sainte-Vierge qui te serre la bouche et te barre les dents avec la clé du bon saint Laurent. »

Diverses pratiques accompagnent ces prières : dans le Limousin, lorsque la bergère voyait venir le loup, elle récitait un Pater à l'envers. Près de Limoges, une guérisseuse rassemblait les brebis au milieu de la bergerie; de la main gauche, elle tenait une paire de ciseaux et de la main droite, elle faisait le signe de la croix. Elle contournait les brebis en tenant toujours les ciseaux et récitait en français :

Va t'en vilaine bête,
Ne touche pas ces brebis.
Elles ne sont ni à toi ni à moi,
Elles sont à la Vierge Marie,
Si tu les touchais, elle se fâcherait [4].

Dans les Vosges, on adressait un don à sainte Geneviève et on récitait devant son image la prière suivante :

« Sainte Geneviève qui avez été sept ans bergère, gardez mon chien du loup ainsi que moi et tout ce qui m'appartient. Bridez le loup et la louve s'il vous plaît. »

Les conjurations sont des prières ou des formules magiques récitées afin d'écarter par des moyens surnaturels les effets d'une influence maligne ou les menaces d'une bête malfaisante. Elles étaient très nombreuses et sont parfois encore employées. Dans le

3. Le « Château de Belle » est une très longue garde pour les chevaux, qui commence ainsi : « Sel qui est fait et formé au château de Belle Sainte Belle Elisabeth, au nom Disoler, Soffée portant sel, sel dont sel, je te conjure au nom de Gloria, de Dorianté et de Galiane, ma sœur... » Saint Cerf est introuvable dans les iconographies chrétiennes. Peut-être s'agit-il du cerf crucifère de la légende de saint Hubert.

4. Morlaud et Plaisance. *Le loup hier en Limousin.*

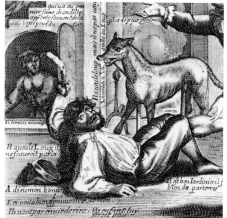

« Il a veu le loup, il ne scauroit parler. » La vue du loup rendait aphone et empêchait les bergères d'appeler au secours.
Détail d'une gravure de Lagniet extraite de Till l'espiègle, *1663.*

Page de droite, en haut :
Pour rendre le loup inoffensif, certains sorciers du Massif central « l'enclavait » en récitant une prière secrète : « Tapa minaou, diable te gare, laisse la bête, elle n'appartient ni à toi, ni à moi... »
L'enclavement du loup, aquarelle du G. Vuillier, vers 1880.

Page de droite, en bas :
Le loup dans la bergerie.
Gravure sur bois extraite de La chasse illustrée, *1878.*

5. J.-B. Thiers. *Traité des superstitions selon l'Écriture sainte...* Paris, A. Dezallier, 1670. (Il va sans dire que cet ouvrage était interdit par l'Église qui l'avait inscrit à l'*Index librorum prohibitorum*.)

6. *Revue des sociétés savantes*, n° 2, 1872.

7. E. Rolland. *Faune populaire...* (ces deux formules ont été recueillies en Champagne-Ardennes).

8. P. Sébillot. *Le folklore de France.*

recueil du curé Jean-Baptiste Thiers, qui s'est attaché à collecter toutes les anciennes traditions de l'église de France au XVIIe siècle, on trouve la conjuration dite *patenôtre des loups* :

« Au nom du père, du fils, du Saint-Esprit, loups et louves je vous conjure et charme, je vous conjure au nom de la très sainte et sursainte, comme notre Dame fut enceinte, que vous n'ayez à prendre ni écarter aucune des bêtes de mon troupeau, soit agneaux, soit brebis, soit moutons... ni à leur faire aucun mal [5]. »

Dans les Ardennes, la conjuration devenait exorcisme :

« Loups et louves et louveteaux! tous, je vous conjure, par le grand Dieu vivant, que vous n'ayez aucun pouvoir sur moi ni sur ces bêtes à laine ou poils, telles bêtes que ce puisse être, pas plus que le diable sur le prêtre quand il consacre à la sainte messe. Passe en arrière, passe en avant et va-t'en à [6]... »

Certaines oraisons avaient la forme d'un dialogue entre celui qui adresse la supplique et le loup lui-même. Elles ressemblaient étrangement à la comptine enfantine : « Loup y es-tu ? »

Où vas-tu, loup ?
— Je vais je ne sais où
Chercher bête égarée
Ou bête mal gardée.
— Loup je te défends
Par le grand Dieu tout-puissant
De plus de mal leur faire
Que la Vierge bonne-mère
N'en fit à son enfant.
— Loup et louve, que cherches-tu ?
— Je cherche les bêtes égarées.
— Et de ces bêtes que feras-tu ?
— Percer la peau et sucer le sang.
— Je te défends de percer la peau ni de sucer le sang.
Serre gueule! Serre gueule! Serre gueule [7]!

Une façon élégante de se débarrasser du loup était de l'envoyer chez le voisin avec les souris, les rats et les taupes. Voici le *Pater du loup* qu'on récitait en pays gascon :

Ventre vidé, ventre saoûl,
Sauf chez moi, va-t'en partout
Étrangler brebis et moutons
Étrangler veaux, poulains, mules,
Sauf chez moi va-t'en où tu voudras,
Va-t'en partout pour mal faire
Sauf dans ma maison
Pater du loup.
Ventre vide, ventre saoul,
Sauf chez moi, va-t'en partout [8].

Pour la protection des troupeaux, les sorciers n'hésitaient pas à charmer les loups, comme en Corrèze, où cette coutume est appelée l'« enclavement du loup ». Le sorcier récitait une prière connue de lui seul et « enclavait » le loup devenu subitement inoffensif. Mais, s'il sautait un ruisseau, l'animal était « désenclavé » et menaçait à nouveau les troupeaux. La bergère pouvait alors réciter un Pater à l'envers ou encore jeter un sou dans un seau d'eau.

De même, on croyait dans le Berry que, pour préserver son troupeau, la bergère devait voir le loup la première. Celui-ci était alors sous le charme et parfaitement inoffensif. Mais si elle se

laissait surprendre par l'animal, la malheureuse était alors frappée de mutisme. La même croyance existait dans les Ardennes où celui qui respirait l'haleine du loup perdait la voix. Aux limites de la Champagne berrichonne, on racontait qu'une jeune gardienne d'oies fut tellement effrayée par l'irruption d'un loup dans son troupeau qu'elle resta muette pendant plus d'une semaine. Pour conjurer ce sort, la bergère devait se décoiffer et courir face au loup, les cheveux épars, en s'agitant en tous sens. Si le procédé s'avérait inefficace, elle pouvait recouvrer la parole en faisant une offrande à saint Loup.

Dans la région de Belgrade, le matin du Nouvel An, les bergers soufflent dans leur corne aux quatre coins de l'horizon. Le loup ne pénétrera pas dans l'espace couvert par le son et les troupeaux seront tranquilles.

Avant de sortir les bêtes qui avaient passé l'hiver à la bergerie ou à l'étable, bergers et vachers n'omettaient pas de se soumettre à un rituel de protection apparenté aux rites de passage de l'ombre à la lumière. En Bretagne, ils prononçaient l'incantation contre le loup; dans les Vosges, ils donnaient à leur bétail du sel béni à la Saint-Marc et, dans le Berry, les bergères faisaient bénir des baguettes qui acquéraient ainsi un pouvoir prophylactique et protecteur. A la fin du XIXe siècle cet usage est tombé en désuétude, mais Laisnel de la Salle, voisin et ami de George Sand, en avait consigné l'essentiel :

« Dans certains cantons du bas Berry, on donne le nom de *Vendredi blanc* au vendredi qui se trouve neuf jours avant Pâques. C'est une fête toute pastorale et qui intéresse particulièrement les bergères de ces pays. Ce jour-là, elles jeûnent et, dans les environs de La Châtre, elles se rendent par troupes nombreuses à la ville pour assister à la messe. Chacune d'elles y porte un petit faisceau de « bâtons blancs », baguettes de coudrier dont l'écorce a été enlevée et qui, parfois, ont été enjolivées de bizarres et capricieuses sculptures par les amoureux. Ces baguettes formées d'un seul jet, et coupées à certains jours de la Lune, doivent, durant le cours de l'année, servir de touches pour toucher *(conduire)* et compter les brebis... Ces verges de coudrier passent dans nos contrées pour avoir des vertus secrètes et sont toujours dans chaque faisceau de longueur inégale et en nombre impair. Cette dernière circonstance révèle la trace d'une antique

Incantations, prières, bâtons magiques, etc., la bergère disposait d'une véritable panoplie « d'astuces » empiriques pour repousser le loup.
Troupeau attaqué dans les Pyrénées, lithographie de 1866.

tradition; car il est évident que nos bergères pensent comme les anciens que le nombre impair est agréable à la divinité... Il n'y a encore pas très longtemps, lorsque le prêtre de La Châtre avait béni les bâtons blancs, les bergères des environs, à l'instar des païens qui frappaient souvent les images de leurs dieux afin de raviver leur vertu, n'oubliaient jamais de toucher, et au besoin de battre assez vertement la statue de saint Lazare placée dans l'une des chapelles de l'église; car saint Lazare, en raison de la consonnance de son nom, est pour elles la personnification du hasard et préside essentiellement à la destinée si incertaine des troupeaux. Les bâtons blancs, une fois consacrés, sont suspendus au plancher des bergeries, où la bergère vient les prendre un à un au fur et à mesure de ses besoins [9]. »

En pays solognot, pour protéger les jeunes animaux du troupeau, on pratiquait le « baptême du veau » :

« Le Vendredi saint qui suit la naissance du veau ou de la génisse, le vacher, qui conduit habituellement les vaches au pâturage, entre dans l'étable, frappe trois coups de son bâton sur le derrière du nouveau-né en lui disant : « A l'avenir tu t'appeleras ... *(il lui donne un nom)* et je défends au loup de te manger. » Les assistants répondent : « Non, non; le loup ne te mangera pas. » Alors le baptisé fait partie du troupeau [10].»

Les bergers cachaient le nombre précis de leurs moutons, car le dévoiler les aurait exposés à les voir croquer : « Brebis comptées, le loup les mange ». Souvent, ils demandaient secours à des saints protecteurs.

Ainsi dans les Vosges, sainte Geneviève défendait les troupeaux, les chiens et les bergers contre les attaques du fauve. Partout en France on invoquait saint Loup qui, à cause de son nom, aurait préservé les hommes et les bêtes. Au XVIe siècle, saint Blaise avait les mêmes pouvoirs dans le Cher.

Au XVIIe siècle, pour préserver les brebis et les parcs des méfaits du loup, le nom de saint Basile était écrit sur un petit billet que l'on attachait en haut d'une houlette ou d'un bâton planté en terre.

En relation avec le solstice d'été, saint Jean était lui aussi invoqué par les bergers, surtout en Bretagne jusque dans les années 1870-1880 : « ... on montre à Sibiril (Finistère), un carrefour où les loups viennent à la mort de leur roi, lui choisir un successeur auquel ils donnent le nom de roi des Brebis. La plupart des bergers le craignent, mais non ceux qui, ayant confiance dans la protection de saint Jean, se sont rendus un peu avant le jour, le 24 juin, au carrefour du Loup le plus rapproché de leur demeure, ont attendu à genoux le lever le soleil et prononcé alors l'incantation en breton :

Seigneur sant Iann, nous vous prions
D'avoir pitié des bergers
Qui sont nuit et jour exposés
A être par le loup dévorés.
Nous vous prions de nous défendre.

Ainsi que notre troupeau de brebis
Contre un animal si furieux,
Dans le pays si nuisible
Qui est la source de mille malheurs
Dans tout le pays et tous ses environs.
Pour ce, donc sant Iann béni
Jetez un regard compatissant pour les pèlerins [11]. »

Saint Jean était très souvent invoqué pour la protection des troupeaux ovins.
Statue de saint Jean portant un agneau, début du XVIe siècle.

9. Laisnel de la Salle. *Souvenirs du vieux temps, le Berry.*

10. A. Van Gennep. *Manuel de folklore français contemporain.*

11. A. Van Gennep. *Manuel de folklore français contemporain.*

87

Les offrandes en nature destinées à s'octroyer les bonnes grâces du carnassier passent souvent par l'intercession d'un saint. Ainsi en était-il dans l'Yonne, où selon Sébillot, on dépeçait un mouton pour charmer le loup, on faisait quatre parts que l'on mettait à chaque angle du terrain à garantir, puis on récitait :

Sainte Marie, roi du Loup, bridez le loup,
Sainte Agathe liez-lui la patte,
Saint Loup tordez-lui le cou.

Déjà au XVe siècle il était courant de se concilier les bonnes grâces du loup en lui donnant un agneau, et au XVIIe siècle, J.-B. Thiers a noté la coutume du gâteau de saint Loup : « ... pour empêcher que les loups ne fassent aucun mal aux bestiaux et aux troupeaux que l'on laisse seuls dans les champs et les pâturages, on fait un gâteau triangulaire à l'honneur de la très sainte Trinité, on y fait cinq trous en mémoire des cinq plaies de Notre-Seigneur et on le donne ensuite pour l'amour de saint Loup au premier pauvre qui se rencontre. C'est ce qui se pratique assez souvent proche Tillemont et Louvain ... »

Toutes ces croyances, incantations et prières mêlaient religion et dévotions populaires. On invoquait un saint pour attirer sa protection sur le troupeau, même si le texte de la prière et les pratiques qui s'y rapportaient avaient une origine païenne.

En Bretagne, un simple bâton était planté dans un champ pour préserver le bétail de la dent du loup. Ailleurs on pendait une gousse d'ail sauvage au cou de la brebis qui menait le troupeau, on accrochait une dent, une patte de loup ou un chapelet à la porte de l'étable.

« Dans la région de Linard (vers Bonnat, Creuse), les agriculteurs accrochaient dans un coin de la bergerie un grand chapelet façonné avec des boules de bois sculptées, peint en noir, de la grosseur d'une noix. Ce chapelet avait la vertu de protéger les moutons et d'éloigner le loup [12]. »

Dans les pacages de montagne, bergers et vachers s'appelaient à l'aide de cornes ou de cris dès qu'ils craignaient la présence du loup. George Sand entendit ces appels au cours d'un voyage en Gascogne vers 1830 :

« On était très habitué alors à ces rencontres *(avec les loups)* dans les forêts de pins et de lièges. Il ne se passait pas de jour que l'on n'entendît les bergers crier pour s'avertir, d'un taillis à l'autre, de la présence de l'ennemi... [13] »

Les objets les plus simples étaient souvent utilisés pour mettre l'animal en fuite. Quand ils n'avaient rien d'autre, les bergers quittaient leurs sabots et les frappaient violemment l'un contre l'autre : le bruit du bois qui résonne ou celui des clous dont étaient garnies les semelles effrayait le fauve. Des pierres heurtées l'une contre l'autre avaient le même effet. Dans les Pyrénées, les bergers utilisaient de simples planchettes aux bords découpés qui, en tournoyant au bout d'une ficelle, produisaient un vacarme épouvantable.

On raconte que le loup a peur de la lumière. Aussi suffisait-il de craquer une allumette pour le faire fuir. Les personnes qui avaient été suivies la nuit par des loups attestaient l'efficacité de ce procédé. D'ailleurs, lorsqu'on sortait le nuit, on n'oubliait pas de prendre avec soi la « lanterne à loups », infaillible pour les mettre en fuite.

On pouvait encore suspendre à un bâton une lanterne munie

Le rhombe, utilisé dans les Pyrénées dès l'époque préhistorique, était destiné à éloigner les loups. En tournoyant au bout d'une ficelle, cette planchette aux bords découpés produisait un vrombissement.
Rhombe du Pays basque, 1946.

12. Morlaud et Plaisance. *Le loup hier en Limousin.*

13. George Sand. *Histoire de ma vie.*

de verres de différentes couleurs. En se balançant, elle assurait la protection des moutons.

En 1770, l'abbé Carlier donne les conseils suivants pour écarter les loups des troupeaux :

« On a cent expédiens pour prendre ou pour écarter les loups : cet animal paroissant convaincu qu'il est un fléau dans la société, a l'instinct de craindre tout ce qui a l'apparence de pouvoir nuire à son existence.

Ceux qui ont intérêt d'écarter les loups les éloignent en allumant des feux ou en entretenant une fumée épaisse avec le secours du fumier ou de la paille mouillée dont on couvre un brasier; on fait fuir un loup en battant le fusil : l'odeur de la poudre à tirer l'écarte et les coups de mousquets à plus forte raison.

Cet animal est tellement ennemi de l'harmonie que le son des instruments le fait fuir.

Nous avons ouï raconter d'un ménétrier de village qu'ayant trouvé à sa rencontre deux loups mâtins, il leur avoit donné quelques petites provisions qu'il rapportoit d'un nôce. Les loups ayant tout dévoré le menaçoient encore. Le ménétrier auquel il ne restoit que son violon, leur joua un air qui mit ces animaux en fuite...

Dès qu'un berger est averti de l'arrivée du loup, il doit lâcher sur lui ses chiens et tirer un coup d'arme à feu. Un pétard d'un sou fait l'effet d'un coup de fusil pendant la nuit.

Un tison ardent, des étincelles tirées d'un caillou avec un briquet ou par le choc de deux pierres à fusil; quelques lambeaux attachés à des piquets pourvu qu'on les varie, la voix et les cris du berger éloignent le loup.

Voici un expédient très simple que des laboureurs nous ont proposé comme un moyen infaillible d'empêcher les loups d'approcher du parc et des bergeries mal assurées.

Faites filer des cordes d'une étoupe la plus grossière. Vous plantez des petits piquets de distance à autre sur lesquels vous étendez ces cordes. L'odeur du chanvre et des cordages fraîchement travaillées fait autant d'impression sur le loup que la poudre à tirer.

Il est à propos d'en avoir de rechange et de plusieurs façons, de varier la position des piquets de temps à autre, parce que le loup s'accoutume peu à peu à ce qu'il voit continuellement et passe outre.

Il y a cent moyens de travailler à la destruction des loups par les battues et par les chasses, par les traques, par les pièges, par les appas, par les chairs empoisonnées, en mettant leur tête à prix, etc. [14] »

Dans le centre de la France, les bergères se munissaient de petits pistolets à poudre. Cette pratique, courante jusqu'à la fin du XIXe siècle, était encore racontée en 1976 par un paysan berrichon âgé de quatre-vingt-douze ans.

En dernier recours, le berger ou la bergère pouvaient disputer au loup la proie dont il s'était saisi. Bon nombre de récits ou d'images font état de ces luttes mettant aux prises le loup, une patte de la brebis dans la gueule, et la bergère arc-boutée en tirant dans l'autre sens.

Dans le Jura, sur le mont d'Or, les vachers s'abritaient dans de grossières constructions de pierres qu'on appelait des « guettes au loup [15] ».

Mais pour le berger, le moyen de défense le plus sûr était un

Lanterne à loups.
Une chandelle brûlant à l'intérieur produisait, par les découpes de la tôle, une lueur scintillante qui effrayait les loups et les tenaient éloignés pendant la nuit.

14. Abbé Carlier. *Traité des bêtes à laine*, 1770.

15. Ch. Beauquier. *Faune et flore populaire de Franche-Comté*, 1910.

bon chien bien dressé. C'étaient de terribles mâtins armés de colliers de fer hérissés de pointes. Anne-Marie Brisebarre donne des précisions sur leur utilisation dans les Cévennes :

« Le chien de défense a été employé en Cévennes jusque vers la fin du XIXe siècle, c'est-à-dire tant que le berger a dû protéger son troupeau des loups et des autres prédateurs des moutons. Ces chiens portaient de lourds colliers destinés à les armer contre les loups qui attaquent souvent leurs adversaires à la gorge.

Les colliers les plus anciens, fabriqués par le forgeron du village, étaient composés de pièces de fer forgé articulées. Afin qu'il ne blesse pas le chien qui le portait, on intercalait entre le collier et le cou du chien un morceau de peau de mouton portant encore la laine. Par la suite ces colliers très lourds furent remplacés par d'autres en cuir et armés de longs clous. Ces colliers étaient doubles, un second collier en cuir ou même en châtaignier protégeant le cou du chien des blessures qu'auraient pu occasionner les têtes des clous [16]. »

George Sand raconte dans *Histoire de ma vie* l'aventure d'un de ces chiens de bergers de Gascogne :

« Le chien Pigon était un métis plaine et montagne, non seulement courageux, mais héroïque à l'endroit des loups. Il s'en allait la nuit, tout seul, les provoquer dans les bois et il revenait le matin, avec des lambeaux de leur chair et de leur peau attachés à son redoutable collier hérissé de pointes de fer. Mais un soir, hélas! on oublia de lui remettre son armure de guerre; l'intrépide animal partit pour sa chasse nocturne et ne revint pas. »

Et puis pour prendre les loups, il y avait toutes sortes de pièges et de ruses, mais ceux-ci étaient peu utilisés par les bergers et demeuraient l'apanage des hommes des bois, bûcherons et chasseurs de primes.

Le loup saisissant à la gorge, les bergers équipaient leurs chiens de colliers de fer aux pointes acérées. 1 : Turquie; 2 et 3 : sud de la France; 4 : « Bataille dans les Hautes-Pyrénées », gravure d'après un tableau de J. Gélibert, 1870.

16. A.M. Brisebarre. *Bergers des Cévennes.* 1978.

« Le bon berger », peinture de Pierre Bruegel l'Ancien, vers 1560, collection particulière.
Le thème du berger se retrouve à plusieurs reprises dans l'œuvre de Bruegel.
Une autre peinture figure le mauvais berger s'enfuyant, abandonnant son troupeau au loup.
D'après G. Glück il ne s'agirait pas ici d'une simple représentation de berger attaqué par un loup,
mais d'une illustration de l'Évangile selon saint Jean :
« Je suis le bon berger : le bon berger donne sa vie pour ses brebis. »

Si le loup fut traqué par les paysans à cause de ses méfaits, il fut également un animal apprécié par les seigneurs et les chasseurs pour les plaisirs de sa chasse.
1 : « Comment on doit chasser et prendre le loup », miniature extraite du Livre de la chasse de Gaston Phébus, XVᵉ siècle.
2 : « Retour de la chasse au loup », tableau par Auguste Mogue de la Croix, 1875. Musée de Senlis.

Chasseurs de têtes

La louveterie et la chasse collective, régies par l'organisation des battues, ne suffisaient pas à éviter au paysan les dégâts causés par les loups. Bien souvent il devait se battre seul, avec ses maigres moyens. Fortuite, isolée, cette chasse individuelle était presque un acte de légitime défense.

Dès le XVe siècle, le droit de chasser le loup est accordé aux paysans sans que cela ne diminue en rien les privilèges seigneuriaux. Charles VI le précise bien dans son ordonnance de 1413 :

« Voulons et permettons, par ces présentes, que toutes personnes de quelqu'état, qu'elles soient, puissent prendre, tuer et chasser tous loups et loutres, grans ou petits, sans que ce soit au préjudice des droits de garenne des Seigneurs... »

Un siècle plus tard, une ordonnance de Charles IX permet à tous ses sujets de « chasser sur leurs terres à cris et à jets de pierres toutes bêtes rousses et noires (renards, sangliers et loups), qu'ils trouveroient en dommage ».

« A cris et à jets de pierres » précise bien l'ordonnance, car cette répugnance à armer les masses paysannes sera une constante au cours des siècles, et, si le port d'armes parfois fut autorisé, il était soumis à une taxe tellement onéreuse qu'il était inaccessible à la plupart des paysans.

D'un côté, la lutte contre le loup était encouragée par des primes, d'un autre elle était entravée par le manque d'armes à feu. Cette situation privilégiait les louvetiers et les gardes-chasses qui souvent se réservèrent le droit d'abattre le loup et de toucher les récompenses.

Si un loup s'aventure dans un village, il n'a aucune chance de retrouver son repaire; fusils, fourches, haches, maillets et autres armes saisis au vol en viendront bientôt à bout.
« Au loup, au loup! », gravure extraite de La chasse illustrée, *1873.*

*« La chasse au loup », chanson de
A. Betourné et Th. Labarre, lithographie de
Bernard et Richebois aîné, vers 1840.*

Un loup tantôt s'est montré dans la plaine
Si l'on en croit le pâtre du hameau,
Allons en chasse qu'on le prenne
Pour le suspendre aux portes du château.

Refrain :
Fille gentilles
Et vous bons drilles
Vite avec nous
Accourez tous
Et que l'on fasse gaiement
La chasse au loup } *bis*
Loup garde à vous.

Mais tous les loups ne sont point sur mon
âme
Dans la prairie ou dans le fond des bois,
Ce vieux mari qui tourmente sa femme
C'est un vrai loup qu'il faut mettre aux
abois.

Ce beau seigneur qui vient dans nos villages
Avec de l'or et de brillants habits
Encor'un loup qui ferait des ravages
S'il surprenait d'innocentes brebis.

1046.

Si les gardes-chasses armés tuaient de nombreux loups dans les bois et propriétés de leurs maîtres, les paysans ne se livraient à cette chasse que lorsque le danger était imminent, que leurs troupeaux étaient attaqués, voire décimés. Défense plutôt que chasse, ce combat de l'homme pauvre contre l'animal affamé fut long et rarement fructueux. Des armes de fortune, faux, serpes ou haches, étaient tout ce que le paysan pouvait opposer à la dent meurtrière et à la griffe acérée du loup. Cette image de l'homme aux prises avec ce démon auquel on prêtait mille pouvoirs a engendré de nombreux récits où la fiction épouse étroitement la réalité.

Une note du préfet de l'Aube en l'an XIII indique que « les loups sont le plus souvent détruits par les habitants sur leurs propriétés, par les gardes forestiers dans leurs tournées et par les pièges que les uns et les autres tendent dans les endroits fréquentés par les loups. Les portées de louveteaux sont généralement découvertes par des femmes et même des enfants ».

Journalier attaqué alors qu'il battait le grain et terrassant un loup féroce avec son fléau; charbonnier embrochant un loup qui menaçait une femme épouvantée; pâtre tuant de sa houlette un carnassier audacieux qui lorgnait ses moutons; faux vengeresse éventrant l'animal enragé, les archives regorgent de ces descriptions toujours certifiées par une quelconque autorité locale.

« J'ai trouvé Jacques Marandon, journalier, écrit en 1804 le maire d'une commune de l'Indre, qui m'a dit qu'il venait de terrasser l'animal avec son flot *(fléau)* dont il se servait pour battre le bled dans sa grange... Ledit Marandon s'étant approché du loup, a manqué de le frapper de son flot du premier coup. Lui a donné un coup de la verge de son flot à côté de l'oreîl, l'a terrassé et renversé par terre. L'animal s'est relevé promptement et au moment où il voulait se relever, il lui a donné un second coup de flot qui a achever de le terrasser [17]. »

Ici et là, certains paysans, aventuriers, anciens gardes-chasses devenaient de véritables chasseurs professionnels. Jean Anglade raconte l'aventure d'un « loubotier » qui vivait en Auvergne dans la région du Lioran au XIXe siècle. « L'un des plus célèbres loubotiers du siècle passé, le dénommé Motolet, avait son gîte au hameau de Mandailles, à quelque distance du Lioran. Sa vocation lui vint dans des circonstances singulières. Un soir qu'il rentrait à pied, il fut surpris à mi-chemin par l'obscurité et décida de passer la nuit à la belle étoile. Il se fit un lit de branches et de feuilles sèches, se roula dans son manteau, s'endormit. Il fut tiré de son sommeil par quelque chose de chaud et d'humide sur la joue. Il reconnut un loup qui venait à peine de rentrer la langue. Quelle pensée avait incité la bête à lui donner ce baiser de Judas? Motolet se débarrassa d'elle comme il put; et de ce jour, délaissant la faux et la faucille, il se consacra à ce nouveau métier.

Tous les hivers, Motolet capturait plusieurs loups; il les étranglait, les écorchait et vendait leur peau...

Un soir qu'il était en train de contrôler ses fosses, il fit un faux pas et passa à travers les branchages qui recouvraient une goufio. Le voilà au fond. Mais le loup y était avant lui, qui l'attendait, la gueule ouverte, avec des yeux qui éclairaient le trou comme deux lanternes. Cette nuit-là, le louvetier se savait seul. Pas de secours à attendre, pas de cotillons pour encapuchonner le fauve. Leur duel dura jusqu'à l'aube, comme celui de la chèvre de Monsieur Seguin. Des heures et des heures, ils tournèrent l'un autour de

Fourche à loup.
Les paysans, qui ne pouvaient disposer d'arme à feu, se munissaient de cet instrument pour se défendre d'éventuelles attaques.

17. Archives départementales de l'Indre, M 3828.

95

l'autre, dans l'étroite arène, mêlant grognements et jurons, confondant leurs souffles et leurs deux rages, sans parvenir à s'atteindre. Celui qui se fatiguerait le premier serait nécessairement perdu. Cela dura, comme j'ai dit, seulement jusqu'à l'aube; mais ç'aurait pu durer des jours et des jours, des nuits et des nuits, tellement l'homme et la bête étaient pareils, tissus des mêmes fibres, de la même sauvagerie, de la même endurance. En bonne justice, ils auraient dû tomber en même temps et mourir ensemble. Partie nulle.

Mais les choses ne finirent pas ainsi. Car la Marianou rassembla une escouade de villageois qui partirent au secours du chasseur et finirent par le découvrir. On lui jeta une corde, comme à la femme aux cotillons, on le tira très vite de son piège. Quand il eut la tête au soleil, personne ne le reconnut, tellement il avait changé : une figure toute blanche, qu'on ne lui avait jamais vue, des yeux qui lui sortaient de la tête, ses dents cassées découvertes, sa bouche ourlée de bave sèche.

« Ho! Motolet! Qu'est-ce qui t'arrive?

— J'ai passé la nuit en enfer. »

Et puis, le voilà qui se tourne vers son adversaire, demeuré au fond, qui se met à l'injurier. Des paroles terribles qu'on ne doit pas prononcer, même quand on est seul avec son ombre. Les autres en avaient honte pour lui. Puis, il ramasse la corde de sa délivrance, attrape le loup par le cou, le tire à son tour hors de la fosse, le pend à un arbre, hurlant, gigotant, et se met à l'écorcher tout vif! De voir et entendre des choses pareilles, tout le monde tremblait de frayeur. Dans sa chair sanguinolente, la tête seule encore couverte de son poil, la bête martyrisée râlait et remuait toujours.

Le plus vieux de la troupe dit au loubotier :

« Tu sais, Motolet, les loups, c'est rien que des loups, mais ils en comprennent plus qu'on ne croit. Tu as écorché vif ton ennemi, ça n'est pas justice. Que le malheur soit sur toi, et non sur nous [18]. »

A partir de 1884, la loi sur la police de la chasse dispensera de permis tout propriétaire et locataire qui traque le nuisible sur ses terres. Mais ceci sera loin d'être suffisant, les paysans manquant surtout d'armes à feu efficaces dont la vente sera toujours sérieusement réglementée.

Les bûcherons et charbonniers isolés au milieu des bois étaient les plus menacés par le loup. Haches, serpes et divers moyens de fortune étaient leur seule défense. Lithographie de J.-P. Thénat, 1829.

18. Jean Anglade. *La vie quotidienne dans le Massif central au XIXᵉ siècle.*

Les primes de destruction

Payer la mort du loup n'est pas une invention récente puisque déjà au Vᵉ siècle avant J.-C. les Grecs avaient imaginé une organisation de défense contre les loups. La prime accordée au tueur de loup était de cinq drachmes.

Les premiers Capétiens usaient de primes pour la capture des loups dans leurs domaines : le journal du Trésor de 1297 mentionne une dépense de 60 soles pour la prise de douze louveteaux. Ailleurs, la chasse au loup est obligatoire et les chasseurs ne reçoivent aucune compensation financière; c'est une corvée comme les autres, dont les paysans ne sont qu'exceptionnellement dispensés. Ainsi à Nogent-sur-Marne en 1377, un édit de Charles V exonère les habitants de cette charge, moyennant une redevance de trois charretées de foin pour le service du roi.

Par la suite, les seigneurs laïcs et ecclésiastiques rétribuent les paysans qui détruisent des loups sur leurs terres, mais aucun édit ne prescrit cette faveur qui reste soumise à la générosité des propriétaires. Il faut attendre un arrêt du 6 octobre 1781 pour que les habitants des campagnes soient encouragés par des récompenses à détruire les « animaux malfaisants ».

Cette pratique se généralise pendant la Révolution. Sous la Convention, la prolifération des loups suscite un décret (11 ventôse an III) qui accorde des primes considérables pour leur destruction :

300 livres pour chaque louve pleine détruite,

250 livres pour chaque louve non pleine,

200 livres pour chaque loup,

100 livres pour chaque louveteau au-dessous de la taille d'un renard.

L'appât du gain est si important que, lorsque le taux des primes diminue, la chasse aux loups se raréfie dans l'ensemble du pays. Ce sera le cas après la loi du 10 messidor an V (28 juin 1797), dont quelques extraits méritent d'être cités car elle prescrit les formalités de perception de la prime qui, hormis quelques modifications mineures, resteront en vigueur jusqu'en 1882.

« ... il sera accordé à tout citoyen une prime de 50 livres par chaque tête de louve pleine, 40 livres par chaque tête de loup et 20 livres par chaque tête de louveteau.

Lorsqu'il sera constaté qu'un loup enragé ou non s'est jeté sur des hommes ou enfants, celui qui le tuera aura une prime de 150 livres.

Celui qui aura tué un de ces animaux et voudra toucher l'une des primes énoncées dans les deux articles précédents sera tenu de se présenter à l'agent municipal de la commune la plus voisine de son domicile, et d'y faire constater la mort de

Pour toucher la prime promise par la loi, chaque chasseur (ici une chasseresse!) doit présenter l'animal à la sous-préfecture dont il dépend.
« Procès-verbal de représentation » de 1808.
Archives départementales de l'Indre.

l'animal, son âge, son sexe : si c'est une louve, il sera dit si elle est pleine ou non.

La tête de l'animal et le procès-verbal dressé par l'agent municipal seront envoyés à l'administration départementale qui délivrera un mandat sur le receveur du département, sur les fonds qui seront, à cet effet, mis entre ses mains par ordre du ministre de l'Intérieur [19]. »

En 1807, le montant des primes diminuera encore, mais il sera de nouveau rehaussé en 1818. A cette époque, pour toucher son dû, le chasseur doit présenter sa victime au maire de la commune sur le territoire de laquelle il a tué le loup. Celui-ci rédige alors une lettre indiquant le nom du destructeur, sa profession, la description de l'animal et les circonstances de la prise. Muni de ce certificat, le chasseur doit se rendre ensuite à la sous-préfecture la plus proche, puis, surtout au début du XIXe siècle, à la préfecture du département. Il a pris soin d'emporter également un « contrôle » qui peut varier selon les usages et les distances : tête, oreilles, pattes ou tantôt loup tout entier. Au vu de la prise, le sous-préfet rédige encore un rapport de « représentation » destiné à la préfecture, dont voici un exemple :

« Aujourd'hui vingt-neuf janvier mil huit cent dix, est comparu pardevant nous Jacques Cuinat, sous-préfet de l'arrondissement de La Châtre, département de l'Indre, le nommé Jacques Lafaye, colon au domaine des Fougeries... qui nous a présenté la tête d'une louve enragée, qu'il a tuée en combattant seul avec cet animal... ainsi qu'il est constaté par les certificats... en date des

19. Cette pratique courante dans de nombreux pays a été l'objet de bien curieuses fraudes. Ainsi dans les Montagnes rocheuses (USA), il existait des fermes d'élevage où les loups mal nourris se dévoraient entre eux. Il s'agissait ensuite de présenter la tête et les pattes dans les États de l'ouest généreux sur les primes.

quatorze et vingt-huit de ce mois; lequel dit comparant, d'après notre invitation, a sur le champ coupé les oreilles de la dite bête qu'il a enfouie en notre présence.

De tout ce que dessus, nous avons rédigé le présent rapport pour être adressé à M. le Préfet, ensemble les certificats sus datés, à l'effet de faire jouir le dit comparant de la prime promise [20]... »

A partir de ce dossier complet, le préfet ordonne enfin le paiement de la prime selon les tarifs en vigueur.

Méritait-elle tant de formalités et de déplacements? Sans doute! Dans l'Indre, au début du XIXᵉ siècle, le salaire moyen d'une journée de travail est estimé à un franc. Avec un loup détruit, un paysan pouvait gagner l'équivalent de vingt jours de travail acharné. En 1850 encore, la capture d'un louveteau rapporte neuf francs et celle d'un loup adulte vingt-quatre francs soit l'équivalent d'une douzaine de journées d'un bon moissonneur. Ça valait la peine de s'en aller courir les bois, dévaler les pentes et battre les bosquets sus au loup! Mais il ne devait pas manquer de candidats, et gare alors si l'on n'était pas d'accord sur l'identité de celui qui avait tué la bête!

A partir de 1882, chaque loup tué donne lieu à la rédaction d'un procès-verbal pré-imprimé officialisant sa capture et permettant au chasseur de toucher la prime.
Capture d'un loup par Jean Brisson et Jean Miolane à Pruniers, Indre, le 6 octobre 1882. Archives départementales de l'Indre.

20. Archives départementales de l'Indre, M 3821.

La chasse aux loups à courre fut de tout temps l'une des plus harassantes
et la prise d'un loup à la meute était regardée comme un exploit.
« La chasse au loup », miniature extraite du Livre des chasses du roi Modus, *1379.*

Chasse et vénerie

« Entre tous les animaux sauvages vivans dans les bois et subjects à la chasse des hommes et des chiens, le loup est le plus meschant, qui fait plus de mal et de nuisance et qui mérite d'être questé, couru, chassé et halé des chiens et des hommes... » Ainsi s'exprimait Jacques du Fouilloux en 1573 dans son célèbre traité de vénerie.

Mais tant de mépris vis-à-vis du loup n'empêchait pas de prendre plaisir à sa chasse et même de la considérer comme l'une des plus intéressantes. « La chasse au loup, écrit le comte Le Couteulx de Canteleu au XIXᵉ siècle, est le plus beau courre de la vénerie française. »

« On chasse le loup à force ouverte c'est-à-dire en le poursuivant (en ayant renouvelé des relais de chiens) jusqu'à ce qu'il tombe de fatigue. Cette chasse est dispendieuse et ne convient qu'aux personnages riches. Les loups entraînent la meute à des 10, 20, 30 lieues du point de lancé [21]. » C'est dire qu'on a assez peu de chances d'attraper un loup à courre. Un vieux loup peut se faire poursuivre pendant plusieurs jours, plus puissant que les chiens qui le pourchassent, il ménage ses forces et sait régler sa fuite. Certaines chasses entraînent fort loin : en janvier 1686, un loup lancé près de Versailles mène le Grand Dauphin jusque dans les environs d'Anet, à une distance d'environ 48 kilomètres à vol d'oiseau du lieu de départ. On cite souvent le cas de Brière d'Azay, lieutenant de louveterie qui, en 1850, dans la Nièvre, poursuivit un loup pendant trois jours.

Les chiens jouent un rôle décisif dans cette chasse : le limier cherche la trace du loup et le force à s'enfuir, entraînant la meute à sa suite. C'est lui encore qui étrangle les louveteaux au liteau. Si les vieux loups sont difficiles à chasser, les louvarts, eux, se laissent prendre facilement, étant moins vigoureux et s'éloignant très peu de leur territoire. Quant à la louve, elle se donne elle-même aux chiens, pour les entraîner à sa suite et les écarter de l'endroit où elle a dissimulé ses petits.

La prise d'un loup avec la meute est regardée comme un exploit. On trouve dans l'*Encyclopédie* de Diderot et d'Alembert de fort belles pages sur la chasse au loup au XVIIIᵉ siècle. Les techniques qui y sont décrites seront encore employées par tous les veneurs au siècle suivant : équipages de chiens courants, bons chevaux pleins de vigueur et de « fonds d'haleine », car le loup va toujours en avant et ne retourne jamais sur ses traces, à moins d'être cruellement blessé.

« ... on va en quête avec le limier pour détourner le loup [22] avec précaution, car le moindre bruit fait partir le loup du liteau. Ainsi quand on l'a rembûché [23], il faut prendre les devants de très

LA CHASSE DV LOVP,

NECESSAIRE A LA MAISON
RVSTIQVE.

Par IEAN CLARMORGAN, Seigneur de Saane, premier Capitaine de la Marine du Ponant.

En laquelle eſt contenue la Nature des Loups, & la maniere de les prendre, tant par chiens, filets, pieges qu'autres inſtrumens: Le tout enrichy de pluſieurs figures & portraiĉts repreſenteℤ apres le naturel.

AV ROY CHARLES IX.

A PARIS,
Chez NICOLAS DE LA VIGNE, proche la porte ſainĉt Marcel, à la Croix de Lorraine.

M. DC. XXXX.

Page du titre du manuel de chasse au loup de Jean Clamorgan publié en 1640.

21. Rozier. *Cours complet d'agriculture,* 1840.

22. Détourner le loup, c'est tourner tout autour de l'endroit où il est entré et s'assurer qu'il n'est pas sorti.

23. Rembûcher un loup, c'est suivre la voie jusqu'à la coulée par laquelle il est entré dans le bois.

PATTE DV CHIEN MASTIN

Comparaison des traces du loup et du chien. Gravures extraites de La chasse du loup *de J. Clamorgan, 1640.*

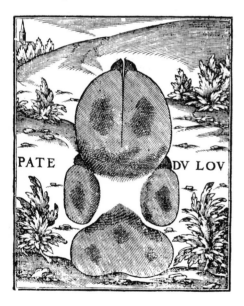

PATE   DV LOV

loin pour s'assurer s'il n'est pas passé plus avant. On est forcé ainsi de faire plusieurs lieues à la suite d'un loup. Souvent encore, d'enceinte en enceinte, on arrive au bord d'une plaine où l'on trouve qu'il est déchaussé, c'est-à-dire qu'il a pissé et gratté comme fait le chien : alors il est sûr qu'il a pris son parti de percer en avant et il est inutile de le suivre...

Il seroit très rare de forcer les loups avec des chiens courans parce qu'il est peu de chiens qui puissent jouter de vigueur contre ces animaux. Ainsi quand on chasse, des gens à cheval cherchent à gagner les devans pour tuer, ou du moins blesser le loup à coups de fusil. On l'attend aussi dans les plaines qu'on suppose qu'il doit traverser, et on l'y fait attaquer par des lévriers et des mâtins qu'on tient en laisse pour cet usage. Les lévriers atteignent assez promptement le loup : pendant qu'ils l'amusent, les mâtins plus lourds ont le temps d'arriver. Alors le combat devient inégal et sanglant; et pendant que le loup est occupé à se défendre, on le tue assez facilement à coups d'épée. »

Après la mort du loup il était d'usage de faire la curée aux chiens. Leur répugnance pour cette viande obligeait à la découper, à l'apprêter et à la rôtir. On en faisait ensuite une « mouée » en la mélangeant avec du pain et du fromage.

Les veneurs utilisaient un langage précis et riche pour la chasse du loup. L'usage d'un terme impropre était considéré comme une faute de goût et d'éducation. Ainsi, chaque âge du loup et de la louve, chaque comportement, chaque moment de la chasse étaient désignés par un terme propre.

Le loup est appelé *louveteau* jusqu'à six mois puis *louvart* jusqu'à un an, *jeune loup* jusqu'à deux ans, *loup* de deux à quatre ans, *vieux loup* jusqu'à cinq ans, *grand loup* de cinq à huit ans et *grand vieux loup* au-delà de huit ans.

La louve s'appelle *louveteau* puis *louvarde* jusqu'à un an, *jeune louve* jusqu'à deux ans, *louve* de deux à quatre ans, *vieille louve* au-dessus de quatre ans.

On peut se demander sur quels critères précis les chasseurs pouvaient reconnaître l'âge des loups, et on comprend les hésitations des écrivains cynégétiques :

Parmi ces termes spécialisés, *abattis* désigne de petits sentiers tracés par les jeunes loups; les *allaites* sont les mamelles de la louve; *aligner* une louve se dit du mâle qui couvre sa femelle; *donner au carnage* c'est, pour le loup, manger d'une bête morte; les *deschaussures* sont les lieux où l'animal a gratté après ses besoins; les *demeures* sont les endroits qu'il affectionne pour se reposer; les *flâtrures* ceux où il a passé la nuit; les *laissés, laisses, lessés* désignent les excréments; *rêner,* c'est montrer les dents; la *traînée* est une charogne que l'on traîne à travers la campagne pour attirer le loup. « Faire trayn de char », dit Gaston Phébus.

On dit *chasser loup* et non chasser le loup. L'animal *va d'assurance,* ou *de bon temps,* quand, étant chassé, il ne se presse pas. Il *ne fait que d'aller* quand il marche au pas.

La vie des chasseurs célèbres a très peu tenté les historiens et les biographes. Pourtant chaque province a les·siens. Citons Henri-Louis Ernest de Tinguy de Nesmy (1814-1891), en Vendée, dont les prises sont estimées à plus de deux mille loups, Jacques de Larye (1752-1796) qui en tua mille et Émile de la Besge (1822-1905) qui en extermina plus de six cents. En Bretagne, le comte de Châteaubourg détruisit huit cents loups, le baron Halna du Fretay plus de trois cents et Pierre Guérin plus de cent entre 1792 et 1802. Enfin, pour le nord de la France, la baronne de

Les louvarts se laissent prendre plus
facilement que les vieux loups. Moins
vigoureux, ils s'éloignent peu de leur
territoire.
« Hallali de louvart au bois de Jasney »,
lithographie de P. Gélibert extraite du
Journal des chasseurs, 1864.

Loup ou chien?
« Examen des traces », gravure sur bois
extraite de La chasse illustrée, 1878.

La chasse à l'affût consiste à attirer le loup aux abords des maisons grâce à un appât et à le tirer dès qu'il s'en approche.
« Un affût au loup », gravure sur bois de K. Bodmer extraite de La chasse illustrée, *1888.*

Charlotte de Laurétan, baronne de Draeck, se rendit célèbre en exterminant les loups de l'Artois au début du XIXᵉ siècle; elle fut surnommée la « Baronne aux loups ».

Draeck (1747-1823), surnommée la *Diane de Brédenarde* ou la *Baronne aux loups,* et dont les exploits cynégétiques sont restés légendaires en Artois. Petite fille, elle se glissait déjà dans une carnassière et accompagnait son oncle Alexandre de Laurétau dans ses chasses. Chez les ursulines de Saint-Omer, elle entreprit d'exterminer tous les rats du couvent et, quand elle eut épousé Lamoral de Draeck, elle résolut de détruire les loups. Charlotte de Laurétan, devenue indispensable et populaire, put ainsi rester, à la demande des autorités révolutionnaires, dans son château de Zutkerque et continuer tranquillement ses chasses; elle ne quitta plus l'habit d'homme jusqu'à la fin de ses jours.

Les chasseurs isolés tiraient plus volontiers le loup à l'affût après avoir repéré ses points de passage habituels ou en l'attirant à portée de fusil par un appât. Mais le loup est malin et il fallait user de ruse pour tromper sa vigilance.

Si l'affût avait lieu en pleine campagne, sur un passage repéré, il fallait s'y rendre par une nuit de lune avec des sabots neufs ou entourés de peau fraîche, s'embusquer au plus épais d'un fourré ou se percher dans un arbre bien touffu. Mais il ne fallait pas oublier de se placer sous le vent, sinon le chasseur était deviné bien avant qu'il n'ait aperçu l'animal et il pouvait rester toute la nuit accroché à son arbre sans voir la queue d'un loup.

Par période de famine ou de grands froids on pouvait également se poster à l'affût dans les cours de ferme ou aux abords des habitations. L'odeur des hommes y étant plus présente, on pouvait se passer de prendre autant de précautions. Ce mode de chasse ne se pratiquait que lorsque des loups avaient déjà été remarqués aux alentours des habitations. On attirait les animaux avec des appâts : un mouton mort, une carcasse de chiens, un cadavre de veau, une poule... Mais le loup est méfiant et mettait quelquefois plusieurs jours à s'approcher de l'appât, tournant autour en longs cercles de reconnaissance.

La chasse du loup fut un thème largement utilisé dans les estampes et les décors du monde rural, que l'on retrouve jusque dans les girouettes.
Girouette à Buzançais, Indre.

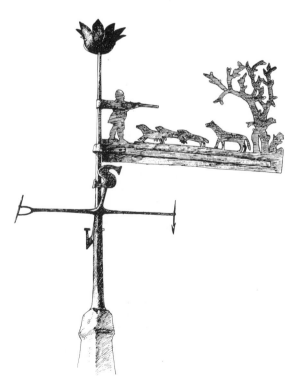

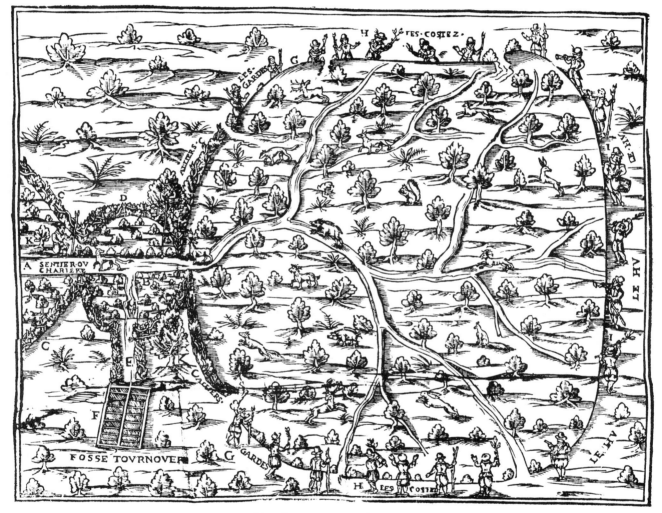

Plan d'une battue au XVIIe siècle.
Gravure sur bois extraite de la Nouvelle invention pour prendre les loups *de Louis Gruau, 1613.*

Les battues au loup

Les battues au loup, huées, traques ou tric-traques, étaient un mode de chasse irrégulier, utilisé lorsqu'un terroir, une région était infesté de loups. Il ne s'agissait plus ici d'un acte de « légitime défense », mais d'une véritable action de représailles contre l'ennemi des hommes et des troupeaux, élaborée par l'administration avec le concours du monde rural.

C'est, semble-t-il, en 1583, qu'une ordonnance royale concernant les battues est appliquée pour la première fois à l'ensemble du royaume. Henri III y déclare : « Enjoignons aux grands maîtres réformateurs, leurs lieutenants, maîtres particuliers et autres, faire assembler un homme par feu de chaque paroisse de leur ressort avec armes et chiens propres à la chasse des loups, trois fois par an, au temps plus propre et plus commode qu'ils adviseront pour le mieux. » Vingt ans plus tard, Henri IV confirme cette pratique et demande à « tous seigneurs, hauts justiciers et seigneurs de fiefs, de faire assembler de trois mois en trois mois et plus souvent encore, selon le besoin qu'il en sera, aux temps et jours plus propres et commodes, leurs paysans et rentiers et chasser avec chiens, arquebuses et autres armes aux loups, renards, bédouaux (blaireaux), loutres et autres bêtes nuisibles ».

Jusqu'à la Révolution, les huées ont lieu dans toutes les contrées du royaume infestées par les loups, elles se font à grand renfort de tambours, de batteries ou de cris. Après la chute de l'Ancien Régime, les battues deviennent plus systématiques, mieux préparées et mieux encadrées. Le 19 pluviôse an V (7 février 1797), un décret fixe les modalités de cette chasse telle qu'elle sera pratiquée pendant tout le XIXe siècle : s'il est interdit de chasser dans les forêts nationales, exception sera faite tous les trois mois pour les battues aux loups. Celles-ci sont ordonnées par les administrations centrales des départements, de concert avec les agents forestiers de leur arrondissement. Un règlement de 1814 précise que « les chasses et battues sont ordonnées par le préfet, commandées et dirigées par les lieutenants de louveterie [24] ».

En 1818, une circulaire du ministre de l'Intérieur précise la préparation dont dépend le succès de ces battues et les modalités de concertation entre lieutenants de louveterie, préfets et administrations forestières. Homme prudent, il préconise quand même de ne pas abuser de cette pratique « afin de ne pas fatiguer les administrés par des appels trop fréquents ». En effet, ces réquisitions concernent souvent les habitants de plusieurs communes pendant une journée entière et causent une perte de travail non négligeable pour de petits paysans.

Lorsque les dégâts des loups deviennent considérables, l'autorité préfectorale ordonne de grandes battues générales organisées simultanément sur toute l'étendue du département.
Affiche de réquisition pour une battue au loup dans la Nièvre, le 2 germinal an XIII.
Archives nationales, Paris.

---

24. Archives nationales, F 10 474.

Poursuivi et délogé du bois par les traqueurs, le loup sort du couvert sur la ligne des tireurs.
Gravure sur bois de Yan d'Argent extraite de La chasse illustrée, *1868.*

A la fin du XIXᵉ siècle, avec la disparition des loups, ces lourdes organisations deviennent inutiles et les battues ne sont plus entreprises que ponctuellement sur simple décision du maire.

Pour organiser une battue au XIXᵉ siècle, la procédure administrative était souvent très longue et demandait plusieurs étapes. Les maires, d'abord, relataient dans le détail les dégâts commis par les loups dans leur commune et priaient le préfet de bien vouloir ordonner une battue. Après consultation de l'inspecteur forestier du département qui demandait lui-même une enquête à ses gardes, le préfet autorisait enfin, par un arrêté, l'exécution de la battue.

Il est inutile de préciser que les loups avaient bien le temps d'aller s'ébattre dans d'autres départements et la procédure administrative était à recommencer quelques lieues plus loin.

Les battues s'entreprenaient soit au printemps (de mars à mai), à l'époque où les louves mettent bas et où les loups « chassent double » pour nourrir leur progéniture, soit entre novembre et janvier, lorsque « la faim fait sortir le loup du bois ». Pendant le reste de l'année, elles étaient moins fréquentes, il n'était pas bien commode de courir les bois enfeuillés et de suivre les loups dans les champs de céréales, mais sans doute aussi était-il délicat de réunir les paysans aux époques où les travaux des champs ne leur laissaient pas une minute de liberté.

L'administration forestière, aidée des lieutenants de louveterie, préparait la chasse et envoyait aux paysans un « réquisitoire » indiquant les lieux et heures de rassemblement. Chaque commune fournissait un certain nombre de « tireurs » et de « traqueurs ». Les premiers devaient s'armer et se procurer poudre, balles et chevrotines. Les traqueurs, simples locataires ou petits paysans ne possédant aucune arme à feu, se munissaient de piques, fourches et tridents. Ils emmenaient avec eux de gros chiens mâtins équipés de colliers en plaques de métal assemblées par des charnières ou des anneaux et hérissées de pointes. Tous les chasseurs requis se réunissaient sur la place du village et, sous la conduite du maire et du garde champêtre, se rendaient au lieu de chasse où chacun avait une fonction bien déterminée.

« Les tireurs sont placés en dehors du bois et en dessous du vent, aux passées, sentiers et dans tous les endroits qui paraîtront être les plus fréquentés par les loups, et de manière qu'ils bordent la haie dans des distances convenables. Les traqueurs sont conduits du côté opposé du bois, aussi de manière à ce qu'ils puissent le fouiller dans toute son étendue, en rabattant sur les tireurs [25]. »

Au signal du commandant de battue, les traqueurs pénétraient dans le bois sans jamais rompre la ligne. Selon les régions et les époques, les battues se faisaient dans le plus grand silence (XIXᵉ siècle) ou à grands renforts de cors, de tambours, de poêles à frire, ou de tout autre objet susceptible de faire beaucoup de bruit (XVIIᵉ et XVIIIᵉ siècles).

Effrayés, les loups se précipitaient alors vers l'orée du bois où les attendaient les lignes des tireurs. La chasse était terminée et le commandant relevait les noms de ceux qui l'avaient abandonnée. Comme ceux qui ne s'étaient pas présentés le matin, ils étaient condamnés à une amende.

Pendant ces « chasses et battues aux loups », il était défendu de tirer sur d'autres animaux. La tentation était pourtant grande de profiter des armes dont on ne disposait que pour quelques

25. Extrait d'un arrêté du préfet de l'Indre du 11 mars 1815 (archives de l'Indre).

1

2

Pièges à loups au XVe siècle.
1 : Chasse à l'accroupie, aux filets.
2 : Hausse-pied.
Miniatures extraites du Livre de la chasse *de Gaston Phébus, manuscrit composé pour le duc de Bourgogne au début de XVe siècle. Gaston Phébus, comte de Foix, seigneur de Béarn (1331-1391), a rédigé son* Livre de la chasse *à partir de 1387. Il y décrit minutieusement les animaux, les techniques de chasse et de piégeage. Son texte servira de base à des générations de veneurs et de chasseurs.*

A l'issue de la battue, il était coutume de faire les « honneurs du pied » au louvetier ou au châtelain qui avait dirigé les chasses. Tableau de Pierre Duval Le Camus : « Les honneurs du pied, chasse au loup en Normandie », salon de 1836. Musée de la Vénerie, Senlis.

Veste d'uniforme de lieutenant de louveterie du second Empire. Musée de la vénerie, Senlis.

heures, mais gardes champêtres et gendarmes veillaient au respect des consignes.

A la fin de la journée, le commandant de chasse dressait un rapport pour la préfecture, il y consignait les péripéties de la chasse, le comportement des participants et le nombre des loups tués ou blessés. Celui-ci fut établi le 30 janvier 1810 à la suite de battues organisées sur les territoires de six communes du Boischaut du Berry, le pays des romans de George Sand : « ... Elles ont été très habilement exécutées sous la surveillance des gardes forestiers, et dirigées par M. Thomas Depoix, lieutenant de louveterie... Elles ont eu pour résultat la destruction de six loups, trois louves et douze renards. Il s'est échappé plus de sept à huit loups dont trois périront infailliblement des blessures qu'ils ont reçues. L'extrême lassitude des chasseurs et de l'équipage n'a pas permis de poursuivre ces animaux, mais le lieutenant de louveterie se propose de les revoir bientôt. Toutes les communes désignées pour concourir à ces chasses ont exactement fourni le nombre d'hommes qui leur était demandé. Plusieurs maires y ont assisté en personne. Les uns et les autres ont bien fait leur devoir [26]. »

En février 1838, à Nançois le Petit, vers Bar-le-Duc, une battue est couronnée de succès : « Il existe une si grande quantité de loups dans les environs que les chasseurs de notre commune en ont tué six, dont trois dans la battue, qu'ils ont faite le 11 février. La neige qui est tombée depuis peu a beaucoup contribué à cette destruction [27]. »

Il faut faire une distinction entre ces battues locales, à l'échelle de la commune ou du canton et celles, préconisées par le ministre de l'Intérieur Laîné en 1818, qui s'étendaient le même jour à l'ensemble d'un département. Il conseillait de les entreprendre en mars avant la poussée des céréales, et aux premières neiges, en décembre : leur efficacité devait être d'autant plus grande qu'elles se feraient à une grande échelle, les animaux ayant échappé à une battue retombant alors dans une autre.

A la suite de cette décision, de grandes traques se dérouleront dans plusieurs départements. Nombreuses après la Révolution et sous la Restauration, surtout là où les loups pullulent (dans la Creuse en l'an XII, en l'an XIII dans la Seine-et-Marne et en Haute-Saône en 1817), elles disparaissent après 1840, car les résultats obtenus ne sont pas en rapport avec les forces déployées. La grande battue de 1815 avait mobilisé 9 299 hommes dans le seul département de l'Indre pour des résultats décevants. Tantôt la pluie continuelle empêche son déroulement (comme dans les Basses-Alpes en mai 1806), tantôt la lenteur administrative laisse aux loups le temps de quitter la région (comme dans les Hautes-Pyrénées en 1822).

Tout au long de cette première moitié du XIXe siècle, les rapports et mémoires préfectoraux déplorent l'inefficacité des battues. Laîné doit reconnaître en 1818 qu'elles ne servent la plupart du temps qu'à déplacer les animaux. Le désordre dans lequel elles s'effectuent et l'inexpérience des chasseurs sont les causes d'échec le plus souvent invoquées. En juillet 1816, le marquis d'Aoust, lieutenant de louveterie dans le Nord, dirige une battue dans la forêt de Nieppe, aux environs d'Hazebrouck : « Elle n'a produit aucun résultat, écrira le préfet du Nord, le mauvais temps en est des causes, de plus, les traqueurs requis dans les communes de Merville, Morbecque et Haverskerque ne se sont pas rendus au rendez-vous [28]. »

Pendant la nuit précédant la battue, les commandants de chasse postent des gardes pour guetter les loups et suivre leurs déplacements.
« La veille d'une battue en Alsace », gravure de P. Kauffmann extraite de La chasse illustrée, *1876.*

26. Archives nationales, F 10 467.

27. *Journal des chasseurs,* 1838.

28. Archives nationales, série F 10 474.

L'insuccès de nombreuses chasses est attribué aux journaliers, locataires et domestiques qui refusent tout simplement de se plier à la discipline exigée. Ils se rendent à la battue pour échapper à l'amende, mais se contentent d'y tuer le temps. Il n'est pas rare qu'une battue dégénère. Ainsi dans le Berry, les paysans qui se rendent à la chasse au loup « courrent les cabarets » ou encore, arrivés dans le bois, se cachent et entament une partie de cartes. « Curieuse contradiction interne de la mentalité des paysans pauvres d'autrefois, dit Maurice Agulhon, individuellement ils étaient les principales victimes des dégâts des loups et les principaux acteurs de plaintes à leur sujet; mais dans l'ensemble, en communauté, ils furent incapables d'organiser la destruction, et même ils se sont montrés, par indigence, par passivité, par indocilité, réfractaires aux tentatives d'organisation des chasses menées par les autorités [29]. »

Il est vrai que ces longues marches dans des bois souvent impénétrables étaient très éprouvantes. Mais, surtout, elles privaient les paysans d'une journée de travail, puisqu'ils n'en retiraient aucune rétribution. L'insuccès des battues leur est-il donc imputable, comme le soutiennent les administrations préfectorale et forestière de nombreux départements? Certainement pas. Une analyse des causes de cet échec devrait tenir compte de tous les facteurs climatiques, sociaux et culturels qui ont été énumérés. Encore conviendrait-il de nuancer cette notion d'échec : pendant la première moitié du XIXe siècle, on parlait volontiers de « battue infructueuse » quand un grand nombre de loups n'avait pas été tué. En réalité, plus des trois quarts des battues se soldaient au moins par la mort d'un fauve, et l'espèce, sans qu'on s'en rendit compte, commençait à disparaître.

« Après la battue », gravure sur bois extraite de La chasse illustrée, 1886.

29. Préface à D. Bernard, La fin des loups en bas Berry.

112

La louveterie

Si les Grecs, du temps de l'administrateur Solon, avaient déjà créé une organisation pour lutter contre les loups, si les Burgondes, vers la fin du Vᵉ siècle, réglementaient déjà leur chasse, c'est sous le règne de Charlemagne qu'apparaît la première véritable institution de défense contre les loups. En 813, il charge ses comtes de désigner, dans chacune de leurs circonscriptions, deux officiers dont la fonction consistera à chasser le loup. Ces *luparii,* véritables ancêtres des louvetiers, devront informer l'empereur des destructions opérées, lui envoyer la peau des animaux tués, faire poursuivre les louveteaux en mai et les prendre au moyen de poudres empoisonnées, crochets, chiens et fosses.

Cette nouvelle charge s'accompagne de privilèges : exemption du service dans les armées, droit de gîte et prélèvement d'une mesure de grain sur les levées effectuées pour le compte de l'empereur.

A la fin du XIIIᵉ siècle existent des titulaires des offices de la louveterie à la cour du roi, avec à leur tête le grand louvetier de France. Gilles le Rougeau sera celui de Philippe le Bel en 1308, Pierre de Besu, celui de Charles IV le Bel en 1323.

Les louvetiers, rétribués par le roi, exercent leurs offices sur les domaines royaux; les baillis et sénéchaux sont tenus de faire de même dans leurs comtés, sans pour autant porter ce titre. Quant aux paysans, jusqu'au XIVᵉ siècle, ils sont contraints d'héberger et nourrir les louvetiers et leurs équipages : devoir bien peu plaisant pour le « pauvre laboureur » à qui la présence du seigneur est pesante et ruineuse! Certains louvetiers n'hésitent d'ailleurs pas à demander de l'argent contre les services rendus et à interdire aux paysans de tuer eux-mêmes les loups. Murmures, protestations, puis franches révoltes finissent par alerter le pouvoir royal.

En mars 1395, Charles VI décrète que « toutes commissions données par lui à quelque personne que ce soit cessent », et permettra « aux gens de tout état de prendre, tuer et chasser sans fraude tous loups et louves ».

La charge de louvetier sera même supprimée, mais en 1404, devant la recrudescence des dégâts commis par les loups, le roi la rétablira, permettant aux louvetiers de « lever deux deniers parisis par tête de loup tué, quatre par tête de louve sur chaque feu de toutes les paroisses situées dans un rayon de deux lieues de l'endroit où la bête aura été prise ».

En fait, c'est François Iᵉʳ qui sera le véritable fondateur de l'institution de la louveterie. Dans une ordonnance de 1520 il en décide la création et nomme un grand louvetier de France, entouré de ses lieutenants de louveterie, entretenus au frais du trésor royal.

En 813, Charlemagne réglemente la chasse au loup et devient le « père » de la louveterie. Il charge ses comtes de désigner des luparii, *ancêtres des louvetiers, chargés de chasser le loup.*
Dessin d'un manuscrit latin (détail).

Veneurs chassant le loup.
Tapisserie du XVIIIᵉ siècle.

Collier en fer pour les chiens des lieutenants
de louveterie, XVIIIᵉ siècle. Musée de la
vénerie, Senlis.

En 1583, une nouvelle ordonnance précise les attributions des louvetiers. Trois fois par an, avec le concours des grands maîtres des Eaux et Forêts, ils doivent faire assembler les gens de leurs circonscriptions avec armes et chiens pour partir à la chasse aux loups. Quant au grand louvetier, alors Jacques Le Roy, il ne se déplace avec son équipage que lorsque les fauves se manifestent dans une région dépourvue d'officiers de louveterie. Mais le plus souvent, ses fonctions se bornent à « suivre la cour dans ses déplacements, soit pour écarter les loups de la résidence du roi, soit pour lui procurer le plaisir de cette chasse ». Il informe le gouvernement des progrès de la destruction, pourvoit aux places laissées vacantes et commande les louvetiers.

Au XVIIᵉ siècle, lorsqu'ils capturent un loup, les lieutenants de louveterie sont tenus de « le porter dans les vingt-quatre heures à la plus prochaine justice de ville ou de village ». Là, « en présence du juge, trois notables du lieu dressent procès-verbal et notent le nom de tous les villages et paroisses enclavés dans les deux lieues de l'environ ». Dans cette étendue ils ont alors le droit de prélever sur les habitants, « à l'exception des mendiants et des pauvres qui ne payent pas cinq sols de taille », deux deniers par loup.

Sous Louis XIII, la vénerie royale se développe et, avec elle, la louveterie. Celle de Louix XIV sera superbe.

Longtemps l'équipage en sera confié au dauphin qui courut le loup quatre-vingt-seize fois dans la seule année de 1686, les détruisant pratiquement tous dans les bois et les forêts qui entourent Paris. Après lui la magnificence de la louveterie royale disparaîtra.

En 1785, un arrêt de Louis XVI permet de constater que les privilèges accordés au personnel de louveterie ont peu évolué depuis le Moyen Age, en particulier l'exemption de la taille, du logement des gens de guerre, du guet, de la garde et des patrouilles.

Jusqu'à la Révolution, la louveterie est sous la dépendance directe de la Couronne, qui la finance et la contrôle. Elle recrute ses officiers parmi les Grands du royaume.

Le règlement du 9 août 1787 la supprime, elle coûte trop cher à l'État, une institution alors vieille de neuf siècles disparaît.

Pendant la Révolution, les propriétaires de bois sont autorisés à chasser eux-mêmes les loups. Mais très vite, le 8 fructidor an XIII exactement (28 août 1804), Napoléon rétablit cette institution. Elle est placée sous l'autorité d'un grand veneur qui distribue et renouvelle les commissions de capitaines et lieutenants de louveterie. Ces derniers « sont tenus d'entretenir à leurs frais un équipage de chasse composé d'au moins un piqueur, deux valets de limiers, un valet de chien, dix chiens courants et quatre limiers. Ils doivent se livrer efficacement à la destruction des loups et mettre à la disposition de l'administration leur temps et leurs moyens financiers pour tendre des pièges, rechercher les portées de louveteaux, diriger les chasses et battues, enfin chasser le nuisible avec leur équipage, attendu que la chasse du loup... ne fournit pas toujours l'occasion de tenir les chiens en haleine, ils ont le droit de chasser à courre deux fois par mois dans les forêts de leur arrondissement, le chevreuil-brocard, le sanglier et le lièvre [30]. »

A partir de 1814, les lieutenants de louveterie sont tenus d'envoyer chaque année à l'administration l'état général de leurs destructions. En principe, si celui-ci n'est pas satisfaisant, la

L'organisation de la louveterie du 20 août 1814 décrit l'uniforme des lieutenants de louveterie : « Un habit bleu, droit, à la française; une veste et culotte chamois; un chapeau retapé à la française; un couteau de chasse en argent et une paire de bottes à l'écuyère ».
« Grand louvetier », huile sur toile par Emmanuel-Joseph Lauret, 1845. Musée de la Vénerie, Senlis.

30. Organisation de la louveterie du 1ᵉʳ germinal, an XIII.

115

Insignes de piqueur et de grand louvetier.

charge peut leur être retirée. En réalité, les lieutenants sont maintenus malgré l'envoi épisodique de ces états.

Le règlement de 1814 fixe le détail de leur uniforme et celui de leur piqueur éventuel : habit bleu, droit, à la française, veste et culotte chamois, chapeau retapé, à la française, couteau de chasse en argent et paire de bottes à l'écuyère.

S'ils se livrent exclusivement à la destruction des nuisibles, lieutenants et piqueurs sont dispensés de se munir d'un permis de chasse.

Les lieutenants de louveterie étaient presque toujours de grands propriétaires terriens, très souvent nobles et jouant parfois un rôle politique local. D'après l'*Almanach royal* de 1816, ils étaient 159 cette année-là et certains d'entre eux étaient des femmes. La duchesse d'Uzès, par exemple, porta cette charge pour la saison 1823-1824 dans l'arrondissement de Rambouillet. Posséder une solide fortune était une condition, sinon nécessaire, du moins primordiale, car les lieutenants ne recevaient aucune rétribution à cette époque. Les louvetiers qui conservaient leur charge le plus longtemps étaient donc ceux dont la fortune était la mieux assise. Elle leur donnait le doux loisir de courir la campagne avec leur meute et de s'adonner presque chaque jour au plaisir de la chasse.

Il faudra attendre l'année 1971 pour que les textes régissant la louveterie soient profondément modifiés. L'institution n'en mourra pas pour autant, malgré la disparition totale de sa raison d'être, puisque le personnel du corps de lieutenants de louveterie sera converti en « auxiliaires de l'agriculture » et en « conseillers cynégétiques ».

A partir de 1814, les lieutenants de louveterie sont tenus d'envoyer annuellement à l'administration l'état général de leurs destructions. En principe, si celui-ci n'est pas satisfaisant, la commission peut leur être retirée.
État des destructions d'un louvetier de l'Indre, Douard de Saint-Cyran, pour la saison de chasse 1825-1826. Archives départementales de l'Indre.

MAISON DU ROI.

SERVICE
DU GRAND-VENEUR.

DÉPARTEMENT
d'*l'Indre*

SAISON
de 1825 à 1826.

ÉTAT DES ANIMAUX NUISIBLES détruits depuis le 1ᵉʳ Mai 1825 jusqu'au 1ᵉʳ Mai 1826, par Mᵉ *Douard de St Cyran* Lieutenant de Louveterie dans le département de *l'Indre*

DÉSIGNATION DES ANIMAUX.	NOMBRE	OBSERVATIONS.
LOUPS..............	*Quatre*	*J'ai tué trois Loups et trois Louves dans les Bois de Valan avec mon équipage*
LOUVES.............	*Six*	
LOUVETEAUX........	*trois*	*J'ai tué deux Louves et un loup avec mon équipage dans la forêt de St Maure*
RENARDS...........	*Dix*	
BLAIREAUX.........	.....	*J'ai pris une Louve avec un piège dans la forêt de Châteauvy*
CHATS SAUVAGES.....	.....	
SANGLIERS.........	*Dix-sept*	*Les trois louveteaux ont été pris par mes chiens dans la forêt de Château...*

CERTIFIÉ par nous Maire d

Ce   182

Nota. MM. les Lieutenans de louveterie ne doivent comprendre dans cet état que les animaux détruits par eux, ou devant leur équipage, ou enfin dans les chasses dirigées par eux.

VU et LÉGALISÉ par le Sous-préfet de l'arrondissement

d

Pièges et poisons

Lorsque, il y a quelques millénaires, l'homme prit le temps d'observer les mœurs des animaux dont il désirait la capture ou la mort, de les surprendre, de les attirer, de les tromper, puis enfin de les faire tomber dans une embuscade, le piégeage était né. Quand cela se passa-t-il? Bien malin celui qui pourrait répondre à cette question, d'autant plus que, d'une civilisation à l'autre, l'évolution de l'intelligence et celle des outils prirent des chemins bien différents. Mais sans doute, bien avant que les hommes ne connaissent le feu, confectionnaient-ils déjà des embûches afin de faciliter leur chasse; les premiers piégeurs furent les premiers sorciers en même temps que les premiers ingénieurs.

Puis peu à peu, au cours des siècles, se développa toute une panoplie de ruses et d'engins plus horribles les uns que les autres, empruntant toutes sortes de combinaisons, *« devenant tour à tour trappe, poche à filet, collet, assommoirs, à dards perforant, de dessus, de dessous, de côté, de guillotine verticale ou latérale, traquenards, avec ou sans pointes, contondant ou sanglant* [31]*... »*

Mais n'allez pas croire que tous ces mécanismes provoquèrent de véritables hécatombes. Il ne suffisait pas de poser un piège pour attraper l'animal convoité, encore fallait-il le poser correctement. Les bons piégeurs n'étaient pas légions, ils devaient connaître dans les moindres détails le comportement et les habitudes de leur proie, ruser pour camoufler leurs engins de mort, effacer leurs traces et leurs odeurs... Alors seulement avaient-ils quelques chances de succès. Et encore! Bien souvent le petit matin ne livrait qu'un morceau de bois mort tombé d'un arbre et pris au collet par le vent de la nuit, qu'un mulot des champs coupé en deux par les ignobles mâchoires de fer d'un énorme traquenard.

Dans son *Livre de la chasse,* Gaston Phébus, au XIVe siècle, décrit déjà de nombreux moyens de prendre les loups aux pièges. Haussepied, fosses, tables, filets, accroupie, aiguilles, tout était bon pour attaquer cette « bête merveilleusement habile et rusée ».

La *fosse à loup,* dont la toponymie a gardé de nombreuses traces, était installée dans un endroit non inondable, une clairière, l'orée d'un bois, un point de passage obligé (ou provoqué). C'était un trou profond d'au moins trois à quatre mètres, creusé en entonnoir renversé afin que le loup ne puisse grimper sur les parois en surplomb ou s'échapper d'un bond. Bien sûr, il n'était pas question de laisser quelque trace de ce travail et la terre retirée devait être transportée assez loin du piège. Parfois les murs étaient consolidés d'un appareillage de pierres sèches. Le tout recouvert de fines baguettes de coudrier et de mousse, il n'y paraissait plus rien, et encore moins lorsqu'une fine couche de

31. E. Mérite. *Les pièges, étude sur les engins de capture utilisés dans le monde.* Payot, 1942.

neige propice à faire sortir le loup du bois était tombée. Enfin il ne fallait pas oublier de faire annoncer dans le village son emplacement exact pour ne pas y retrouver, à la place du loup, sa femme ou ses enfants.

Parfois un dérivé de ce piège contenait en son centre un piquet de bois destiné tant à soutenir le faux plancher qu'un appât attirant, une belle oie blanche ou une cane vivante. « Quand le loup s'élançait pour la dévorer, les branchages se brisaient sous son poids et il tombait au fond de la fosse... » Fallait-il qu'il eût faim car, méfiant comme il est, on l'imagine plutôt tournant des heures et des heures autour de l'appât, d'autant plus intrigué qu'il ne s'enfuit point!

Gaston Phébus décrit une variante de cette ruse : « Quand on saura une grande forêt où il y ait quantité de loups, on doit traîner une charogne par les chemins... et la porter près de l'endroit où l'on voudra chasser; là, on doit faire une fosse, y jeter la charogne, en laissant une ouverture grosse comme la tête d'un homme. Quand le loup sera venu, il sentira la charogne à l'intérieur et, voyant le trou, il aura grand'peur et reculera; puis il flairera le trou et pensera aller tout autour. Alors il tombera dans la fosse.

On peut le prendre vif en lui plaquant le cou contre terre, entre les dents d'une fourche ferrée. On peut alors le lier comme un chien, à moins qu'on ne préfère le tuer. »

Il signale également l'emploi de *panneaux,* c'est-à-dire de filets tendus à des arbres et qui s'abattent sur le loup attiré là par un appât :

« On peut aussi prendre les loups à l'accroupie, de la manière suivante : on doit tuer une bête là où l'on pense que les loups doivent demeurer et on traîne de la viande tout autour des buissons et des forêts, jusqu'au point où on déposera la charogne. Puis on les laisse manger toute une nuit. Et quand on saura qu'ils auront assez mangé, on doit, la seconde nuit, pendre la charogne à un arbre; la troisième nuit on l'abattra et l'on tendra à un jet de pierre de la charogne trois pièces de rets, sous le vent. Il doit y avoir trois compagnons derrière la charogne et les rets, un à chaque bout des rets et le troisième au milieu, à quelque distance. Quand les loups viendront pour manger, ils se trouveront placés entre la charogne et les hommes. Ceux-ci doivent alors se lever et crier après le loup, en lançant leurs bâtons après lui pour le pousser aux rets et le tuer ou le prendre vif, à leur gré. Mais avant tout ils doivent faire face au vent... »

Daté de 1379, le *Livre des chasses du roi Modus* donne une étonnante description de ce type de chasse :

« Si l'on veut prendre les loups à la haie, on doit le faire au mois de février, car c'est à la fin de ce mois qu'ils cessent de couvrir les louves, et ils ont très faim, car, le temps qu'ils sont en chaleur, ils mangent peu ou si peu que rien. Pour les attirer dans un canton de bois où l'on veut les prendre, il faut leur donner à manger de la façon suivante. Tu dois choisir un fourré très épais, dans lequel il y ait une mare ou une flaque où ils peuvent boire. Mets une bête récemment morte, par exemple une vache ou un cheval, dans un endroit du fourré, et coupe-lui une épaule ou une cuisse que tu traîneras parmi les fourrés hantés par les loups et parmi les carrefours des voies, en plusieurs endroits, et puis tu la remettras dans le buisson où se trouve la charogne. Tu pourras ainsi leur donner à manger en deux ou trois fourrés dans la même journée, pourvu qu'ils soient assez éloignés les uns des

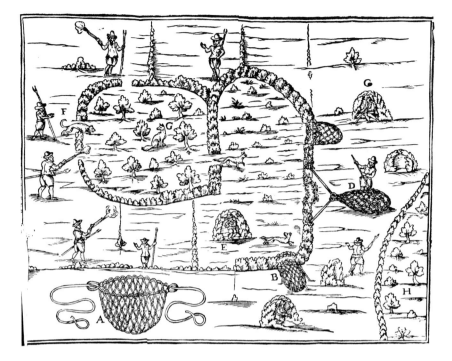

« Pour prendre les loups par la campagne
avec des poches. »
Plan de piégeage, gravure sur bois extraite de
Louis Gruau, Nouvelle invention de
chasse..., 1613.

autres. Si tu ne donnais à manger aux loups, ils prendraient
certainement les cerfs, qui sont faibles à cette époque.

Le lendemain, tu dois aller voir s'ils ont mangé la charogne; il
faut aller tout doucement, au-dessous du vent, et assez tard dans
la matinée. Si tu vois qu'ils ont mangé la charogne, rongé les os
et traîné la charogne de toutes parts en la déchirant, sois certain
que beaucoup de loups y ont mangé et non les chiens. Attends
un jour ou deux pour leur donner de nouveau à manger dans le
même endroit et donne leur autant que la première fois, car
d'autres loups viendront manger qui ont eu le vent des premiers.
Retourne le lendemain voir s'ils ont bien rongé les os et mangé la
charogne, et s'ils l'ont traînée çà et là, car c'est la preuve qu'il y

« Comment il faut faire une grande fosse qui
soit couverte d'une claye suspendue pour
facilement tourner. De l'autre côté de la claye
il faut mettre un oison, agneau ou autre
bétail. Si le loup entreprend et s'efforce de
passer par dessus, la claye tourne et le loup
tombe dans la fosse... »
Gravure extraite de La chasse du loup de
J. Clamorgan, 1640.

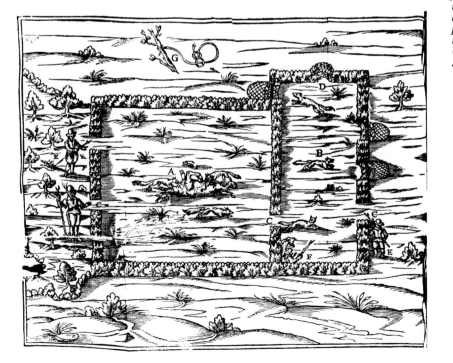

Piégeage avec appât (A), affût (F), filets (D)
et lacet (G), au XVIIᵉ siècle.
Gravure extraite de L. Gruau, Nouvelle
invention de chasse..., 1613.

1

2

a eu beaucoup de loups. Parfois on peut approximativement en fixer le nombre d'après la quantité qu'ils ont mangée.

Tu peux chasser le même jour et poster tes défenses, faire ta haie et tendre tes filets de la façon que je t'ai expliquée pour les sangliers, mais il vaut mieux tendre des panneaux que des lacs, sans haie, car le loup craint la haie. Les panneaux doivent être forts, légers et fins, de fil filé, cordé et très peu tordu, et vos chiens et vos défenses seront postés bien loin du buisson, au-dessous du vent. Tends tes panneaux dans des fourches aussi haut qu'un homme peut lever le coude. Les panneaux qui seront tendus parmi le fourré se tendent de cette façon. L'homme qui porte le panneau le mettra en écharpe par-dessus son épaule et devra aller à reculons à travers le fourré, et un autre derrière lui posera et serrera le panneau de la même façon qu'on met un panneau à lapins. Il faut avoir foison de panneaux. Sache qu'il vaut mieux tendre parmi le fourré qu'ailleurs pour prendre le loup, car il en a moins de méfiance.

Maintenant je te dirai comment on poste les gardes des panneaux. Chaque garde doit avoir deux bâtons et une épée, et, s'ils sont en pays clair, ils seront assis à un jet de pierre du panneau, du côté où se trouvent les loups, et il faut qu'ils soient bien couverts par devant. Si un loup vient, le garde doit le laisser passer son affût, puis lui jettera un de ses bâtons sans sonner mot, car s'il parlait le loup rebrousserait chemin. Si le loup donne dans le panneau, le garde lui mettra le bâton qui lui reste dans la gueule et le tuera d'un coup d'épée. Les gardes des panneaux tendus dans le fourré seront assis plus près les uns des autres que ceux postés en pays clair, et il faut qu'ils soient très bien couverts. Quand les gardes ont été postés, va poster les défenses de la même manière que pour les sangliers. S'il y a d'un côté un pays clair où il fasse bon vent et où les lévriers puissent prendre, mets-les-y bien couverts, loin du buisson; mais assez près les uns des autres. Si un loup vient, on doit laisser aller les lévriers à l'encontre.

Quand tu as entouré le buisson de panneaux, de défenses et de lévriers, choisis un endroit pour le hardoir et laisse courre quelques-uns de tes chiens dans l'endroit où les loups ont mangé. Quand les chiens ont trouvé le loup, laisse courre les chiens du hardoir, et tu entendras une chasse très agréable et très amusante. Rappelle-toi que si tu n'as pas pris tous les loups et qu'il en reste un dans le buisson, tu le prendras le lendemain, si tu veux chasser de nouveau. »

Le *hausse pied* était une sorte de collet tendu grâce à une branche souple recourbée et retenue par une simple encoche. L'animal qui s'engageait dans la boucle de chanvre ou de laiton se retrouvait instantanément pendu par le cou ou la patte.

La *cage à pieux, chambre à loup* ou *embûche* était un autre procédé sans doute lui aussi très ancien et utilisé surtout par les bergers. Gaston Phébus conseille l'utilisation de ce piège pour prendre le loup vivant sans lui faire aucun mal : « On construit deux enceintes circulaires, l'une dans l'autre, en claies fortes et épaisses. A l'entrée de la première il y a une porte qui, une fois ouverte, bat à l'intérieur. Quand le loup vient et a pénétré par cette porte, il peut circuler entre les deux parcs, mais point dans les deux sens. Et quand il revient à la porte battante, il la pousse des pieds ou de la tête et ainsi la referme, car il y a un cliquet. Et ainsi il ne peut sauter, car la palissade est trop haute; il ne peut que tourner en rond. »

Page de gauche :
Différents piégeages du loup au XVe siècle, miniatures extraites du Livre de la chasse *de Gaston Phébus.*
1 : « La chambre à loups ou embûche ». Ce piège fut utilisé par les bergers puis par les gardes forestiers jusqu'au début du XIXe siècle.
2 : « Comment on peut prendre les loups aux aiguilles. »

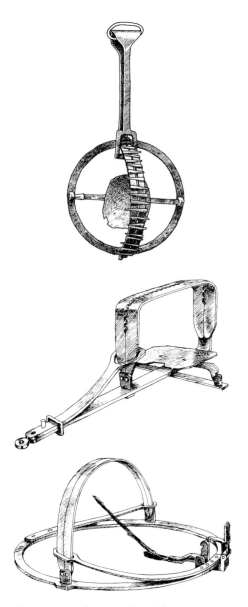

*Les traquenards ou « pièges à loup »,
actuellement remisés dans les greniers, ont
été utilisés contre le loup jusqu'à la guerre de
1914-1918. Ces engins devaient être posés
avec beaucoup de précautions. Souvent le
garde champêtre passait dans le village et les
hameaux alentour pour indiquer l'endroit où
des pièges étaient tendus, afin que l'on
s'abstienne d'y envoyer pacager les bêtes.*

Certainement était-il efficace puisqu'en 1818 encore, le minis-
tère de l'Intérieur en recommande l'utilisation. Il explique même
en détail la manière de s'y prendre : « On forme avec des pieux
de cinq à six pieds de long, qu'on plante solidement en terre à la
distance d'un demi-pied l'un de l'autre, une enceinte circulaire
d'environ une toise de diamètre, et au milieu de laquelle on
attache une brebis vivante, ayant une ou plusieurs sonnettes au
cou. On plante ensuite d'autres pieux également espacés de six
pouces entre eux, pour former extérieurement une seconde
enceinte éloignée de la première d'environ deux pieds. On laisse
à cette seconde enceinte une ouverture, avec une porte du côté
gauche, qui permette au loup d'entrer seulement à droite. Une
fois que l'animal est entré entre les deux enceintes, il va toujours
en avant, comptant pouvoir saisir sa proie; et quand il est
parvenu à l'endroit par lequel il était entré, ne pouvant se
retourner, les mouvements qu'il fait pour aller en avant font
fermer la porte. »

Pratiquement assimilable à un empoisonnement, les *aiguilles*
étaient une autre atrocité que Gaston Phébus nous expose en
détail : « On peut prendre aussi les loups aux aiguilles, de la
manière suivante : on aura autant d'aiguilles qu'on voudra et on
les réunira deux par deux, l'une près de l'autre, avec du crin de
cheval ou de jument, et quand on en aura lié six ou sept rangs,
on tordra une aiguille dans un sens et l'autre en sens contraire.
Quand elles seront bien crochues, on les remettra en place l'une
auprès de l'autre et on les glissera dans un morceau de viande
plus épais et plus long que les aiguilles elles-mêmes. Puis le
chasseur fera sa traînée et laissera ensuite un morceau de viande
en un lieu et un autre un peu plus loin. Et les loups qui
viendront, poursuivant la traînée, trouveront ces morceaux de
viande enveloppant les aiguilles et, comme ils seront petits, ils les
engloutiront sans les mâcher. Quand la viande sera digérée, les
aiguilles tordues se redresseront, et se mettront en croix, et
perceront les boyaux du loup, qui en mourra. On fait de même
avec des crochets semblables à des hameçons, avec un bec de
part et d'autre... »

Ces *hameçons à loup,* Édouard Mérite en 1942 en a encore
trouvé dans les greniers : « de tailles les plus variées, certaines
colossales, ils ont constitué de véritables poires d'angoisse pour
animaux ». Accrochés aux basses branches d'un arbre, certains se
déclenchaient automatiquement sous l'effort d'une charge,
c'est-à-dire lorsque l'appât saisi par le fauve avait pour effet
d'écarter spontanément les quatre branches barbelées du piège,
laissant la bête suspendue, la gueule démesurément ouverte, dans
l'impossibilité de se dégager.

Les louvetiers et piégeurs du XIXe siècle utiliseront surtout les
traquenards, ces énormes mâchoires de fer acérées et menaçantes
qui se referment dans un bref claquement, estropiant pour
toujours la patte prisonnière. Les greniers des fermes en sont
encore pleins et le catalogue de la *Manufacture d'Armes et de
Cycles de Saint-Étienne,* en 1913, en proposait toute une série aux
mécanismes plus inquiétants les uns que les autres.

Mille précautions étaient nécessaires pour installer ces dangereuses machines, non seulement parce qu'on risquait toujours d'y
laisser un doigt ou de s'y fracasser le poignet, mais parce que le
loup décelait facilement cet objet de métal et il fallait déployer
des trésors d'ingéniosité pour bien le lui dissimuler. Le nettoyer
très souvent, le démonter pièce par pièce pour en retirer la

Pièges à engrenages, en acier poli, très robustes et très sensibles. Étant donné leur grande puissance, ces pièges conviennent particulièrement pour la prise des carnassiers. C'est le type par excellence pour prendre le renard. *Livrés avec instructions. Les longueurs s'entendent ressort non compris.*

6250. Pour belettes, 16 c/m. **7.50**
6250 A. — fouines, 19 c/m. **10.** »
6250 B. — — 22 c/m. **13.** »
6250 C. — blaireaux, 27 c/m. **17.** »
6250 D. — renards, 32 c/m. **23.** »
6250 E. — loups, 40 c/m. **30.** »

Ces pièges se tendent avec la clé n° 6785 (Voir page 326).

Pièges à engrenages, en acier extra, véritables modèles allemands. Ces pièges sont avec gros ressort poli très puissant, et munis d'une forte batterie. Leur solidité est à toute épreuve et grâce à la qualité supérieure de l'acier employé, leur durée est indéfinie. Nous recommandons vivement ces modèles comme étant la perfection même. Ils sont tout indiqués aux gardes-chasse et aux bons piégeurs. Il est bon d'attacher au piège une chaîne munie d'un grappin pouvant s'accrocher partout, ce qui empêche l'animal de fuir au loin. *Les longueurs indiquées s'entendent ressort non compris.*

6255. Pour fouines, 22 c/m. **23.** »
6255 A. — blaireaux, 27 c/m. **27.** »
6255 B. — renards, 32 c/m. **31.** »
6255 C. — loups 40 c/m. **38.** »

Ces pièges se tendent avec la clé n° 6785 (Voir page 326).

Pièges à palette bois. Ces pièges sont en acier spécial, très robustes et très sensibles. Ils sont munis d'un crochet de sûreté (sauf les 2 premiers modèles), permettant de les tendre sans danger. Un anneau placé à l'extrémité du ressort permet de les fixer à un piquet ; on peut aussi les attacher avec une chaîne à grappin. Les branches sont munies de pointes empêchant d'une façon absolue l'animal de s'échapper. *Les longueurs s'entendent ressort compris.*

6271. Pour rats, long. 28 c/m. **1.50**
6271 A. — putois, — 35 c/m. **2.50**
6271 B. — fouines, — 43 c/m. **4.75**
6271 C. — blaireaux, — 54 c/m. **8.** »
6271 D. — renards, — 65 c/m. **12.50**
6271 E. — loups, — 80 c/m. **19.75**
6271 F. — sangliers, — 100 c/m. **30.** »

Ces pièges à partir de la dimension de 54 c/m se tendent avec la clé n° 6784. (Voir page 326). Les autres tailles se tendent avec le pied.

Piège à palette bois, genre des précédents, mais avec les branches à crans demi-ronds (sans pointes), afin de ne pas abîmer la peau des animaux, ni estropier les maraudeurs, livré avec clé pour le tendre. *Les longueurs s'entendent ressort compris.*

6275. Pour grosses bêtes et pour maraudeurs, long^r 1^m10......... **38.** »

Ce piège se tend avec la clé n° 6784. (Voir page 326).

Pièges ronds à palette bois, branches en acier, à crans demi-ronds. Ces pièges, tout en acier, sont très sensibles et très puissants, leur forme réduite permet de les placer et de les dissimuler facilement.

6279. Pour lapins, long. 18 c/m. **5.25**
6279 A. — fouines, — 22 c/m. **8.25**
6279 B. — blaireaux, — 25 c/m. **11.25**

Ces pièges se tendent avec le pied.

*Hameçon à loup.
Ce piège redoutable était dissimulé à l'intérieur d'un appât suspendu à une basse branche. L'animal qui s'en saisissait demeurait accroché par la gueule.*

Le catalogue de la Manufacture française d'armes et de cycles de Saint-Étienne en 1913 proposait toute une panoplie de traquenards. Ils étaient utilisés pour différentes espèces, mais la dimension des mâchoires variait suivant l'animal piégé.

*Le traquenard était un piège redoutable. Si le loup s'y prenait la tête, il n'avait aucune chance de survie.
Lithographie extraite du* Journal des chasseurs, *1847.*

rouille, le passer à l'huile d'olive et le frotter enfin avec un morceau de bois de saule ou de peuplier était absolument indispensable si l'on voulait réussir.

Il existait deux modèles de traquenards. Les uns étaient déclenchés grâce à un appât fixé au centre des mâchoires tendues qui broyaient la gueule de l'animal affamé. Les autres, appelés *traquenards à bascule,* se déclenchaient lorsque la bête posait la patte sur une petite plaque de tôle en équilibre entre les dents du piège.

Pour être plus sûr de sa prise on cherchait à attirer le loup sur le chemin des traquenards en faisant une *traînée,* c'est-à-dire en traînant dans le bois, aux alentours des pièges, une charogne à demi décomposée qu'on amenait petit à petit jusqu'aux horribles mâchoires, sans oublier d'en semer quelques morceaux sur la piste.

Au XVIIIe siècle, l'*Encyclopédie* de Diderot et d'Alembert livre le secret d'un autre appât, sans doute infaillible.

« Il est un appât qui attire puissamment les loups, et dont les gens du métier font communément un mystère. Il faut tâcher de se procurer la matrice d'une louve en pleine chaleur. On la fait sécher dans le four et on la garde dans un lieu sec. On place ensuite à plusieurs endroits, soit dans le bois, soit dans la plaine, une pierre autour de laquelle on répand du sable. On frotte la semelle de ses souliers avec cette matrice, et on en frotte bien surtout les différentes pierres qu'on a placées. L'odeur s'y conserve pendant plusieurs jours et les loups mâles et femelles l'éventent de très loin : elle les attire et les occupe fortement. Lorsqu'ils se sont accoutumés à venir gratter à quelqu'une des pierres, on y tend le piège et rarement sans succès lorsqu'il est bien tendu et bien couvert... »

Déjà en 813, Charlemagne conseillait à ses *luparii* de prendre les loups « avec des poudres empoisonnées », par contre Gaston Phébus au XIVe siècle semble ignorer le poison. Il semble que ce soit surtout à partir du milieu du XVIIIe siècle et après la Révolution qu'on y ait eu recours. Auparavant, les auteurs ne s'y réfèrent que par allusion, et marquent une nette préférence pour la chasse et les battues.

A la fin du XVIIIe siècle, dans son *Cours d'agriculture,* l'abbé Rozier donne cette recette : « Prenez un ou plusieurs chiens ou plusieurs vieilles brebis ou chèvres, que vous faites étrangler. Ayez de la noix vomique râpée fraîchement (on trouve cette préparation chez tous les apothicaires); faites une quinzaine ou une vingtaine de trous avec un couteau dans la chair, suivant la grosseur de l'animal, comme au râble, aux cuisses, aux épaules, etc. Dans chaque trou, qui doit être profond, vous mettez un quart d'once ou une demi-once de noix vomique, le plus avant qu'il sera possible. Vous boucherez ensuite l'ouverture avec quelque graisse, et encore mieux vous rapprocherez par une couture les deux bords de la plaie, afin que la noix vomique ne puisse s'échapper. Liez ensuite l'animal par les quatre pattes, avec un osier, et non avec des cordes qui conservent trop longtemps l'odeur de l'homme. Enterrez l'animal, ainsi préparé, dans un fumier qui travaille. Il doit y rester, en hiver pendant trois jours et trois nuits, suivant le degré de chaleur du fumier, et vingt-quatre heures pendant l'été. Attachez une corde à l'osier qui lie les quatre pattes et traîner l'animal, par de très longs circuits jusqu'à l'endroit le plus fréquenté par les loups; alors suspendez-le à une branche d'arbre et assez haut pour que le

Empoisonnement et piégeage au XVIIe siècle. Cette gravure montre au premier plan un cadavre empoisonné dévoré par deux loups, un cavalier les avait attirés par la méthode de la « traînée »; en haut à droite, un homme accroche des appâts dissimulant sans doute des hameçons. Extraite de La chasse aux loups *de J. Clamorgan, 1640.*

loup soit obligé d'attaquer le chien par le râble. Le loup est un animal vorace; il mâche peu le morceau qu'il arrache : il avale de suite, et le poison ne tarde pas à faire son effet. On est sûr de le trouver mort le lendemain; souvent il n'a pas le temps de gagner son repaire... »

Dans la circulaire du 9 juillet 1818, véritable déclaration de guerre aux loups, le ministre de l'Intérieur Laîné recommande particulièrement l'emploi du poison. Il présente selon lui bien des avantages : utilisable en toutes saisons, peu dispendieux, il convient à toutes les régions et, à l'inverse des battues, ne dérange pas les paysans qui travaillent aux champs.

Il n'est pourtant pas facile d'empoisonner l'animal dont la méfiance le dispute à la voracité. Comme il détecte facilement l'odeur de l'homme, la préparation de l'appât nécessite beaucoup de précautions. De plus, tous les poisons ne le tuent pas; certains, comme l'émétique et l'arsenic, se contentent de le faire vomir; d'autres, comme le verre pilé, s'avèrent peu efficaces, et un loup manqué sera plus difficile à appâter une seconde fois. C'est la noix vomique, le fruit du vomiquier duquel est extrait la strychnine, qui semble donner les meilleurs résultats.

Sous la Restauration et la Monarchie de Juillet, le poison à la strychnine est employé dans de nombreuses régions, mais sans grand résultat. Les milieux ruraux se montrent très réticents à l'égard de ces procédés nouveaux. L'administration a beau réitérer sans cesse ses recommandations tout au long du siècle, il lui faut constater en 1882 qu'elles ne sont pas appliquées. Les affirmations qui tendent à prouver que les loups ont complètement disparu grâce à l'emploi intensif de la strychnine paraissent donc sans fondement. Ce n'est qu'une méthode parmi toutes celles qui ont contribué à accélérer le processus d'extermination des loups. Le poison, ce remède « si efficace », est vite délaissé : sous le second Empire, on n'en parle presque plus. Seuls y recourent les gardes chasses, les louvetiers, les grands propriétaires et les personnes ouvertes au progrès.

6772. Appât p^r loups, produit odorant concentré absolument infaillible p^r faciliter la capture de ce redoutable carnassier. Cette composition est considérée d'utilité publique par plusieurs gouvernements. *Le flacon*.......... **4.** »

6773. Appât p^r chat sauvage, produit odorant concentré convenant p^r tous les félins : lynx, panthère, etc. *Le flacon*...... **4.** »

Dans le catalogue de la Manufacture française d'armes et de cycles de Saint-Étienne en 1913, un appât pour les loups.

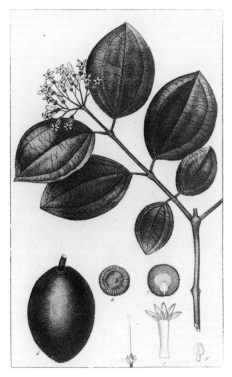

Noix vomique et fleur de vomiquier. Ce fruit, d'où est extraite la strychnine, est utilisé depuis des siècles pour empoisonner les appâts.
Gravure extraite de la Flore médicale *de F.-P. Chaumeton, 1818.*

Le loup
dans les mentalités

LE LOUP.

C'est un Animal feroce, qui resemble assés à un Mâtin, sa tête est quarré, son odorat très fin, son Museau allongé et obtus, ses oreilles droites et as- sés courtes, sa queue grosse, couverte de longs poils, la couleur de son poil est ordinairement un gris tirant sur le jaunatre, quelque fois mêlé de noiratre sur le dos. Sa femelle se nomme Louve et son petit Louveteau, celui-cy a le regard farouche, l'odorat fin, et l'ouï subtil. Le Loup est l'ennemi de toute société, il ne fait pas compagnie à ceux de son espece; lorsqu'on les voit plusieurs ensemble, ce n'est point une soci- eté de paix, c'est un attroupement de guerre, qui se fait à grand bruit, avec des hurlemens affreux, qui denotent un projet d'atta- quer quelque gros animal, dès que leur expedition militaire est consomée ils se separent et retournent en silence à leur solitude.

Mépriser celui qu'on craint

« Il n'y a rien de bon dans cet animal que sa peau, on en fait des fourrures grossières... Sa chair est si mauvaise qu'elle répugne à tous les animaux, et il n'y a que le loup qui mange volontiers du loup. Il exhale une odeur infecte par la gueule : comme pour assouvir sa faim il avale indistinctement tout ce qu'il trouve, des chairs corrompues, des os, du poil, des peaux à demi tannées et encore toutes couvertes de chaux, il vomit fréquemment, et se vide encore plus souvent qu'il ne se remplit. Enfin, désagréable en tout, la mine basse, l'aspect sauvage, la voix effrayante, l'odeur insupportable, le naturel pervers, les mœurs féroces, il est odieux, nuisible de son vivant, inutile après sa mort. »

Sans doute pensez-vous qu'il s'agit là d'une description vengeresse d'un quelconque bûcheron qui, un soir plus noir que de coutume, s'était fait arracher le fond de la culotte par « la bête ». Eh bien non! C'est Buffon lui-même, encore considéré comme l'un des fondateurs de la zoologie moderne, qui raconte tous ces ragots sur le loup. Comment, après de tels propos, émanant de l'autorité scientifique, défendre les loups contre les pièges, poisons et battues des louvetiers.

Il est étonnant de constater qu'aux époques où le loup était très fréquent — tellement fréquent que Gaston Phébus au XIVe siècle commence son chapitre sur la chasse du loup par ces mots : « Le loup est assez commune bête, aussi n'y a-t-il pas lieu de le décrire, car il y a peu de gens qui n'en aient vu » — on ignorait absolument tout de son comportement.

Sans doute le craignait-on tellement qu'on ne l'observait qu'une fois qu'il était mort.

Et Buffon ne faisait que répéter les affabulations de ses ancêtres. Au XIIIe siècle, Brunetto Latini avait écrit dans *Le livre du Trésor* : « Le loup abonde en Italie et dans bien d'autres pays. Sa force est dans sa bouche et dans sa face. Il n'a pas de force dans les reins, et il ne peut pas plier le cou vers l'arrière. Et les bergers disent qu'il se nourrit tantôt de proies, tantôt de terre et tantôt de vent [1]. »

La conviction que le loup a les côtes en long est générale au fil des siècles. On explique ainsi le manque de souplesse de l'animal vulnérable aux attaques par-derrière. Cette raideur résulterait d'une punition divine.

En Lithuanie, on raconte que Dieu a frappé le loup si violemment avec sa ceinture que le milieu de son dos s'est rompu. Dans un conte breton, le loup chargé de veiller sur le troupeau de la Vierge ne peut s'empêcher de croquer une brebis; la Vierge lui casse les reins avec sa quenouille. On trouve la même explication dans les pays slaves où le loup est considéré

Bien que le loup fut pendant des siècles l'un des animaux les plus communs de nos terroirs, son comportement demeura longtemps ignoré.
Gravure sur bois extraite de Conrad Gesner, De quadripedibus viviparis, *1551.*

Page de gauche :
Gravure de Th. Rousselot d'après un dessin de De Seve.

---

1. *Bestiaire du Moyen Age.* Stock, 1980.

129

comparée a la nature del leu. Car encore ah leus molt dautres natures. li une est que il aie col si roit quil ne le puet flechir. sil ne torne tout son cors ensemble. lautre nature si est quil ne prendra sa proie pres de sa louuetere. Et la terce si est qe fil entre en un bietrol. il entre al

« Il a le col si roit qu'il ne le puet fléchir : s'il ne torne son cors ensamble... »
Une page enluminée du Bestiaire d'amour *de Richard de Fournival, manuscrit du XIIIᵉ siècle.*

comme le premier berger de la création; Dieu lui a frappé le dos avec sa crosse de berger. Cette tare, dit Pierre de Beauvais vers 1230, « est le symbole du Diable lui-même qui, d'abord, fut ange dans les Cieux et qui, maintenant qu'il en a été chassé, est méchant... Le fait que le loup ne peut fléchir le cou sans tourner tout le corps signifie que le Diable ne peut se tourner vers aucun bien... »

Comme toujours l'anthromorphisme était de règle. Richard de Fournival, au XIIIᵉ siècle, dans le *bestiaire d'amour* compare la psychologie féminine au comportement des loups dans une analogie quelque peu déconcertante : « Il y a trois propriétés du loup qui se retrouvent dans la nature de la femme : le loup a le col si roide qu'il ne le peut fléchir, et qu'il tourne son corps tout d'une pièce; secondement, il ne prend jamais sa proie auprès de sa tanière; troisièmement, il n'entre en une bergerie que le plus doucement qu'il peut; et s'il lui arrive de briser sous son pied quelque branche d'arbre qui fasse du bruit, il s'en punit lui-même en se mordant « moult angoisseusement le pié ». C'est ainsi que la femme ne peut se donner, tout entière, selon la première nature du loup; selon la seconde, s'il lui arrive d'aimer un homme éloigné d'elle, son amour est extrême, et s'il est près d'elle, elle n'aura pas l'air de prendre garde à lui; enfin, selon la troisième nature, si elle laisse trop voir l'amour qu'elle éprouve, elle se punit d'être allée plus loin qu'elle ne voulait, en prenant un ton sévère. »

Un siècle plus tard, Gaston Phébus décrit le comportement de la louve dans de magnifiques pages qui prouvent également son ignorance mais d'où le mépris a disparu :

« Ils vont en leur amour aux louves en février et ils agissent comme les chiens; et ils sont en leur grande chaleur onze ou douze jours.

Et quand une louve est chaude et qu'il y a des loups dans le pays, ils vont tous après elle, comme font les chiens après une lice, quand elle est chaude, mais jamais nul ne l'alignera sauf un. Elle agit de telle manière qu'elle promènera les loups six ou huit jours sans manger, sans boire et sans dormir, car ils ont tant de désir d'elle que peu leur importe de manger ou de dormir. Et quand ils sont bien las, elle les laisse bien reposer jusqu'à ce qu'ils soient endormis, puis elle gratte du pied et éveille celui qui lui semblera l'aimer le mieux et avoir plus souffert pour elle; et elle s'écarte au loin et se fait aligner par lui; c'est pourquoi l'on dit que, quand une femme se conduit mal, elle ressemble à une louve, parce qu'elle se prend au plus laid et au plus méchant. Et c'est vérité que la louve se prend au plus laid et au plus méchant; car parce qu'il a fatigué et jeûné plus que les autres, il est plus pauvre, plus maigre et plus misérable, et c'est la raison pourquoi on le dit.

Certains disent que jamais loup ne vit son père et c'est parfois vrai, mais pas toujours, car il arrive que, quand la louve a emmené celui qu'elle préfère et que les autres s'éveillent, ils se mettent sur les traces de la louve, et ils trouvent que le loup et la louve se tiennent ensemble, tous les autres courent sus au loup et le tuent; c'est pourquoi l'on dit que loup ne vit jamais son père et c'est vérité en ce cas... »

On racontait que dans sa portée, parmi ses louveteaux, la louve accouchait d'un chien. Elle le reconnaissait facilement au bout de quelques semaines en menant boire sa progéniture le jour de la Saint-Jean. Seul le chien buvait l'eau du ruisseau en lappant; il était alors aussitôt éliminé. Ce thème du chien-loup tué par sa mère et ses frères était fréquent dans les croyances populaires de Bretagne, de Normandie, de Lorraine et de Wallonie.

Pendant certaines périodes, le loup serait impuissant à commettre des méfaits. Ainsi, dans le Berry, on croit qu'il est « neuf jours « badé » (ouvert) et neuf jours fermé, ce qui veut dire que pendant neuf jours il a la mâchoire libre et mange tout ce qu'il rencontre, et que pendant les neuf jours suivants il ne peut desserrer les dents et se trouve condamné à un long jeûne [2] ». Dans quelques villages de cette province, les bergères disent aussi que « le loup vit neuf jours d'eau et qu'il n'est à craindre que dans les dix-huit jours durant lesquels il se nourrit de chair et de sang [3] ».

Cette croyance se retrouve sous différentes formes dans toutes les provinces françaises : en Vendée « le loup passe pour vivre neuf jours de chair, neuf jours de terre et pour avoir neuf jours les dents sarraillées ». « Quand les loups ouvrent la bouche au vent du nord, elle reste immobile et ouverte pendant quarante jours sans qu'ils puissent rien manger; alors ils vont dans les prés sucer la boue pour calmer leur faim [4]. »

C'est donc surtout dans ses mœurs alimentaires que le loup, animal satanique, était impérativement soumis à la règle rigide de la périodicité qui le rendait tributaire de la nature. La durée de ces périodes avait pour base le chiffre trois, qui régit le calendrier

Différents aspects du comportement des loups d'après le Livre de la chasse *de Gaston Phébus, miniature du XVe siècle.*
La description des mœurs du loup faite par Gaston Phébus au XIVe siècle montre son ignorance totale de l'éthologie de cet animal.

2, 3. Laisnel de la Salle. *Souvenirs du vieux temps : le Berry.*

4. E. Rolland. *Faune populaire.*

lunaire ou l'existence humaine (les trois âges de la vie). La raideur de la nuque dérivait du même principe en lui interdisant certains comportements ou certains mouvements. Dans leur négation de la réalité zoologique, de telles affirmations constituaient déjà des moyens de défense contre le loup.

Il existait également un ensemble de croyances relatives à l'origine du loup. Dans beaucoup de régions, on affirmait que lorsque Dieu créa le chien, le diable créa le loup pour établir une concurrence entre le bien et le mal. Le loup serait donc une réplique malfaisante de la créature divine. Ailleurs le loup aurait été créé par Dieu longtemps après les autres animaux. Sébillot raconte que dans le Morbihan, on dit que « Dieu voyant que les bergers ne gardaient plus leurs moutons et les laissaient dévorer le blé, frappa du pied sur une motte de terre et en fit sortir le loup ».

« Le lion de Bourgogne attaquant le loup d'Orléans. »
Miniature symbolique extraite d'un manuscrit du XIVe siècle : Justification du duc de Bourgogne. *Musée Condé, Chantilly.*

Traditions, superstitions
et croyances

Rites, cultes populaires, récits, formules magiques, contes et dictons sont le reflet de la peur mêlée de respect qu'a inspirée pendant des siècles « le fauve de l'Europe ». Une peur souvent exorcisée dans des récits où le loup cruel devient peureux à son tour et se laisse facilement berner par plus faible que lui.

Au XIIIe siècle, Pierre de Beauvais pense que « le loup représente le Diable, car celui-ci éprouve constamment de la haine pour l'espèce humaine, et il rôde autour des pensées des fidèles afin de tromper leurs âmes... Les yeux du loup qui brillent dans la nuit, ce sont les œuvres du Diable, qui paraissent belles et agréables aux hommes dépourvus de raison, et à ceux qui sont aveugles des yeux de leur ami ».

« Quand on parle du loup, on voit la queue. » Cet adage reflète une conviction inébranlable : évoquer le loup, surtout à certaines périodes, le fait immanquablement apparaître. Dans de nombreuses régions, il était donc interdit de prononcer son nom, surtout entre la veillée de Noël et l'Épiphanie. En Roumanie, prononcer le mot « loup » durant la nuit de Noël a des conséquences catastrophiques : le carnassier se jette sur le troupeau pour sucer le sang des bêtes... Dracula n'est pas loin! Mais ces interdits ne s'arrêtent pas là : en Allemagne, dans le Mecklembourg, sortir le fumier et les balayures de la bergerie pendant ces douze jours ferait surgir l'indésirable.

Chez les pêcheurs aussi, le nom du loup est tabou. En Livonie, cette ancienne province baltique de la Russie, la mère des eaux qui hante le fond de la mer est prise de colère lorsqu'un pêcheur évoque le carnassier : elle déchire alors les filets et rend la pêche infructueuse. Même interdit sur les côtes bretonnes; mais peut-être y a-t-il ici une allusion au *Lupus piscater* (loup pêcheur) des traditions russes et occidentales? D'après Aristote et Elien, celui-ci aide les pêcheurs (comme les dauphins des côtes mauritaniennes) à faire de bonnes pêches. Il ne faut pas oublier de le récompenser si on ne veut pas qu'il détruise les filets.

Sébillot raconte que « les pêcheurs des pays celtiques croient que pour porter malheur, il suffit de prononcer le nom de certains animaux pour empêcher le poisson de mordre. Vers Audierne, le loup est si redouté que les vieux marins levaient l'ancre dès que ce mot avait été dit et revenaient à terre; aujourd'hui (fin du XIXe siècle), le patron prend dans le bateau le premier poisson qui se trouve sous sa main et le jette à l'eau pour conjurer la mauvaise chance en disant : « Tiens, Ki-coat (chien des bois), voilà ta part! »

La rencontre d'un loup est assurément un présage. Est-il bon? Est-il mauvais? Tout dépend de la région. Près d'Eymoutiers, en

« Et le grand loup ses louveteaux enseigne être déloyaux; car grandes oreilles avez, des malices assez scavez, pour bien tromper les agnelets... »
Gravure sur bois extraite des Loups ravissants *de R. Gobin, 1510.*

133

« Au secours! avant qu'il ne soit trop tard. »
La Hongrie démembrée par les loups du
traité de Trianon demande de l'aide.
Carte postale hongroise illustrée par Amalia
Kré'mer vers 1920.

Dans les villages du Massif central, les
anciens couvreurs glissaient dans les toitures
une tuile de forme particulière, appelée « tuile
à loups ». Lorsque, en hiver, le vent soufflait
assez fort pour la faire « sonner », elle
avertissait que la vie n'était plus tenable dans
les montagnes et que les loups descendaient
vers les hameaux.

5. Morlaud et Plaisance. *Le loup hier en*
Limousin.

6. Père Jean-Marie. *Le divertissement des*
sages, 1665.

pays limousin, « en allant à la foire si le loup se met en travers de votre chemin, vous ferez bonne foire [5] ». On dit encore en Haute-Vienne que la brebis enlevée par le loup porte chance et, dans les Vosges, rencontrer un loup le matin est signe de bonheur. Le mieux est de le croiser sur le chemin de la messe, il lâche alors sa proie et reste interdit.

Au XVIIe siècle, une maxime déclare :

Rencontre d'un loup fuyant
Signe d'un bon événement [6].

Par contre, en Limousin, lorsqu'on s'est trop approché d'un loup, on doit brûler ou faire bouillir ses habits pour conjurer les influences néfastes. Le loup d'Orléans qui, un matin de 988, se précipita dans l'église pour sonner le tocsin, ne pouvait qu'annoncer la destruction de la ville par les flammes l'année suivante. Rêver de loup signifie trahison ou vol; le tuer détruit le mauvais présage.

De nombreux proverbes et certaines croyances sont étroitement liés au calendrier et ont parfois même une signification météorologique.

A Noël, mieux vaut voir un loup qu'un laboureur dans les champs.

Plutôt voir un loup blanc en guise que tailler la vigne en chemise.

Mieux vaut un loup dans son troupeau,
Qu'un mois de février trop beau.

Quand le soleil luit pendant la messe de la Chandeleur, le loup approfondit sa fosse pour six mois. (Templeuve, Nord.)

Mauvaise est la saison quand un loup mange l'autre.

Brouillard paraissant vers la Saint-Jean ou loup de Saint-Jean est nuisible au fruit de la terre.

Loups des neiges (congères) *en appellent d'autres.*

Un peu partout, entendre le hurlement des loups en janvier signifie que la suite de l'hiver sera rude. Dans la Grèce ancienne, si un loup rôdait autour des habitations et de la bergerie c'était signe de mauvais temps et d'orage. En Allemagne, lorsqu'un orage éclate le jour de Noël, le fauve dévorera toute la récolte de petits pois.

Le jour de la Chandeleur, le loup observe le ciel : s'il est clair et ensoleillé, il ne sort plus de son trou pendant quarante jours et six semaines; si le soleil ne fait son'apparition que le matin, il rentre dans sa tanière pendant quatorze jours.

A Noël, si le loup jette un coup d'œil dans la bergerie pour choisir ses victimes, il fera beau. Au contraire, si c'est un agneau qui regarde dehors le premier, l'année sera mauvaise.

Le loup est donc utilisé ici comme témoin du bon déroulement du cycle des saisons : commencer l'année par un temps trop clément fait craindre aux paysans un dérèglement atmosphérique des mois suivants.

Le loup est un symbole ambivalent, à la fois maléfique et bénéfique, image de la lune et du soleil, de la lumière et de l'ombre, de l'enfer et du paradis, du vol et de la restitution. A la fois géniteur et destructeur du monde et du temps, père et

Symbole de puissance, le loup figurait sur de nombreuses armoiries. « Il se voit dans les Escus tantost passant, tantost rampant, que l'on dit rauissant, & quelques fois courant :
I : LE LOUP DE FOIX, porte de gueules au Loup d'or, armé d'argent.
II : CHANTELOU, porte d'or au Loup de sable accompagné de trois Tourteaux de gueules.
III : AVELLANADA en Espagne, porte d'or à deux Loups courans l'un sur l'autre la teste contournée de gueules emportans chacun sur leur dos une Brebis d'argent.
IV : SERNAC, d'Azur au Loup ravissant d'or, armé de sable.
V : DE CAMBRAY ancien, portoit de gueules à la Fasce d'argent; accompagnée de trois Loups ravissans d'or.
VI : BISCAYE, Province, porte d'argent à deux Loups de gueules traversans au pied d'un chesne de sinople.
VII : LE LOUP, porte d'azur au Loup d'or.
VIII : MANDY, porte d'argent à trois Fasces de gueules accompagnées de dix Louveteaux de sable, posés trois, trois, trois, & un. »
Texte et armoiries extraits de la Vraye et parfaite science des armoiries *par Pierre Palliot, 1660.*

meurtrier des hommes, il est initiateur et croque-mitaine, bête dévastatrice et chevalier vaillant.

Les nobles n'ont pas hésité à le faire figurer sur leur blason; en France plus de 1 200 familles l'ont pris pour emblème.

Pour éloigner le loup il existait une multitude de croyances et de pratiques rituelles, d'objets et d'astuces qui variaient inlassablement d'un pays à l'autre en fonction des cultures populaires locales.

Ici on accrochait une dent, une patte de loup ou un chapelet à la porte de l'étable; là, on pendait une gousse d'ail sauvage au cou de la brebis qui menait le troupeau. Ce détail marque bien l'aspect satanique du loup dans les mentalités populaires : on cherche à l'éloigner comme le diable ou le vampire avec l'ail qu'ils sont censés abhorrer. On pendait aussi sa dépouille à la porte des habitations ou à un arbre en bordure de forêt. Il existe encore aujourd'hui de nombreux toponymes témoignant de cette pratique : l'« arbre au loup », le « châtaignier au loup », le « chêne au loup », l'« orme au loup »... Certains sont demeurés célèbres, comme le « Chêne à leu », dans la forêt de Romare en Seine-Maritime, celui de la forêt de Rouvray, celui de Montgaroult ou du Renouard dans l'Orne.

La cérémonie du loup pendu fut un rite de chasse en Europe occidentale. Elle était aussi associée au culte de certains dieux de la guerre dans les cultures celtes et germaniques. Dans la littérature scandinave, le loup est constamment mis en rapport avec l'idée de potence, parfois désignée par l'expression métaphorique d'arbre aux loups (dans le Hamdismal par exemple). Souvent l'animal était pendu à la fourche d'un arbre à un important carrefour forestier.

Les prières, oraisons, incantations diverses étaient surtout utilisées par les bergers, mêlant dans un panachage savoureux les dernières survivances de la culture païenne au savoir religieux le plus fervent. Nombre d'entre elles ont été citées dans le chapitre *Le loup et le berger*.

Quelquefois de véritables offrandes sont faites au loup afin de se le concilier suivant la même démarche que les sacrifices consentis aux dieux antiques. Dans le pays messin par exemple, lors de l'abattage du cochon, la palette était salée et fumée puis conservée pour les fêtes des Rois, de Pâques et surtout de mardi gras. Ce jour-là, à la fin du repas, le plus jeune fils devait monter sur le toit et jeter au loin un morceau de cette précieuse palette en récitant : « Oh loup! Tiens loup! Voilà ta palette, tu n'en

135

Selon la tradition populaire, lorsqu'un loup était pris on le pendait à proximité de son lieu de capture. Cette coutume pratiquée au Moyen Age lors des procès d'animaux s'est perpétuée dans les campagnes jusqu'au XIXe siècle, comme en témoignent les toponymes.
« De hangende wolf », gravure de Marcus Gerards, Amsterdam, 1682.

auras plus avant Pâques. Que les blés, les orges, les avoines soient aussi bien grénés que mon ventre est bien rempli. Tiens loup! voilà ta palette [7]! »

Autre part on lançait la viande en direction du bois, ailleurs encore on chargeait le plus saoûl d'aller jeter un os au loup à la sortie du village.

En Poitou l'offrande était indirecte, puisque c'était à la pie, le jour du carnaval, que l'on apportait une crêpe. On l'attachait en haut d'un grand arbre avec des bouquets de bruyère et de laurier. Ainsi, reconnaissant, l'oiseau ne manquerait pas de venir avertir le village si le loup pointait son nez à l'orée du bois.

Un peu partout, les terroirs regorgent de fontaines et de sources isolées baptisées *fontaines à loup*. Elles aussi avaient bien souvent un rôle protecteur, aidées parfois par un saint, tout à fait inutile, mais récupérant à son compte, pour la plus grande gloire de la religion, le caractère magique et surnaturel de ces endroits qui, sous son influence, se muait en miraculeux.

L'une des plus réputées dans le nord de la France est la fontaine Saint-Leu à Bellebrune. Elle était jadis le but d'un grand pèlerinage au cours duquel on invoquait le saint contre les « leus ». Son origine viendrait, dit la légende, de ce qu'un pâtre qui voulait se venger de la mort d'un chevreau se rendit à la fontaine où se tenait l'assemblée des loups. Après force discussions, ces derniers se décidèrent à faire la paix avec lui, à l'exception d'un grand loup noir qui se jeta sur le berger. Ce dernier sortit vainqueur d'un combat acharné, dépeça le loup, et lança son cœur dans la fontaine. Depuis on n'a jamais plus revu de loups à Bellebrune et la fontaine rouge du sang du grand loup est devenue source pétrifiante.

Les mares à loup aussi sont propices aux récits fantastiques, comme celle de Montigny-aux-Amognes dans la Nièvre, où un voyageur vit passer deux loups attelés, suivis de deux chandelles allumées. Il entendit longtemps, mais sans la voir, la voiture à laquelle les loups devaient être attelés. Cette légende fait penser à ces équipages fabuleux qui s'engloutissent mystérieusement dans une fontaine ou une mare, le loup devenant ici le passeur de l'Enfer.

7. A. Van-Gennep. *Manuel de folklore français contemporain.*

D'autres fontaines Saint-Loup ont un effet thérapeutique merveilleux. Ainsi celle de Tigeaux où, vers 1900, les mères attachaient des rubans à une croix et en rapportaient des bouteilles d'eau enrubannées pour les enfants chétifs.

Lorsqu'on avait pris le loup on ne savait pas trop qu'en faire. Sa chair n'étant pas appétissante, il n'était pas question de la consommer tel un gibier, même les chiens refusaient d'en manger à moins qu'on ne la cuise en déguisant son goût sous force artifices culinaires. Mais les sorciers, mages et guérisseurs savaient l'utiliser : les dents, le cœur, le foie, les boyaux, les os, la graisse, la fiente et la peau, tout y passait, entrant dans la composition de remèdes empiriques ou servant de support à des pratiques de magie, et même parfois de sorcellerie.

Pourtant le loup fut un des plats fumants servis lors des banquets de la Rome antique et les Grecs, dit-on, recherchaient sa chair pour ses pouvoirs magiques. Il n'y a pas si longtemps, les vieux piqueurs assuraient qu'un jeune loup « mariné avec du vinaigre chaud était très bon à manger, en l'arrosant d'une sauce piquante [8] ». Et, en 1838 encore le *Journal des chasseurs* raconte que, lors d'une battue, « les traqueurs de Nançois-le-Petit se sont partagés la chair d'un énorme loup du poids de quarante kilos, et ils l'ont mangé ».

La viande de loup évitait, paraît-il, l'emprise nocturne des démons et préservait les parturientes romaines de la fascination. Sous forme de poudre salée, elle servait à soigner l'épilepsie; cuite dans l'huile, elle guérissait la goutte; séchée et frottée sur la gorge elle évitait la peste et le goitre. On en bouchonnait aussi les chevaux et le bétail pour les guérir de la colique.

Les os réduits en poudre étaient efficaces contre la faiblesse des vertèbres et les points de côté. Ils guérissaient les fractures et les écoulements d'yeux. En onguent, ils supprimaient la raideur des tendons.

Les dents servaient essentiellement à des pratiques magiques. On a découvert dans beaucoup de tombes préhistoriques des pendeloques ou des colliers composés des canines de loup percées. Les historiens y ont vu des trophées de chasse.

8. L. Maltier. *Le loup, ses mœurs, sa destruction et sa chasse en France.*

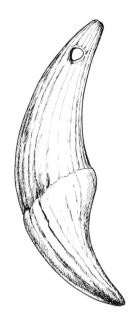

Canine de loup percée, portée en amulette pour favoriser la pousée des dents chez les petits enfants.

Pour porter bonheur, protéger du mauvais œil, on suspendait une dent de loup autour du cou des nouveau-nés. En Grèce elle était cousue dans le bonnet de l'enfant, en Irlande on la sertissait dans une plaque d'or ou d'argent.

Portée en amulette, elle faisait fuir les sorcières et les démons, évitait la perte des procès, protégeait de l'attaque du loup. Attachée aux jambes des chevaux, elle les rendait infatiguable. Enveloppée dans une feuille de laurier ou d'héliotrope cueillie sous le signe du Lion, elle permettait de voir son voleur en rêve et pouvait même rendre heureux en amour.

La morsure du loup protégeait de l'ensorcellement et, pour guérir d'une tumeur, d'une enflure ou d'une verrue, il fallait se faire mordre par une personne mordue elle-même par l'animal.

Si on frottait la gencive des nourrissons avec la dent du loup, cela les empêchait de baver. On appelle d'ailleurs « dent de loup » un hochet ou un morceau de cristal orné de grelots d'argent qui servait à favoriser la dentition. Réduite en poudre, elle éviterait même les vertiges et les frayeurs nocturnes.

Portée en amulette, la langue du loup rendait heureux au jeu et préservait des calomnies. Consommée cuite dans du bouillon de lessive et de haricots ou en poudre mélangée à de la farine et du miel, elle évitait d'être dévoré par le loup. Réduite en poudre, elle devenait également un remède souverain contre l'épilepsie.

L'œil du loup donnait du courage et de l'audace aux enfants, rendait invisible, préservait des tentatives d'ensorcellement et permettait d'échapper aux serpents, aux lions et aux voleurs qui ne peuvent supporter son regard. Séché et pendu autour du cou, il protégeait lui aussi de l'épilepsie.

Si vous nourrissiez votre fils dès son plus jeune âge à travers le larynx d'un loup, cela lui donnait une faim de loup et vous le rendiez fort et courageux... mais ses membres devenaient raides; par contre, s'il attrapait des maux de cou ou la variole, il fallait lui donner à boire de la même façon; c'était paraît-il un remède tout à fait souverain encore au XVIIIe siècle. En Poméranie, on semait ainsi le millet pour le rendre plus vigoureux et, en enfouissant cette gorge sous le seuil d'une église, on faisait fuir les sorcières par la tour du clocher. On en disposait également à la sortie des ruches pour que les abeilles le traversent en sortant; cela rendait leur miel plus épais et l'on disait alors qu'elles devenaient des abeilles voleuses, par allusion au loup voleur.

Une des parties du fauve les plus utilisées dans les préparations médicamenteuses était le foie. Diderot et d'Alembert en témoignent au XVIIIe siècle dans l'*Encyclopédie :* « Les paysans et les chasseurs qui prennent des loups ne manquent point d'en conserver le foie qu'ils font sécher au four, ou de le vendre à quelque apothicaire. C'est une drogue qui se trouve assez communément dans les boutiques : elle est vantée contre tous les vices du foie et principalement contre les hydropisies qui dépendent d'un vice de ce viscère. On le donne en poudre à la dose d'un gros : c'est un remède peu éprouvé. »

Il entrait également dans la préparation de nombreux philtres associés aux pratiques de sorcellerie.

Dans le Hainault, on dit que les voleurs font taire les chiens de garde en leur donnant du foie de loup.

Sang ou foie séché, éparpillé et semé sur un foirail, semait la panique parmi les bœufs. Parfois c'était le jeteur de sorts qui provoquait le même désordre en fumant du foie de loup dans sa pipe. En 1978 encore, il nous a été donné de recueillir un témoignage auprès d'un homme de soixante-huit ans d'Argenton-sur-Creuse, dans le bocage du sud de l'Indre : « Il y a une affaire que j'ai vu dire à mon grand'père, c'est l'histoire du foie de loup... Vous savez que des romanichels suivaient les foires et les marchés à l'époque (fin du XIXᵉ siècle)... A ce moment-là, il y avait sur les foirails deux à trois cents bêtes... Les romanichels avaient du foie de loup séché, réduit en vraie poudre. Lorsqu'ils voulaient faire débarrasser l'champ d'foire, savez-vous ce qu'ils faisaient? Eh bien, ils semaient la poudre de foie... Plus une bête sur le champ de foire, tous les bestiaux partaient : c'était comme un éclair... C'est arrivé à mon père sur l'champ d'foire de Neuvy-Saint-Sépulchre... Il tenait son frère par la main et a juste eu le temps de se mettre à l'abri le long d'un marronnier. Les bêtes passaient à côté, c'était comme des flèches... Dans l'département, ça arrivait deux ou trois fois dans l'année... Et on a toujours dit, et c'était sûrement sûr que le foie de loup séché et écrasé était semé sur le foirail. Avec ça, vous faisiez partir toutes les bêtes. C'était un véritable geste criminel [9]... »

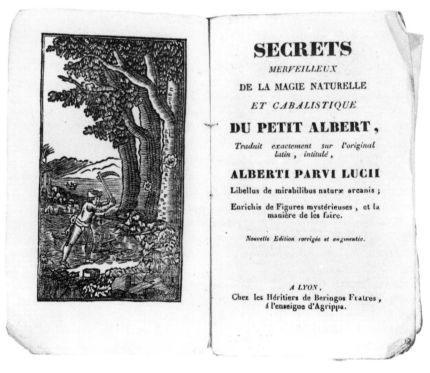

Dans les Secrets du Petit Albert *les différentes parties du loup entrent dans la composition de potions, onguents et remèdes magiques.*

Entre les mains du guérisseur, le foie de loup calmait les crises de rage et de fureur, l'hydropisie et la tachycardie, la syphilis, les maladies génitales, les abcès du foie, la gangrène, les vertiges, les maux de tête et les verrues. Préalablement grillé et pris en potion sous forme de poudre mouillée d'eau, il était recommandé dans les cas de morsures ou de piqûres venimeuses, de tumeurs malignes et de plaies ulcéreuses. Manger du cœur de loup rendait courageux mais belliqueux. Séché au soleil, et ajouté à du vin, on s'en servait pour guérir les pieds douloureux et la goutte.

Pour se procurer un remède souverain contre l'épilepsie, on arrachait le cœur d'un loup vivant, on le mélangeait avec ceux de trois corbeaux, on réduisait le tout en poudre et, pour finir, on y incorporait des fleurs de coucou séchées.

Un fragment d'entrailles porté en amulette préservait des coliques. Un bouillon de chauve-souris bu dans les tripes d'un loup guérissait de la dysenterie.

9. M. Ranjeon, cultivateur à Argenton (Indre).

On attribuait à la peau de loup de nombreuses vertus : portée en lanière autour du cou elle rendait heureux en amour; en Sicile et en Espagne elle préservait les enfants des maladies...
« Enfant sur une dépouille de loup », gravure extraite de La chasse illustrée, *vers 1860.*

Le pénis de loup rôti était un puissant aphrodisiaque. On le portait en amulette, si l'on redoutait l'impuissance. Au contraire, il était utilisé pour affliger un rival : dans ce cas, il fallait s'approcher de sa porte, l'appeler par son nom et, dès qu'il avait répondu, nouer la verge du loup avec un lacet de fil blanc. C'était lui nouer l'aiguillette.

Un génitoire de loup, coincé sous celui d'un paillard, devait le rendre moins coureur, mais encore fallait-il pouvoir l'y placer!

Le lait de louve rendait vigoureux et invulnérable. Si on en versait quelques gouttes sur le cou d'une femme endormie en lui plaçant des testicules de renard sur le cœur, on pouvait être sûr qu'elle avouerait tout ce qu'elle savait.

Pour être respecté et estimé, on portait sur soi un parchemin roulé dont certains caractères étaient écrits avec du sang de loup. Le sang entrait dans la composition d'onguents pour soigner la goutte. Il était efficace contre les douleurs d'utérus, les maux d'intestins, les calculs biliaires et la surdité.

Chez les Romains, la graisse de loup possédait de nombreuses propriétés magiques; elle chassait particulièrement les ombres et les fantômes. Les sorciers, les lycanthropes et les meneurs de loups s'en servaient pour se transformer en loups ou pour se faire accepter d'eux.

La crotte protégeait des coliques. Il suffisait de se l'attacher autour du cou, mais attention! elle était inefficace si elle n'était pas suspendue avec la laine d'un mouton déchiré par le même loup. La « pierre » trouvée dans les déjections du loup, entourée d'un fil de laine rouge d'un mouton dévoré, guérissait des douleurs intestinales. La fiente, détrempée dans de l'eau et frottée sur les brebis, les préservait des crocs de l'animal.

La tête était souvent exposée en trophée, mais elle avait également le pouvoir de repousser les autres loups. On lui prêtait surtout une vertu apotropaïque : la gueule ouverte, suspendue aux portes, elle chassait les démons, les sorcières, les voleurs et les animaux nuisibles. Elle protégeait surtout contre la fascination et les ensorcellements. Poser sa tête sur celle d'un loup rendait courageux.

Réduite en poudre, elle calmait les maux de dent et les douleurs de bras, et un fou pouvait même retrouver la santé mentale à condition qu'on lui attache sur le visage un morceau de tête d'un jeune loup.

La patte du loup protégeait du « mauvais œil » et préservait les habitations et bergeries des mauvais esprits. En médecine, le pied droit était recommandé pour le mal de mamelles et les bosses qui viennent aux pourceaux.

La queue, elle aussi, préservait du mauvais œil et des sorciers et garantissait le pigeonnier contre la martre; enterrée dans la cour, elle protégeait la ferme. Pour rendre amoureux son partenaire, il suffisait de lui donner des poils arrachés à l'extrémité de la queue d'un loup. D'après Brunetto Latini, « à l'extrémité de sa queue, il y a une laine d'amour, que le loup arrache de ses dents lorsqu'il craint d'être capturé ».

Les sorciers employaient la queue comme goupillon pour provoquer le mauvais temps. En l'agitant dans l'eau d'un bassin ou d'une source, ils prétendaient faire tomber la grêle ou attirer les orages et les tempêtes.

Les poils étaient souvent utilisés dans les pratiques rituelles. Placés dans la poutre maîtresse de la maison, ils la garantissaient contre l'incendie. Brûler des poils de loup dans la pièce d'une accouchée la protégeait et chassait les démons. Arrachés à « la barbe d'un loup mâle », ils rendaient heureux en amour. Si les gitans serbes faisaient porter un poil du fauve à leur femme, ce poil les assurait de leur fidélité.

En Sicile et en Espagne, un morceau de peau préservait les enfants des maladies. Le port d'une casquette en poils de loup empêchait l'envoûtement. Portée en lanière autour du cou et accompagnée d'un cœur de corbeau séché, la peau rendait heureux en amour. Celui qui avait peur de l'eau voyait sa crainte disparaître s'il se baignait enveloppé d'une peau de loup. Elle avait encore le pouvoir de faire tomber les accès de fièvre, de guérir l'épilepsie et les coliques si on la portait en ceinture, les poils retournés contre la peau nue.

En Allemagne, on faisait marcher les jeunes gens dans des chaussures en poils de loup pour les rendre chanceux et valeureux au combat.

Sigismudus Utrum sup baculu vnctum vel lupum equites do ad nuiuia proficiscant.ibiq3 mutuo se cognoscát r letéur. Et vtrum drabolus possit eas deferre de loco ad locum.in quo simt ogregent et sua conuuia preparent

Ulricus. Audienda est tua questio colende princep Sigis mundus. Nouim q drabolus spus est incorpalis qui nó habet manus neq3 pedes neq3 alas. qui etiá non omensurat loco. quó igit hoiem qui corporeus est protare pt Coradus. Forte spus ingrediuntur aliqua corpora r assumunt sibi talia ad opus illud quod facere volunt apta; atq3 tunc in illis corporibus efficiunt

Loups-saints
et saints-loups

Les animaux ont toujours joué un rôle important dans l'histoire des saints et le loup peut être encore plus que tout autre, avec une situation ambiguë mêlant l'assouvissement à la protection de l'animal lui-même. Mais la plupart des légendes attribuées à ces saints patrons ne sont que de lointaines traditions païennes récupérées et recuisinées par la religion catholique pendant les premiers siècles de son implantation en Europe.

Saint Pierre est le premier *berger de loups*. C'est une croyance surtout répandue dans le monde slave, où il apparaît monté sur un cheval blanc et suivi d'une longue file de loups disciplinés. A la Saint-Pierre d'hiver, le 17 janvier, il rassemble tous les loups de la contrée et leur partage la nourriture de toute l'année à venir. Cette curieuse association n'empêche pas les paysans allemands du Wurtemberg de l'implorer pour la protection de leurs troupeaux :

Que saint Pierre prenne sa clé.
Qu'il ferme la gueule des chiens de l'Enfer.

Dans le midi de la France, cette même clé est d'ailleurs censée guérir de la rage.

En Europe orientale, saint Georges est le maître des animaux sauvages, en particulier des loups qui sont ses compagnons préférés. En Estonie et en Russie occidentale, il est associé à saint Nicolas, protecteur des animaux aquatiques. Toujours accompagné d'une meute de loups qui sont appelés ses chiens, il leur enseigne même la manière la plus efficace de ravir le bétail.

A l'inverse, en Poméranie, en Suède, en France, les paysans l'invoquent contre les loups. Dans les Ardennes, on dit :

Que le bon saint Georges te ferme la gorge,
Que le bon saint Jean te casse les dents.

Saint Nicolas en Pologne, saint Sava en Slovénie, saint Gabriel et saint Théodore en Yougoslavie, saint Michel en Poméranie ont aussi cette étrange image de « maître de loups ».

Cette association loup-saint ou saint-loup est parfois fortuite. Saint Gens, ermite légendaire du Comtat venaissin, est représenté conduisant une charrue tirée par un loup et un bœuf : le loup remplace le deuxième bœuf qu'il avait dévoré [10].

Saint Mungo, évêque de Glasgow au VIᵉ siècle, n'ayant pas de bœufs pour labourer ses terres, utilisait une paire de cerfs de la forêt voisine. Or une de ses bêtes fut mangée la nuit par un loup. Au matin, le saint leva la main du côté de la forêt et dit : « Au nom de la sainte Trinité, j'ordonne au loup qui m'a porté préjudice de venir m'en rendre justice sur-le-champ. » A ces

10. Triptyque de Paul Vayson. Palais des papes d'Avignon.

142

Bannière syndicale des employés du chemin
de fer de Southend on Sea en Angleterre; fin
du XIXe siècle.
Cet ouvrier de l'Union nationale des
cheminots vient d'anéantir le loup
« Pauvreté », il s'apprête à terrasser le loup
« Capitalisme » qui garde la porte du château
« Capital ».

Les diverses étapes de la vie de saint Gens,
ermite du Comtat Venaissin. La charrue (au
second plan) est tirée par un équipage
composé d'un bœuf et du loup que le saint
obligea à remplacer sa victime.
Image populaire de Metz, XIXe siècle.

mots, le loup parut et se jeta en hurlant aux pieds du saint. « Lève-toi, lui dit-il, je t'ordonne, au nom de Jésus-Christ, de prendre la place du cerf que tu as mangé et d'achever la tâche. » Le loup fut attelé à côté du second cerf et laboura neuf arpents de terre, dit la légende [11].

L'histoire de sainte Austreberthe, du temps qu'elle était lavandière, est restée célèbre. Un âne transportait régulièrement le linge lavé par les nonnes de Pavilly et venait le déposer aux pieds de saint Philibert, l'abbé de Jumièges. Il repartait avec le linge à laver. Mais un jour où l'âne traversait la forêt, seul comme à l'habitude, un loup se jeta sur lui et le dévora. L'abbesse découvrit le fauve et le condamna à remplacer sa proie : mission qu'il accomplit dignement pendant de nombreuses années. Une chapelle commémorative, remplacée plus tard par la Croix-à-l'Ane, fut élevée dans le bois au VIIIe siècle. La fête du Loup-vert de Jumièges et celle du Vert à Montreuil-sur-Mer, patrie de la sainte, tireraient leur origine de cette légende.

Parmi les nombreux saints devenus maîtres des loups on peut citer : saint Mauder, saint Thégonnec, saint Gentius, saint Malo, saint Santes d'Urbine, saint Odon, saint Hervé aveugle, guidé par un loup, et saint Envel. Saint François d'Assise asservit le célèbre loup de Gubbio. L'animal ravageait cette région d'Italie et terrorisait ses habitants. François alla le trouver et lui proposa un pacte d'amitié : si le loup consentait à les laisser en paix, il recevrait sa nourriture de la population. Le pacte fut respecté. Cette aventure serait la transposition légendaire d'un fait historique : la paix conclue par l'entremise du saint entre la République de Gubbio et un brigand célèbre qui rançonnait le pays.

Une autre très belle légende met en scène saint Jean et le loup de Vernols. Un pauvre ermite agonisait près d'un loup dans une grotte, sans doute attendait-il la fin pour le dévorer. Un croisé qui rapportait en relique un os de la hanche de saint Jean-Baptiste vint à passer et entendit les plaintes du mourant; pénétrant dans la grotte, il repoussa le loup en faisant luire la lame de son épée, puis il tendit au vieillard la petite croix en or qui servait de châsse à la relique. Celui-ci la baisa avec ferveur et rendit l'âme. Un cas de conscience se posa alors : devait-il enterrer l'ermite en creusant un trou muni de sa seule épée ou l'abandonner au loup? « Loup, s'écria-t-il, tu vois ce corps et cette croix : au nom du bienheureux saint Jean, garde-les fidèlement jusqu'à mon retour. » Le lendemain, le loup veillait encore l'ermite intact. Devant lui gisait le corps d'un gueux égorgé, la main tendue vers la croix. A cet endroit les moines bâtirent une chapelle qui devint l'église de Vernols; il s'y déroule encore une procession le jour de la Saint-Jean.

Sainte Élisabeth, reine de Hongrie, échappa à un loup en sautant sur une pierre et en grimpant sur un grand chêne. On peut voir l'empreinte de son pied sur cette pierre nommée « Elsen trappen », c'est-à-dire « le pied d'Élisabeth », près de Schroecken, dans la Hesse. On vient encore y puiser l'eau contenue dans l'empreinte de son pas pour obtenir la guérison des maladies des yeux.

Sont aussi associés au loup saint Simpert d'Augsbourg qui arracha un enfant de la gueule d'un fauve et fut obligé de le rapporter à sa mère, saint Blaise qui fit rendre par le loup le cochon ravi à une pauvre veuve l'ayant imploré.

La Vierge, elle, a pour mission d'éloigner les loups ou les

La fête du « loup-vert » de Jumièges tirerait son origine de la légende du loup et de l'âne de sainte Austreberthe.
Ruines de l'abbaye de Jumièges et procession du loup vert, dessin de Hyacinthe Langlois, 1829.

11. P. de Bonniot, *Histoire merveilleuse des animaux*, chapitre XXI, le loup.

Saint Loup était l'un des saints les plus invoqués contre le loup; il guérissait surtout de la peur et des maladies liées à l'angoisse. Statue de l'église de Saint-Loup-sur-Cher, Loir-et-Cher.

Saint Wendelin était un des principaux protecteurs de troupeaux d'Alsace et d'Europe centrale. Peinture fixée sous verre, Hongrie, XIXe siècle.

démons transformés en loups, dévoreurs de cadavres. Elle est invoquée sous le vocable de Notre-Dame-de-Pareloup dans le cimetière de Mazan, en Vaucluse, et sur l'éperon de Luberon à Maubec.

Mais le loup a plus que des amis parmi les saints, certains d'entre eux sont devenus pour lui de véritables protecteurs, tels saint Ignace de Loyola, sans doute à cause de son nom, saint Loup et saint Wendelin, qui, bizarrement, est en Alsace le patron des bergers. Saint Blaise de Sébaste fêté le 3 janvier est le patron des cardeurs, peigneurs et arçonneurs de laine dont l'outil principal, le peigne, porte le nom de loup; il est aussi celui des tailleurs de pierre qui, également, utilisent un « loup » pour dresser les blocs de pierre de taille.

Saint Loup, bien sûr, était l'un des plus invoqués contre le fauve. On a vu son rôle dans la société pastorale, mais il avait encore le pouvoir de guérir bon nombre de maladies ayant presque toutes un rapport avec des situations de craintes ou des symptômes effrayants : convulsions, épilepsies, mutisme, entérite infantile, peur... Il protégeait également contre les animaux enragés. Et, pourtant, rien dans la vie du saint ne le prédisposait à cette relation particulière avec l'animal, sans doute seul son nom y est-il pour quelque chose. Son culte était très important, surtout dans le Bassin parisien. Dans la Brie, vers 1950, Roger Lecotté en a retrouvé plusieurs traces et a dénombré vingt-quatre pèlerinages à saint Loup. En Sologne, pays de loups par excellence, douze localités le vénéraient. Sa fête était célébrée le 1er septembre ou le premier dimanche du même mois; elle donnait lieu à d'importantes assemblées et à de nombreux pèlerinages dont le plus célèbre était celui de Saint-Viâtre, qui aux XVIIe et XVIIIe siècles, abritait une « confrérie de Saint-Loup » très prospère.

Saint Gens conduisant la charrue tirée par le loup qui avait dévoré l'un de ses bœufs. Lithographie de Magny, vers 1850. Musée Arlaten, Avignon.

Le loup de Gubbio.
Ce terrible animal qui ravageait l'Ombrie avait été sermonné par saint François d'Assise. En échange de sa passivité il recevait sa nourriture de la main des habitants de Gubbio.
Tableau de Luc-Olivier Merson, 1877, détail. Musée des beaux-arts de Lille.

Le meneur de loups

Mystérieux et redouté, le meneur de loups possédait « le secret pour charmer, soumettre, apprivoiser et conduire les loups véritables » (George Sand). « Le meneur de loups » de Vuillier, vers 1880. Musée de Tulle.

« Se mettant à genoux, écartant les museaux grognants de ses loups, le meneur se fait une place et mange avec eux à même le plat.

Une fois sa faim assouvie, il revient à Ribaud qui, du seuil, regarde cette scène avec stupeur.

— L'âge de ton plus jeune enfant? demande-t-il.

— Un an...

— Garçon, fille?

— Fille...

— Montr' la moué.

— Mais...

— N'crains rien, j'veux remercier...

Ribaud en ressent un soulagement.

— Si c'est pour ça, nous sommes quittes...

— J'veux quand même.

Il écarte le fermier et entre. Son sillage empeste de telles senteurs animales que Ribaud détourne le nez. Arrivé au banc il s'assoit. Alors, chacun peut voir que, sous sa houppelande, il porte un sac de toile bise pendu en bandoulière.

— Cette chaudure m'fait mal..., dit-il en jetant un mauvais regard aux bûches. Montr' moué ta ch'tite fille, ajoute-t-il aussitôt.

Inquiète, la mère ne veut pas montrer l'enfant.

— Laisse faire, dit le fermier

Marie est montrée à l'homme.

— Donne qu'je la mette su' mes g'noux.

La Ribaud regarde son homme.

— Donne, dit-il.

Lorsqu'il l'a sur lui, le meneur parle à l'enfant sans la moindre méchanceté.

— ... ch'tite, 'coute... J'vas t'faire un don...

Il continue à voix basse, si bien que personne ne comprend ce qu'il dit. Il a des mots gutturaux suivis de gestes mystérieux. Marie le regarde, sérieuse, la bouche ouverte. En parlant, l'homme défait son sac et apparaît la tête d'un louveteau de deux ou trois mois. De surprise, croyant à un jeu, Marie se frappe les mains, si bien que le louveteau prend peur et refuse de quitter le sac où il est en sécurité.

— L'a point 'core mangé d'viande, vot'fille? demande le meneur à la cantonade.

— Non..., répondent-ils tous en même temps, le souffle court.

Il marque d'un nouveau silence le silence, et, prenant la petite main de l'enfant, la met dans la gueule du louveteau.

La mère étouffe un cri et s'avance pour reprendre sa fille. Ribaud l'arrête du regard.

Maintenant, le meneur parle avec gravité.

— T'as le don, Marie... tu comprendras les loups, tes mains pourront barrer et guarir les mordures faites par eux... Tu mâcheras du pain pour faire la bouillie qui guarira... tu la poseras su'l'mal... ça s'ra eune sorte d'madicament... Seulement, souviens-toi... tu perdras l'don à ma mort...

Cela dit, il rend l'enfant à sa mère, se lève et sort sans regarder quiconque. Dociles et repues, ses bêtes l'attendent, immobiles dans la cour. « Trrri... », fait-il. Ils s'enfoncent dans la nuit qui vient durcir le froid [12]. »

Claude Seignolle tient la description de cette scène étonnante de son héroïne elle-même, Mme Vannier d'Ennordres dans le Cher, qui la lui conta en 1944; elle avait alors quatre-vingts ans.

Qui étaient-ils ces meneurs de loups hantant les campagnes à la tête de leurs bêtes disciplinées et obéissantes, rançonnant les uns, effrayant les autres, allant de ferme en ferme porter la terreur et la colère? Étaient-ils des magiciens pour partager l'amitié des loups? Étaient-ils des sorciers pour vivre près d'eux sans être inquiétés? Étaient-ils des démons pour devenir ainsi leur maître?

Bien sûr, ils existèrent réellement, et Claude Seignolle n'est pas le seul à en apporter la preuve. Bûcheron, charbonnier, ermite ou berger vivant en symbiose avec la forêt, sans doute avaient-ils appris à connaître les loups, à les côtoyer, à les comprendre, puis à les utiliser. Mais la tradition populaire, déformant cette relation faite d'accoutumance et de familiarité, n'en a retenu que les aspects imaginaires, prêtant au meneur de loups des pouvoirs surnaturels.

En 1855, dans le *Glossaire du centre de la France,* Jaubert en donne cette définition :

« C'est un sorcier qui a la puissance de fasciner les loups, qui s'en fait suivre et les convoque aux cérémonies magiques dans les carrefours des forêts. Le meneur de loup est très redouté dans les campagnes. »

Dans certaines régions, comme la Creuse ou la Bretagne, un pouvoir aussi mystérieux ne pouvait s'expliquer que par un pacte avec Satan, et on conçoit sans peine que les pauvres diables à qui on l'attribuait aient eu la tentation d'entretenir cette crainte pour se venger d'une société qui les méprisait. Dans le Berry, on racontait que des sorciers avaient le pouvoir d'ensorceler les loups, de participer avec eux à des cérémonies magiques au centre des clairières, de les attirer aux carrefours des bois et de s'en faire suivre. On les appelait des « serreux de loups », car on les soupçonnait d'enfermer les fauves dans leur grenier pendant les battues.

D'après la tradition orale, le « meneux » disposait de plusieurs moyens pour attirer ses animaux. Il pouvait les appeler en sifflant d'une manière particulière ou en jouant de la cornemuse. C'était le cas en Berry où George Sand, dans *Les légendes rustiques,* raconte qu'un joueur de cornemuse de Saint-Août, le grand Julien, fut aperçu un jour « dans la brande, jouant d'une manière qui n'était pas chrétienne, et menant derrière lui plus de trois cents loups ». Il pouvait aussi allumer un feu, comme dans la Brenne ou la Vienne, et tous les loups accouraient au signal du « gardeux de loups » en s'assemblant autour du foyer.

Dans ses *Légendes et traditions orales d'Alsace,* Jean Variot

Le meneur de loup se servait souvent d'un instrument de musique (cornemuse, flûte, etc.) pour attirer ses loups.
Lithographie d'Eugène Cadel, vers 1880.

12. Claude Seignolle. *Marie la Louve.* Paris, Maisonneuve et Larose, 1963.

raconte l'histoire d'un épouvantable meneur de loups de la vallée du Kronthal, entre Scharrachbergheim et Marlenheim. A cet endroit, le lit de la Mossig devient si étroit qu'il a fallu creuser dans le roc pour faire passer la route.

« A peine vous êtes-vous engagé entre les rocs taillés qui laissent passer la route, que vous entendez un grand bruit de porte qui se referme. Instinctivement vous vous retournez, et vous apercevez la paroi du rocher qui s'est écroulé et vous barre le chemin en arrière. « Bon dites-vous. J'ai eu de la chance de ne pas me trouver juste au-dessous quand le rocher s'est écroulé! » De bonne foi vous croyez à un accident et vous vous promettez bien d'aller avertir la gendarmerie, dès le lendemain matin. Mais soudain, vous apercevez quelqu'un à qui aucune gendarmerie ne peut rien de rien.

« Le meneur de loups », lithographie de Maurice Sand, 1858.

Cent agneaux vous aurez,
Courant dedans la brande
Belle, avec moi venez,
Cent agneaux vous aurez.

Les agneaux qu'ous avez
Ont la gueule trop grande;
Sans moi vous garderez
Les agneaux qu'ous avez.

Ces couplets recueillis par Maurice Sand accompagnaient cette gravure dans l'édition originale des Légendes rustiques *de George Sand parue en 1858.*

Un homme, vêtu d'un long suaire noir, tête nue, les cheveux et la barbe en broussailles, se tient au milieu de la route et vous attend. A côté de lui est assis un loup de taille prodigieuse. Et remarquez bien que le loup pousse une plainte humaine, tandis que l'homme pousse un hurlement de loup. Pour peu que vous vous preniez à réfléchir que le château du Nideck, qui n'est pas très éloigné; pour peu que vous vous rappeliez soudain ce que l'on vous a si souvent raconté sur la famille des Nideck, dont les fondateurs, par une étrange perversion, prirent des louves pour femmes afin de créer une race forte et sauvage, et que, tous les cent ans, dans cette famille, il y eut des hommes et des femmes qui étaient demi-loups et demi-louves, et qui erraient dans les bois, se livrant à de sauvages amours ou attaquant à belles dents les voyageurs sur les routes, oui, pour peu que vous songiez à tout cela, vous vous sentez froid dans le dos.

Soudain les yeux de l'homme s'illuminent, et la nuit tombe. Les yeux du loup grésillent comme de la résine. Vous essayez de fuir, mais le loup a bondi sur vous; il vous dévore les pieds. Alors, vous êtes perdu : il ne reste bientôt plus de vous que quelques ossements et une mare de sang. »

Mais tous les meneurs de loups n'étaient pas de tels horribles personnages. Le plus souvent, ils se contentaient d'exploiter la peur du voyageur surpris par la nuit et leur proposait de le faire accompagner par deux de ses animaux jusqu'au prochain village. Mais attention, il n'était pas question de tomber en route, sinon les loups se jetaient sur lui et le dévoraient! A l'arrivée, il fallait encore remercier en partageant un morceau de pain aux animaux.

M. Poquet du Haut-Jussé raconte l'aventure d'un châtelain de la Marche aux prises avec le meneur de loups de son village au milieu du XIXe siècle :

« — M. de Verdalle, c'est pas prudent de vous en aller seul la nuit; je vais vous donner deux compagnons, mais vous serez bon pour eux à votre arrivée...

Le meneux disparut..., M. de Verdalle qui était à cheval voit un loup à gauche de sa monture et un autre à droite. Le cheval ayant peur galopait à toute vitesse.

Arrivé à destination, au château de Puyguillon, commune de Fresselines, M. de Verdalle descend de son cheval, court à la cuisine, coupe en deux une tourte de pain, revient à l'entrée où les loups l'attendaient assis et jette une moitié à chacun des loups qui disparaissent. »

Et George Sand, dans un chapitre des *Légendes rustiques,* rapporte ce témoignage :

« ... les meneux de loups ne sont plus les capitaines de ces bandes de sorciers qui se changeaient en loups pour dévorer les enfants; ce sont des hommes savants et mystérieux, de vieux bûcherons ou de malins gardes-chasse, qui possèdent le *secret* pour charmer, soumettre, apprivoiser et conduire les loups véritables.

Je connais plusieurs personnes qui ont rencontré, aux premières clartés de la lune, au carroir de la Croix-Blanche, le père Soupison, surnommé *Démonnet*, s'en allant tout seul, à grands pas, et suivi de plus de trente loups.

Une nuit, dans la forêt de Châteauroux, deux hommes, qui me l'ont raconté, virent passer, sous bois, une grande bande de loups. Ils en furent très effrayés et montèrent sur un arbre, d'où ils virent ces animaux s'arrêter à la porte de la hutte d'un bûcheron. Ils l'entourèrent en poussant des hurlements effroyables. Le bûcheron sortit, leur parla dans une langue inconnue, se promena au milieu d'eux, après quoi ils se dispersèrent sans lui faire aucun mal.

Ceci est une histoire de paysan. Mais deux personnes riches, ayant reçu de l'éducation, gens de beaucoup de sens et d'habileté dans les affaires, vivant dans le voisinage d'une forêt où elles chassaient fort souvent, m'ont juré, *sur l'honneur,* avoir vu, étant ensemble, un vieux garde forestier, de leur connaissance, s'arrêter à un carrefour écarté et faire des gestes bizarres. Ces deux personnes se cachèrent pour l'observer et virent accourir treize loups, dont un énorme alla droit au *charmeur* et lui fit des caresses; celui-ci siffla les autres, comme on siffle des chiens, et s'enfonça avec eux dans l'épaisseur du bois. Les deux témoins de cette scène étrange n'osèrent l'y suivre et se retirèrent aussi surpris qu'effrayés.

Ceci me fut raconté si sérieusement que je déclare n'avoir pas d'opinion sur le fait. J'ai été élevé aux champs et j'ai cru si longtemps à certaines visions que je n'ai pas eues, mais que j'ai vu subir autour de moi, que, même aujourd'hui, je ne saurais

« Un huissier enfermé avec des loups :
C'est à un huissier russe qu'est arrivée cette mésaventure.
Un officier ministériel était allé dans une ferme pour opérer une saisie. Le propriétaire reçut l'homme de loi dans son bureau, au rez-de-chaussée et se mit à parlementer avec lui. Mais pendant cet entretien, l'huissier entendit, du côté de la cour, des hurlements accompagnés de claquement de fouet... Tout à coup la porte s'ouvrit et une cage énorme fut poussée dans la chambre... et deux loups affamés sortirent d'un bond.
Le propriétaire venait de quitter le bureau par une porte latérale qu'il avait refermée après lui et l'huissier resta seul enfermé en face des deux bêtes féroces.
Il eut heureusement la présence d'esprit de se retirer derrière une table, puis, s'armant d'une fourche qu'il trouva par hasard, il gagna la fenêtre à reculons, en tenant l'arme devant lui.
Au moment où, en pesant avec son corps, il parvenait à casser un carreau, un des loups bondissait sur lui. L'animal s'embrocha lui-même sur les pointes de la fourche et l'huissier eut le temps de sauter par la fenêtre et de regagner sa voiture dans la cour. »
Le Petit Journal, *21 novembre 1909.*

151

Dès le Moyen Age, les louvetiers promenaient leurs victimes à travers les campagnes et prélevaient une taxe pour chaque loup abattu. Les chasseurs perpétueront cette coutume jusqu'à la disparition totale de l'espèce, quêtant pièces, œufs ou volailles.
« La quête du loup », gravure à l'eau forte de La Guillermie, XIXᵉ siècle.

trop dire où la réalité finit et où l'hallucination commence. Je sais qu'il y a des dompteurs d'animaux féroces. Y a-t-il des charmeurs d'animaux sauvages en liberté? Les deux personnes qui m'ont raconté le fait ci-dessus l'ont-elles rêvé simultanément, ou le prétendu sorcier avait-il apprivoisé treize loups pour son plaisir? Ce que je crois fermement, c'est que les deux narrateurs avaient vu identiquement la même chose et qu'ils l'affirmaient avec sincérité. »

Dans ses *Contes de l'Ille-et-Vilaine*, Adolphe Orain rapporte l'histoire d'un meneur qui se servit de son troupeau insolite pour assouvir une vengeance. Ceci se passait dans la région de Bruz à la fin du XIXᵉ siècle :

« Un meneur de loups jura de se venger d'un fermier de Montival, qui lui avait attiré des désagréments. Ce dernier avait pour habitude de mettre, la nuit, ses chevaux à paître dans la prairie de la Planche, qui dépendait de sa ferme. Le sorcier, sachant cela, dit un jour, dans un cabaret, que la nuit suivante il mènerait ses loups se promener de ce côté. Le fermier en fut informé et, le soir, armé d'un fusil, il alla se cacher dans les branches d'un ormeau.

Le meneur de loups arriva à son tour avec sa meute. Il se mit à califourchon sur l'échalier du pré et dit à ses animaux : « Allez mes amis, et surtout choisissez le plus gras! »

A peine eut-il achevé ces mots qu'il reçut un coup de feu qui l'étendit par terre. Fut-il tué? On n'a jamais pu le savoir. Au bruit de la détonation, les loups, au lieu de se sauver, revinrent près de leur maître et l'emportèrent aussitôt chez lui, au village du Houx, dans la commune de Bruz. Ils le montèrent dans le grenier où personne ne put pénétrer.

Le cadavre de cet homme n'a jamais été retrouvé. On a toujours supposé que, pour devenir sorcier, il avait dû vendre son âme au diable, et que Satan était venu le prendre et l'emporter... »

S'ils n'avaient pas toujours vendu leur âme au diable, les meneurs de loups n'existèrent pas pour autant dans la seule imagination des conteurs puisque, en 1878, un très sérieux rapport du préfet de l'Indre met en garde les populations contre les montreurs de loups, et signale « la présence... d'individus qui promènent des loups et se font remettre dans les fermes et maisons isolées, de l'argent par les habitants qu'ils menacent et effraient [13] ».

13. Actes administratifs de la préfecture de l'Indre, 1878.

Loups-garous

« Sept ans mes pattes me porteront de landes en bergeries; de bois glacés en tièdes étables.

Sept ans Lune-la-Borgne viendra m'épier avec son unique œil blême qui prend diverses formes comme pour me donner à croire chaque fois à une autre curieuse... Et, toujours, me forcera à hurler contre son impassible provocation.

Sept années aiguës comme le froid des vents incolores; pénétrantes comme l'eau des nuages impalpables.

Sept ans le ventre me dolera.

Sept ans les hommes prieront et imploreront un autre maître que le vrai, comme si leur Dieu de douceur pouvait contre le mien, constellé d'écailles et brassant braises.

Sept années tranchantes comme sept glaives d'acier je resterai damné sans jamais savoir qui je suis en réalité : homme ou arbre; oiseau ou caillou.

Mes soupirs seront des hurlements; ma boisson, le sang; ma nourriture, des montagnes d'animaux tendres et chauds... Et lorsqu'il n'y en aura plus je me nourrirai d'hommes...

Sept ans mon Maître me gardera.

Sept ans j'aurai faim avant d'être quitte avec lui. C'est ma punition.

Sept ans seulement.

(Claude Seignolle, *le Gâloup,* 1960.)

Sept ans hélas! »

De tout temps, paraît-il, les démons et les sorciers eurent la faculté de se transformer en loup; le diable lui-même ne dédaignait pas ce déguisement et saint Maudet en fit l'expérience : chaque nuit, une main invisible renversait les murs du monastère qu'il construisait. Le loup qu'il surprit un jour n'était autre que le diable, Maudet réussit à le saisir par la queue, à le précipiter à la mer et la construction put alors s'achever sans encombre. En Espagne, les suppôts du diable circulent à cheval sur des loups, la tête tournée vers l'arrière-train de l'animal dont la queue, raide comme un bâton, porte à son bout une chandelle. Amon, puissant marquis de l'enfer, a la tête d'un loup et la queue d'un serpent. Belzébuth, prince des démons, hurle comme un loup lorsqu'il est en colère.

Mais les hommes eux aussi se transformaient en loup, enfin certains hommes seulement! C'était la punition du diable lorsque la place manquait en enfer et le loup-garou devait, pendant sept ans, courir chaque nuit dans sept communes pour y dévorer sept chiens. Les histoires de loup-garou sont parmi les plus nombreuses dans le corpus des contes et légendes de l'Europe. Il faut dire que, pendant des siècles, la certitude que l'homme pouvait se transformer en loup fut un des plus grands cauchemars de nos sociétés. Au Moyen Age et jusqu'à la Renaissance, il a provoqué la mort, sur le bûcher, de milliers d'hommes et de femmes, et le juge Bodin, démonologue et inquisiteur de la sorcellerie au XVIᵉ siècle, en était même parvenu à ne plus croire à l'existence des vrais loups, ne voyant en chacun d'eux « que des hommes, ordinairement des magiciens ou des sorciers qui ont pris la forme d'un animal ».

Il fallut attendre 1615 pour qu'un médecin, le docteur de Nynauld, écrive dans son traité, *De la lycanthropie,* qu'il s'agissait « d'une maladie par laquelle un homme se croit devenu loup ». Il ajoute : « Les sens intérieurs des sorcières sont trompés par l'excitation des onguents ou potions, de sorte qu'elles croient être vraiment bêtes et, à cette cause, ayant le ventre tourné contre terre, à la façon des bêtes, marchent à quatre pattes, se servant des mains au lieu des pieds du devant. » Cette « folie louvière » ou « folie imitative » pouvait conduire au meurtre et à l'anthropophagie et se terminait souvent par une mort naturelle atroce si ce n'était par la condamnation au bûcher.

Mais la lycanthropie, cette faculté de se transformer en carnivore, fut de tout temps et de tous pays. Tenant à la fois de la mythologie, du folklore, de la sorcellerie et de la folie, elle fait encore partie de l'univers quotidien de certaines tribus d'Afrique où l'on connaît des hommes-lions.

Malgré les travaux importants de Robert Eisler et de Montague Summer [14], une histoire complète de la lycanthropie reste à faire. Elle devrait montrer comment, à partir des dieux-loups, en passant par les sectes militaires et la sorcellerie, on en est arrivé à la ranger parmi d'autres formes d'aliénation mentale.

Hérodote et Pline racontaient déjà des histoires de loups-garous. Le premier rapporte que les Neuriens, en Scythie, se transformaient en loups certains jours de l'année et Pline explique que, parmi les hommes de la race d'Anthéus, il en était toujours un qui fut changé en loup. La transformation avait lieu au cœur d'une forêt, de l'autre côté d'un étang qu'il fallait traverser à la nage.

En Grèce encore, le culte des dieux-loups était célébré par des confréries d'hommes déguisés en fauves et pratiquant une anthropophagie rituelle obligatoire. « La comparaison des faits actuels (en Afrique) avec les témoignages des auteurs anciens révèle que, pour faire partie de la confrérie, c'est-à-dire pour devenir homme-loup, il fallait participer à un repas où les entrailles d'un

Sous l'effet des onguents, les lycanthropes croient devenir loups, marchent à quatre pattes et assouvissent leur soif de sang en dévorant les enfants.
« Le loup-garou », gravure de Lucas Cranach, XVIᵉ siècle.

14. R. Eisler. *Man into Wolf, An anthropological interpretation of sadism, masochism, and lycanthropy.* London, Spring books. — Summers M. *The Werewolf.* Secaucus, The Citadel Press, 1973.

homme étaient mêlées à celles d'autres victimes. Par ce rite de communion, pratiqué sciemment ou non, l'initié devenait loup-garou. Pour les auteurs grecs, fort éloignés de la barbarie primitive, cette aventure était une infortune et un châtiment; mais à une époque antérieure, ce devait être un procédé normal pour acquérir l'initiation [15]. »

Chez les Lacédémoniens, les jeunes gens devaient pendant un an mener la vie d'un loup, ne jamais se montrer, vivre de rapines et tuer des hilotes. Cette forme de « confrérie militaire » existait aussi dans le domaine indo-iranien; l'initiation des jeunes guerriers devait les amener à se transformer en fauves sanguinaires. « Chez les anciens Germains, les guerriers-fauves étaient nommés *berserkir,* les guerriers à enveloppe d'ours. » On les connaissait aussi sous le nom d'*ûlfhêdhnar,* hommes à peau de loup [16]. Ces guerriers, pareils à des loups, présents également dans les sociétés secrètes nord-américaines et africaines, pratiquaient certainement l'anthropophagie rituelle. Dans le monde nordique, le phénomène était identique : les guerriers s'identifiaient au loup et se conduisaient férocement, pratiquant meurtre et anthropophagie. La transformation magique en loup-garou se réalisait au cours d'orgies extatiques où les peaux de loups servaient de vêtements. On a d'ailleurs cru observer le même phénomène dans les peintures des grottes préhistoriques parmi lesquelles quelques hommes sont représentés en loup.

Certains hommes seraient-ils, par leur physionomie, prédestinés à devenir loup-garou?
Comparaisons de tête d'hommes et de loups, gravure du Traité de physiognomonie *de Ch. Lebrun et Morel d'Arleux, 1806.*

15. J. Przyluski, « Les confréries de loups-garous dans les sociétés indo-européennes », in *Revue de l'Histoire des religions,* 1940, n° 121.

16. Mircea Eliade. *Les Daces et les loups.*

En 1587, dans la *Démonomanie des sorciers,* Bodin associe la lycanthropie à l'un des épisodes les plus tragiques de l'histoire de l'Église et de la justice : les grands procès de sorcellerie des XVIᵉ et XVIIᵉ siècles. Il raconte qu'un chasseur ayant été attaqué par un loup gigantesque réussit à le mettre en fuite non sans lui avoir tranché net une patte de devant. Au château du voisinage, où il avait demandé l'hospitalité, il sortit de son sac la patte de loup en racontant sa mésaventure. Mais celle-ci s'était changée en main de femme et, à l'un des doigts, brillait la bague de l'épouse du châtelain. Elle dut avouer son pacte avec le diable, qui l'obligeait chaque nuit à courir la forêt pour attaquer les voyageurs. Son mari la livra à la justice et elle fut brûlée vive, raconte Bodin.

Cette triste époque avait débuté en 1484 à la suite de la divulgation de la bulle du pape Innocent VIII : *Summis desiderantes affectibus,* et toute cette idéologie obscure fut reprise de siècle en siècle par de nombreux traités. En 1486, dans *Le marteau des sorcières,* véritable manuel de base du traqueur de loup-garou, on relève les deux titres suivants : « Les sorcières peuvent-elles par un sort changer des hommes en forme de bêtes ? » et « Comment les sorcières donnent aux hommes des formes de bêtes ? ». S'appuyant sur l'autorité de saint Thomas et de saint Augustin, les auteurs précisent que « les loups, de temps en temps, s'arrachent à leurs maisons et dévorent des hommes et des enfants, et s'en vont rôdant avec une telle ruse que nulle habileté, nulle puissance ne peut les blesser ni les capturer. Il faut dire que parfois la chose tient à une cause naturelle et parfois à l'art magique si cela vient par des sorcières. Au sujet du premier cas... cela peut provenir de cinq causes : quelquefois à cause d'une famine, comme lorsque cerfs et autres bêtes approchent des hommes; quelquefois à cause de leur férocité, comme dans les régions froides ou quand ils ont des petits. Mais ceci n'est pas de notre propos. Disons donc que pareilles choses sont causées par un sortilège diabolique, Dieu punissant une nation pour son péché, selon la parole du *Lévitique :* je lancerai sur vous des bêtes féroces qui raviront vos enfants, tueront votre bétail... Quant à la question : est-ce que ce sont de vrais loups ou des diables apparaissant sous cette forme? Nous répondons que ce sont de vrais loups, mais possédés par le diable ».

On peut imaginer les conséquences d'un tel texte, non seulement pour les lycanthropes, mais pour les loups eux-mêmes, assimilés à des démons.

La lycanthropie, affirme Jean Palou dans son ouvrage *De la sorcellerie, des sorciers et de leurs juges,* « n'est pas dans notre monde occidental d'origine populaire, mais savante, érudite, et notre opinion est qu'elle fut imposée aux masses populaires par les juges et démonologues, nourris de textes anciens ».

Parmi eux, le juge franc-comtois Boguet se rendit tristement célèbre entre 1598 et 1600, deux années pendant lesquelles la tradition lui attribue les condamnations à mort de six cents loups-garous. Ce magistrat pourtant ne croyait pas à la transformation de l'homme en animal, il était persuadé que le diable envoyait ses victimes battre la campagne, égorger enfants et brebis, après les avoir frottés avec un onguent et recouverts d'une peau de loup si collante au corps qu'ils adoptaient le comportement du fauve.

Bodin pense, lui, « que les hommes sont quelquefois transmuez en bestes demeurant la forme et raison humaine. Soit que

156

cela se fasse par la puissance de Dieu immédiatement, soit qu'il donne cette puissance à Satan exécuteur de sa volonté ». Il dit encore : « Plusieurs médecins voyant une chose si étrange ont écrit que la lycanthropie est « une maladie de l'homme malade »... mais il faudrait beaucoup de raisons et de témoins pour démentir tous les peuples de la terre et toutes les histoires, et mesmement l'histoire sacrée... qui ont esté de leur âge et de plusieurs siècles ont tenu la lycanthropie pour chose très certaine, véritable et indubitable. Ainsi les lycanthropes par un juste jugement de Dieu, il permet qu'ils perdent la figure humaine et qu'ils soient loups comme ils méritent. » En conclusion, le bûcher était la seule solution, car « il est bien pour montrer que la cause principale cessant, les effets cessent, encore que Dieu fasse tomber les afflictions sur ceux qu'il lui plaist ».

Si l'on imagine comment étaient obtenus les aveux, on n'est pas surpris de la facilité avec laquelle les accusés parlaient, se vantaient même de leurs crimes supposés, donnant souvent beaucoup de détails horribles où se mêlaient anthropophagie et bestialité.

Et dans les campagnes, ni diable ni sorcière n'étaient nécessaires à la naissance d'un loup-garou. N'importe quel petit méfait pouvait devenir cause de lycanthropie, et l'irrespect de la religion était parmi les principales. Ne pas être allé à confesse depuis dix ans, ne jamais tremper son doigt dans le bénitier, manger de la chair le vendredi saint étaient par exemple des raisons suffisantes pour devenir loup-garou. Si vous cachiez le nom d'un coupable, si vous étiez l'un des sept enfants d'un couple, si vous étiez atteint de « mélancolie érotique », si vous revêtiez par hasard une peau de loup, si vous partagiez l'antre ou la pitance d'un loup ou que vous vous frottiez la peau avec un onguent de graisse de loup, de jusquiame, de belladone, de pavot, d'ellébore, de chanvre ou de datura, alors vous ne tardiez pas à devenir à votre tour galipote ou garou.

Mais vous pouviez retrouver votre aspect initial. D'un terroir à l'autre, il fallait se plonger dans l'eau ou se rouler dans la rosée, rester agenouillé cent ans, qu'un ami vous blesse de trois coups de couteau au front, que vous perdiez trois gouttes de sang, qu'on vous tue avec une balle bénite et fondue dans l'argent... Enfin, vous pouviez vous-même vous protéger du loup-garou en participant chaque année au feu de la Saint-Jean, en mettant dans les berceaux des rameaux de capillaire, en récitant diverses formules variant à l'infini d'une région à l'autre.

La France-Comté, la Lorraine et l'Allemagne furent les trois pays qui livrèrent le plus de loups-garous à la chrétienté. « Ce qui ne nous étonne nullement, dit Jean Vartier, puisque la proportion des sorciers brûlés dans ces mêmes pays passait tous les records [17]. »

Parmi les innombrables victimes, citons Pierre Burgot et Michel Verdung jugés par Bodin en 1521 :

« S'étant oincts furent retournés en loups courant d'une légèreté incroyable... couplés aux louves avec tel plaisir qu'ils avaient accoutumé avec les femmes... Ils confessèrent... Burgot, avoir tué un jeune garçon avec ses pattes et dents de loup... Michel Verdung... avoir tué une jeune fille... et que tous deux avaient encore mangé quatre filles... » Ils furent brûlés sans autres preuves que leurs aveux forcés, souvent contradictoires.

Gilles Garnier fut arrêté comme loup-garou mangeur d'enfants; il avait choisi de se transformer en loup parce que cet

17. J. Vartier. *Les procès d'animaux.* Hachette, 1970.

157

Histoire du loup-garou du Margraviat de Onolzbach, en Allemagne, en 1685.
Après avoir emporté et dévoré des enfants il fut capturé au fond d'un puits et pendu.
Il retrouva alors ses traits d'homme.
Gravures allemandes du XVIIᵉ siècle.

Moi, loup et démon à la fois, — qui tracassais les gens, — je souffre aussi
maintenant — que l'on me dit :

Tiens, toi maudit fantôme — qui est devenu loup, — tu es maintenant pendu à la
potence — orné de tes cheveux d'homme.

animal lui avait paru plus « mondanisé » que le lion ou le léopard. Il fut condamné au bûcher par le tribunal de Dole, en 1573.

En 1598, à Caude, dans les environs d'Angers, un enfant ayant été dévoré, les paysans qui donnaient la chasse aux loups trouvèrent, non loin du cadavre, dans un petit champ, une sorte de sauvage ayant le visage et les cheveux épouvantables et les mains sanglantes avec de grands ongles. Ils le saisirent et lui ayant demandé ce qu'il faisait là, il leur déclara qu'il avait mangé l'enfant en compagnie de son père et de son cousin tous les deux loups-garous comme lui. Condamné à mort par le lieutenant criminel d'Angers, il eut le courage de faire appel et fut entendu par le parlement de Paris. Celui-ci jugeant qu'il y avait « plus de folie chez ce misérable que de malice et de sortilège », fut condamné à être enfermé à l'hôpital Saint-Germain-des-Prés pour deux ans « afin d'y être instruit et redressé ».

En 1603, le parlement de Bordeaux eut à juger un garçon de quatorze ans : Jean Grenier. Il déclarait pouvoir se changer en garou à volonté grâce à une peau de loup et se vantait d'avoir tué et mangé plusieurs enfants. « Quand il veut courir, il a une peau de loup sur soi, laquelle M. de la Forest (le diable) lui porte quand il veut qu'il court; puis il se frotte d'une certaine graisse qu'il lui a baillée, ayant premièrement ôté ses habits qu'il porte ordinairement par les chaumes et par les buissons. » L'enfant accusa son père de lycanthropie mais son état d'hébétude lui épargna le bûcher; il fut condamné à la réclusion perpétuelle chez les moines de Bordeaux.

Bien des « loups-garous » ne bénéficièrent pas de pareille indulgence. Cinq ans auparavant une véritable épidémie de lycanthropie traversait le Jura, et le parlement de Dole avait même publié un édit qui permettait aux villageois de faire justice eux-mêmes, « s'assembler avec espieux, hallebardes... chasser et poursuivre le loup-garou par tous lieux où ils le pourront trouver et le prendre, tuer et occire sans pour ce encourir peine et amende ». Perrenette Gandillon, en 1605, massacrée à coups de bâton par les habitants de Nezans, un petit village des environs de Moirans, fit les frais de cet édit abusif. Elle avait eu le tort de s'être absentée du hameau le jour où un enfant fut dévoré par un loup qui avait « les deux pattes de devant en forme de mains ».

En 1710, Laurent Bordelon publie l'*Histoire des imaginations de Monsieur Oufle causées par la lecture des livres qui traitent de la magie,* un ouvrage qui ridiculise les croyances de sorcellerie et donnera leur coup de grâce aux procès de lycanthropie.

Pourtant, les loups-garous n'en disparaîtront pas pour autant et toute la littérature populaire du XIXe siècle est jalonnée de contes et de légendes dont ils sont les épouvantables héros.

Van Gennep raconte qu'en Auvergne « le Loup-Garou est un mortel qui se lève de nuit et, couvert d'une peau de bête fauve, court follement, en marchant sur les pieds et les mains, à travers la campagne. Il est invulnérable aux balles. S'il peut dévorer le premier animal qu'il rencontre sur sa route, il devient inoffensif; sinon il dévaste tout sur son passage et massacre même les enfants. Sa femme, qui est au courant de sa possession, lui prépare une pâtée semblable à celle des porcs, qu'il avale à sa rentrée à la pointe du jour. Le lendemain, il vaque à ses occupations ordinaires et rien ne trahit son malheur, sinon la rugosité extraordinaire de ses mains. S'il est piqué au sang pendant sa course de la nuit, il est guéri de sa maladie; mais

*« Comment monsieur Oufle crut être loup-garou et ce qu'il s'ensuivit... » Gravure de Crespy pour l'*Histoire des imaginations extravagantes de monsieur Oufle *de l'abbé Bordelon, Paris, 1754.*

malheur à l'ami qui voulant lui rendre ce service le manquerait : le loup-garou serait dans l'obligation de le mettre en pièces [18] ».

En Vendée, les curés pouvaient changer en loup-garou ceux qui avaient commis un crime ou un vol et n'acceptaient pas de se dénoncer :

« Un vol, un crime, ont-ils été commis dans la commune? Vite le curé est averti du fait. Au premier dimanche, premier émollitoire (monitoire) avertissant le coupable, lui conseillant de réparer sa faute. Deuxième monitoire, le dimanche suivant : le coupable ne s'est point fait connaître. Cette fois, le curé avertit qu'au troisième avertissement la sentence sera prononcée, sentence terrible, impressionnante. Les femmes nerveuses et enceintes devront s'abstenir d'assister à cette cérémonie. Du haut de la chaire, le prêtre lisait la terrible formule. Puis, après avoir éteint la flamme du cierge, il s'écriait : « Que l'âme du coupable s'éteigne comme cette lumière! »

Au même instant, le condamné, changé en bête, commençait une course effrénée qui devait se continuer pendant sept ans à travers sept paroisses. Il ne pouvait dévoiler son terrible secret sous peine d'un nouveau septennat.

Blessé par une arme bénite, il reprenait sa forme primordiale. Le tireur bienfaisant manquait-il son but? Le maladroit était immédiatement dévoré par le garou [19]. »

Claude Seignolle a recueilli à Quinsac, en Dordogne, cette très belle légende, punition d'un désir inutile qui conduit tout droit à courir la galipote. Son ton moralisateur est tout à fait significatif :

« La ceinture verte

Une fois, un homme grand, maigre et hâve, qui se disait marchand ambulant, entra dans la salle d'une métairie et proposa au couple qui se trouvait là quelques bibelots, notamment une ceinture de cuir vert.

L'homme avait si mauvaise allure que le métayer s'empressa de le mettre à la porte et de pousser le loquet.

Coïncidence? Tout aussitôt, il se fit un grand vent et un coup de tonnerre éclata dans le ciel, suivi d'un orage qui dura toute la nuit.

Le lendemain matin, en ouvrant la porte, que virent-ils, attachée à la poignée extérieure?... Tout simplement la ceinture de cuir vert qu'on leur avait proposée la veille.

Sans penser à mal, la femme la prit, la palpa et, la trouvant à son goût, dit à son homme :

— Je la voudrais bien, si le marchand revient on lui paiera... En attendant, je la garde pour moi...

Mais son mari était prudent et le départ plutôt infernal du marchand ne lui disait rien qui vaille, aussi se montra-t-il fermement décidé à en refuser l'acquisition.

— Non, dit-il, le mieux est de la laisser là où nous l'avons trouvée, quitte à prendre soin qu'elle ne change pas de place... le diable serait là-dessous que je n'en serais pas étonné.

A contrecœur, la femme la remit en place et bientôt n'y pensa plus.

Seulement, le soir venu, alors que son mari dormait, sa curiosité de femme reprit le dessus. Elle se leva et mit la ceinture de l'inconnu.

A peine l'eut-elle serrée autour de sa taille, qu'une abondante toison de poils raides et durs poussèrent sur sa peau; que sa

18. A. Van Gennep. *Le folklore de l'Auvergne.*

19. S. Trébucq. *La chanson populaire.*

« Le loup et l'agneau. »
Illustration des Fables de la Fontaine par
Félix Lorioux, vers 1930.

« Nous avons faim mes bêtes et moi! »
« Le meneur de loups », illustration de
Philippe Fix pour Marie la Louve de Claude
Seignolle.

« Le Petit Chaperon rouge ».
Aquarelle de Philippe Legendre.

bouche et son nez se firent museau et qu'elle se retrouva à quatre pattes par terre...

Emportée par une rage subite, devenue méchante, bondissant jusqu'à la bergerie, elle égorgea une douzaine de brebis. Cela fait, elle galopa toute la nuit autour du village, en hurlant.

Elle ne s'arrêta que lorsque le petit jour pointa et rentra à la métairie où, ayant enfin pu se défaire de la ceinture verte, elle redevint femme.

Comprenant le pouvoir maléfique de la ceinture, elle la jeta dans le puits et, pensant s'en être débarrassée à jamais, alla se coucher harassée.

Mais, pendant sept ans, elle courut ainsi chaque nuit, obligée chaque soir de descendre dans le puits pour y prendre la ceinture verte qui la faisait *liberou*.

Elle dévora toutes les brebis du canton, et, lorsqu'il n'y en eut plus, elle dévora vaches et bœufs... Elle aurait dévoré tous les enfants; mais, au bout de la septième année, ne trouvant plus la ceinture au fond du puits, elle retrouva la paix [20]. »

Qui étaient ces loups-garous? De pauvres êtres, victimes des fantasmes des populations rurales, payant de leur vie les méfaits de loups véritables que l'on préférait ignorer? Des victimes de la rage sous les formes les plus spectaculaires des symptômes de la maladie? Comme beaucoup de médecins du XIXe siècle, G. Dumas a interprété la lycanthropie comme un délire de métamorphose ou une aliénation mentale liée aux rêves d'angoisse.

Pour Jean Vartier, « il semble plus probable que la lycanthropie fut une espèce de « monomanie », du genre de la danse de Saint-Guy, qui put affecter, en des époques d'intense misère, génératrices même de cannibalisme, des troupes d'enfants perdus ou abandonnés, courant la campagne à quatre pattes, ou certaines femmes gagnées à une contagion d'essence hystérique.

On n'exclut pas non plus la « lycanthropie sans bouger », résultat d'une extase provoquée par des plantes ou produits hallucinogènes. La drogue — dans sa forme élémentaire et pour tout dire artisanale — fut souvent appelée à donner le change à la faim. Pourquoi s'étonner alors que les paradis artificiels de nos ancêtres du début du XVIIe siècle les aient conduits dans une forêt enchantée où ils se voyaient dévorant de la chair tendre, à belles dents [21] ? »

Mais d'autres loups-garous plus proches de nous paraissent bien plus inquiétants que ces braves sorciers brûlés par Bodin ou Boguet. Ce terme, longtemps utilisé au sens figuré pour désigner une personne d'humeur insociable, un homme farouche et solitaire, fut récupéré par quelques organisations paramilitaires peu attirantes. Adolf Hitler se faisait couramment appeler « Oncle Wolf » et son quartier général, où eut lieu l'attentat de 1944, était le « Wolfschanze » (le repaire du loup).

Après la Première Guerre mondiale un réseau paramilitaire secret nommé « Organisation Werwolf » existait déjà en Allemagne. Fondé par Fritz Klappe de Hallé en 1923, il associait le nudisme et le terrorisme; son fonctionnement était calqué sur celui de la mafia sicilienne; il réunissait les vétérans de guerre nationalistes, les « loups-garous », dont le but était d'enrôler tous les conspirateurs civils sous la bannière noire décorée de la tête de mort. En 1945, dans un furieux discours à la nouvelle Volkssturm, Himmler ressuscita les « Werwolf » en demandant

Hitler se faisait appeler couramment « oncle Wolf ».
Caricature de J.-Y. Mas extraite de Les fables de La Fontaine et Hitler, *1939.*

Les organisations « Wehrwolf » réunissaient les vétérans des guerres nationalistes, appelés loups-garous, *sous la bannière noire décorée de la tête de mort. Leipzig, 1925.*

Page de gauche :
« Histoire d'un loup racontée par lui-même. »
Image populaire de Metz, XIXe siècle.

20. Claude Seignolle. *Le diable dans la tradition populaire.*

21. Jean Vartier. *Les procès d'animaux.* Hachette, 1970.

Affiche pour un film « de loups-garous ».

22. Maurice Toesca, *Les loups-garous*. Paris, Albin Michel, 1966.

23. On peut se faire une idée de l'importance de cette littérature en lisant : *13 histoires de loups-garous*, Verviers, Marabout, 1977 (on y trouvera *le gâloup* de Claude Seignolle), et en consultant : B.J. Frost, *Book of the Werewolf*, Londres, Sphere Books, 1973.

24. D'après P.J.B. Bénichou. *Horreur et épouvante dans le cinéma fantastique*. P.A.L., 1967.
Dans l'*Écran fantastique*, 1978, n° 7, on trouvera des photographies saisissantes de la transformation de Lon Chaney Jr, en loup-garou.
Pour la bande dessinée, consulter le dossier de A. Lenoble, dans *Tintin*, 17 août 1979, n° 206, pages 11-13, dans un numéro consacré à la défense du loup.

aux soldats de harceler les lignes de communications ennemies « comme des loups-garous ». Après la Seconde Guerre mondiale, un groupe de résistance dirigé par Otto Skorzeny, le libérateur de Mussolini, reprendra ce terme, revendiquant de nombreux meurtres et pratiquant l'assassinat politique.

Dans le Tyrol autrichien, les Américains eurent des difficultés avec les « Werwolf ». Cette bande de femmes de Leipzig s'était organisée pour lancer de l'eau bouillante sur les troupes défilant dans la rue. Maurice Toesca a évoqué cette résistance aux troupes alliées dans son roman *Les Loups-garous* [22].

Depuis le *Lai du Bisclavet* de Marie de France écrit au XIIIe siècle, le loup-garou hante les méandres de la littérature et, maintenant, du film fantastique. Les Américains sont très friands des contes de loups-garous que leur proposent des revues comme *Ghost Stories* ou *Weird Tales*. La liste des auteurs publiés est importante : Peter S. Beagle, Rudyard Kipling, Leo Brett, Roger Harwood, Gilbert Campbelle, Saki, Bram Stoker [23]. En France, la faveur du public va aux œuvres de Claude Seignolle qui s'est fait une spécialité des histoires de diable. Dans la bande dessinée, le loup-garou hante des revues d'épouvante telles que *Creepy* ou *Vampirella,* ou des magazines pour enfants comme *Tintin* qui a publié des dessins d'Éric *(Tetfol, Le prince du Gévaudan)* et de Corin *(Opération Wolf).*

Au cinéma, le loup-garou a fait une brillante carrière dans plus de cinquante films de lycanthropie. On peut citer parmi les plus célèbres :

1913. Henry McRae (USA) : *The Werewolf.*
1942. Guillaume Radot (France) : *Le loup des Malveneur.*
1943. Roy William Neill (USA) : *Frankenstein rencontre le loup-garou.*
1944. Henry Levin (USA) : *La fille du loup-garou.*
1961. Terence Fisher (GB) : *La nuit du loup-garou.*
1962. Robert Frost (USA) : *Le vampire érotique.*
1964. Antonio Margheriti (Italie) : *la terreur des Kirghiz.*
1972. Daniel Petrie (USA) : *Moon of the wolf.*
1973. Milton Ginsberg (USA) : *Le loup-garou de Washington.*
1975. Freddie Francis (GB) : *Legend of the Werewolf.*
1977. M.I. Bonns (Espagne) : *La maldiccion de la bestia* [24].

Une scène du film de Terence Fisher, La nuit du loup-garou, *1961.*

Contes de loups

Les contes de loups peuvent être divisés en deux grandes catégories :

● Les contes d'animaux mettent en scène le loup et un autre animal, sauvage ou domestique, ou un homme, bûcheron, paysan ou charbonnier. Le loup, presque toujours ridiculisé, battu ou tué, y est présenté comme un animal idiot, peureux, niais et dénué de toute ruse. Sans doute, par cette image à l'inverse de la réalité éthologique, les paysans se vengeaient-ils de la crainte qu'il inspirait bien souvent à tort. Dans ces contes, presque toujours moralisateurs, les animaux sont utilisés à la place de véritables personnages, faisant preuve, dans un anthropomorphisme traditionnel, de paroles, de sentiments et de gestes humains.

● Les contes fantastiques mettent en scène l'homme et le loup dans une relation où l'univers imaginaire devient le fondement même du récit. Diable déguisé en loup, loup-garou et meneur de loups sont les principaux personnages de ces récits.

Véhiculée de bouche à oreille par la tradition orale, cette littérature se retrouve, d'une province à l'autre, d'un pays à l'autre, avec une trame identique, mais une forme variant à l'infini en fonction des cultures locales.

Dans le troisième volume du *Conte populaire français*[25], Marie-Louise Tenèze catalogue plus de trente-cinq contes types dans lesquels le loup est présent comme personnage principal ou secondaire. Pour certains d'entre eux, comme le *Renard parrain*, les variantes recensées sont innombrables.

Le thème le plus fréquent oppose le renard et le loup dans des aventures calquées sur les comportements des hommes, où le premier, rusé, triomphe et se moque de la bêtise supposée du second. Tradition lourdement ancrée dans les mentalités puisque, aujourd'hui encore, on prête au renard cette intelligence légendaire dont il n'est pas mieux pourvu que beaucoup d'autres animaux. Toute cette tradition orale se retrouve en filigrane dans plusieurs textes littéraires dont le plus célèbre, et peut-être le plus ancien, est le *Roman de Renart* composé au XIIe siècle. Il relate, dans un langage d'une verdeur à faire rougir, l'interminable lutte entre Goupil le renard, et Ysengrin le loup, étalant sous les traits d'animaux familiers les aventures, les caractères, les comportements des différentes couches de la société.

« J'ai tant fait de mal à Ysengrin », s'exclame le renard du roman !

« Par ma faute Ysengrin est allé trois fois en prison, je vous dirai de quelle façon. Je l'ai précipité dans un piège à loup, alors

25. G. Delarue et M.-L. Tenèze. *Le conte populaire français*. Paris, Maisonneuve et Larose, 1970-1976; 3 vol.

qu'il voulait manger un lapereau, et, avant de s'échapper de sa prison, il a été rossé d'au moins cent coups de bâton. Je l'ai fait loger au bercail : là, les bergers l'ont découvert et l'ont battu comme âne sur un pont. Il y avait six jambons chez un prêtre, dans un monastère. Je lui en ai fait manger tant et tant qu'il fut si gonflé qu'il ne put sortir par le trou d'entrée. Je l'ai fait s'asseoir dans l'eau gelée jusqu'à ce que sa queue fût prise dans la glace. Je l'ai fait pêcher dans la fontaine, une nuit de pleine lune : il a pris pour un fromage le rond blanc du reflet. Et il fut encore par moi trahi devant la charrette bâchée. Cent fois je l'ai lassé et vaincu à force de ruse. J'ai fait tant qu'il devint moine, et puis chanoine quand je lui fis manger de la viande. J'avoue qu'on aurait bien dû m'écorcher pour la honte que je lui ai faite [26]. »

Ce sont là presque toutes les mésaventures de la littérature orale. Renard y bénéficie, malgré ses méfaits, de toute l'indulgence du bon peuple. Certes, on l'appelle bien « le rouquin », le « puant », mais ce sont là des termes amicaux, et il lui arrive rarement d'être en position ridicule, alors que le loup est une véritable tête de Turc. « Si l'on réfléchit tant soit peu, explique Maurice Toesca dans son introduction au *Roman de Renart,* on comprend que le renard ne prenait guère que les poules des paysans, tandis que les loups s'attaquaient à leur vie, à celle de leurs enfants, à leurs chevaux : la peur du loup, la haine du loup doit être l'un des plus vieux sentiments de nos pays. Pas de danger que l'auditoire s'apitoie sur Ysengrin : Renart sera toujours absous quand il lui jouera de mauvais tours. »

Voici un choix des principaux « contes de loups » recensés par Marie-Louise Tenèze dans la partie « contes d'animaux » du *Conte populaire français,* tome III :

« Le renard-parrain

Il y avait une fois un loup avec un renard qui faucillaient au blé derrière le village au Haut-jardin. Pour leur goûter, on leur avait donné un pot de lait caillé. Mais le renard, qui était si gourmand, pensait toujours au pot de lait caillé et il se demandait comment qu'il pourrait bien faire pour le manger tout seul.

— Tiens, qu'il se dit, je m'en vais dire qu'on m'appelle pour être parrain.

Il fait tout d'un coup :

— Châti ! tiens, qu'il dit au loup, voilà qu'on m'appelle pour être parrain.

26. *Le Roman de Renart,* transcrit du vieux français par Maurice Toesca. Paris, Stock, 1979.

— Bien, va-t'en, que dit le loup, je faucillerai sans toi.

Quand il revient, il lui demande :

— Comment qu'on appelle ton filleul?

— Bien commencé, que dit le renard, et puis ils se remettent à fauciller.

Un petit moment après, le renard fait encore :

— Châti! voilà qu'on me rappelle encore pour être parrain.

— Bien, va-t'en-z-y encore, dit le loup.

Quand il revient, il lui demande encore :

— Comment qu'on appelle ton filleul?

— Moitié vide.

— Voilà des drôles de noms tout de même, qu'a dit le loup.

Un peu après, voilà encore le renard qui rappelle :

— Châti! voilà qu'on me rappelle encore une fois pour être parrain.

— On t'appelle moult souvent, mais reva-t'en-z-y encore, dit le loup.

Puis quand il a revenu, il lui a encore demandé comment qu'on appelait son filleul.

— Bien reléché, a dit le renard.

— Voici l'heure de goûter qui a arrivé, que dit le loup, tu as été parrain, tu n'as pas si faim que moi, mais moi, j'ai faim, allons goûter.

Quand ils ont arrivé près le tréseau qui était le goûter, le pot de lait caillé était vide.

— Ah! que dit le loup, ça ne m'étonne pas de toi, tu as dit qu'on t'appelait pour être parrain et tu venais manger le lait caillé, je vois bien à cette heure pourquoi que tes filleuls s'appelaient bien commencé, moitié vide et bien reléché. Mais cela n'empêche pas que j'ai faim, qu'est-ce que je vais goûter?

— Ne te mets en peine, dit le renard, le maître ont tué un cochon, je vais te mener où qu'il est, nous passerons par le larmier et puis nous en mangerons notre soûl.

Les voilà partis, ils ont bien passé pour entrer, mais quand ils ont eu mangé, le renard a encore bien repassé par le larmier, mais le loup avait un si gros ventre qu'il ne pouvait plus ressortir.

— Attends, que lui a dit le renard, tourne moi ton c..., je te tirerai par la queue.

Mais il a tiré si fort que la queue a arraché.

— Me voilà beau, a dit le loup, voilà que je n'ai plus de queue.

— C'est bon, qu'a dit le renard, la maîtresse a du chanvre qui rouit sur l'herbe, je t'en vais faire une avec.

Et il lui fait une belle queue de chanvre.

Puis les voilà qui ont vu des pâtres qui faisaient la « tranche » dans les prés au Breuil.

— Allons avec eux, qu'a dit le renard, nous avons bien mangé, nous danserons des rondes avec eux à l'entour du feu.

Et puis les voilà partis. Quand ils ont eu dansé des rondes, ils ont dit : Voir lequel de nous qui sautera le plus haut au-dessus du feu.

Le renard, qui était leste, a sauté haut, mais le loup, qui était plus pesant, n'a pas pu sauter assez haut, et puisqu'il ne pensait pas que sa queue était en chanvre, voilà le feu qui a pris dedans et l'a brûlée. Et il n'a plus eu de queue. » (Recueilli en Lorraine par L. Zelikzon avant 1913.)

« Du chevreau et du loup. »
Miniature illustrant un manuscrit des Fables
d'Ésope, *1594.*

« La queue du loup attachée à la corde de la cloche

Une fois, le loup et le renard entrèrent dans une église pour manger du miel. Le loup en mangea tellement que, lorsqu'il fallut sortir, il ne put pas passer par la chatière.

Le renard lui dit :

— Voici ce qu'il te faut faire : pends-toi à la corde de la cloche, et tu sonneras. Quelqu'un viendra bien voir ce qui se passe : aussitôt que la porte s'ouvrira, tu t'esquiveras.

Quand le carillonneur entendit sonner, il alla à l'église et ouvrit. Le loup sauta vivement dehors; mais la porte se referma trop tôt, et la queue du loup y resta.

Et tous les gens qui virent passer le loup sans queue se mirent à crier :

— A l'écourté! à l'écourté!

Le renard lui dit :

— Là-bas il y a des broyeuses de chanvre. Je vais crier : « Au loup! » Elles partiront. Alors tu leur voleras une poignée d'étoupes, et avec ces étoupes je te ferai une queue.

Ainsi fut fait. Mais voilà que, lorsque les gens virent passer le loup avec sa queue d'étoupes, ils se mirent à crier :

— Au queue-bourru! au queue-bourru!

Le renard lui dit :

— Là-bas il y a des pastoures qui font feu. Je vais crier : « Le loup aux brebis! » Elles partiront. Alors nous irons au feu, et je te flamberai la queue.

Ainsi fut fait. Mais voilà que, lorsque les gens virent passer le loup avec sa queue flambée, ils se mirent à crier :

— Au queue-roussi! au queue-roussi!

· Le loup dit alors au renard :

— C'est toi qui es la cause de toutes les mésaventures qui m'arrivent : je veux te manger.

Le renard s'enfuit. Sur son passage, il trouva un terrier et s'y réfugia. Le loup, qui le suivait de près, planta sa grosse patte dans le terrier et saisit la petite patte du renard.

— Je te tiens! lui dit-il.

Le renard lui dit :

— Tu crois bien tenir ma petite patte, mais tu ne tiens qu'une petite racine!

Le loup fut assez bête pour croire qu'il tenait une racine, et il retira sa patte, et le renard s'encoigna au fond du terrier. »
(Recueilli, à Loze, Tarn-et-Garonne en 1904; C. Perbose, *Contes de la vallée de la Bonnette,* 1924.)

« Un beau rêve et un méchant voyage

« Un loup était couché au Ractel; il avait fait un beau rêve qu'il trouverait tout plein quelque chose.

Il se met en route en se réveillant, et en traversant le chemin de la Ruelle, il trouve un jambon; il le goûte :

— Oh! qu'il dit, il est trop salé; je trouverai bien quelque chose de meilleur.

Il suit son chemin, et en traversant le chemin de Villers, il trouve une belle bande de lard; il la goûte :

— Oh! qu'il dit, il est trop rance, je trouverai bien autre chose par là.

Il arrive un peu plus loin, aux Pendus, et il rencontre une jument avec son poulain :

— Il faut que tu me donnes ton poulain, qu'il lui dit.

— Tu l'auras si tu veux, que lui dit la jument; seulement, j'ai une épine dans le pied; il faut que tu me la tires.

Ma foi, notre loup s'approche, la jument lève le pied, lui en fout un coup sur la gueule, elle lui met la mâchoire en marmelade et puis elle se resauve avec son poulain.

Voilà que le loup a commencé par se déconforter :

— Ce jambon-là n'était pas trop salé, qu'il se resonge, je l'aurais bien mangé ainsi. Ce lard-là n'était pas trop rance, je l'aurais bien mangé ainsi aussi. Est-ce que je suis maréchal, moi, pour tirer une épine du pied de cette jument-là? J'aurais bien pris son poulain ainsi.

Après cela, il s'en va aux Fausses-Eaux. Il rencontre une truie avec ses petits cochons.

— Ah! voilà bien mon affaire, qu'il dit ainsi à la truie. Il faut que tu me donnes un de tes cochons.

— Ils sont trop sales, que lui dit la truie. Tu ne les voudrais pas ainsi; arrête (attends) un peu, je vais me (s) en les laver.

La truie saute dans le bief avec ses cochons, les passe tous de l'autre côté, et ils rentrent tous dans leur écurie.

Ma foi, il n'y avait plus mèche d'en avoir.

— Oh! que dit le loup, je suis bien bête : ce jambon-là n'était pas trop salé; ce lard-là n'était pas trop rance, je l'aurais bien mangé ainsi aussi. Est-ce que je suis maréchal, moi, pour tirer une épine du pied de cette jument-là? J'aurais bien pris son poulain ainsi. Ces petits cochons-là n'étaient pas trop sales; je les aurais bien pris ainsi.

De là il s'en va au Nid de la Sugne. Le berger était là avec son troupeau, et il y avait deux béliers qui se battaient à côté (de lui). Ma foi, notre loup leur dit :

— Il me faut un de vous deux.

— Mets-toi entre nous, qu'ils lui disent, tu choisiras.

Ma foi, notre gros betaud de loup s'y met, les deux béliers se reculent, ils se lancent dessus et ils lui foutent chacun un bon coup de corne dans la panse, si fort qu'ils le culbutent, et puis ils se resauvent avec le troupeau. C'était déplaisant d'avoir fait un si beau rêve et un si méchant voyage.

« J'ai une épine dans le pied, il faut que tu me la retires! » dit la jument au pauvre loup qui ne se méfie pas de la ruse.
Gravure sur bois illustrant les Fables *d'Ésope, XVIIIe siècle.*

Joignant la force à la prudence,
On met toute entrèprise à bout :
Heureusement pour l'innocence
Qu'un méchant ne prévoit pas tout.

Il s'en va au bois de Saint-Laurent, près de la baraque du charbonnier; ma foi, il se met à resonger tous ses malheurs :

— Ce jambon-là n'était pas trop salé; ce lard-là n'était pas trop rance, je l'aurais bien mangé ainsi aussi. Est-ce que je suis maréchal, moi, pour tirer une épine du pied de cette jument-là? J'aurais bien pris son poulain ainsi. Ces petits cochons-là n'étaient pas trop sales, je les aurais bien pris ainsi. Je n'avais pas besoin de choisir dans (entre) ces deux béliers-là, j'en aurais bien pris un. Je suis si fâché que je voudrais que le charbonnier fût dans sa baraque et qu'il me coupât la queue au ras du cul (Je n'avais pas songé à vous dire qu'il était assis le long de la porte, qui n'était pas trop bien fermée et que sa queue passait par-dessous).

Justement, le charbonnier était dans sa baraque; il prend sa hache et il lui fout la queue en bas.

— Aïe! aïe! que crie le loup, c'était pour rire que je disais cela.

— Ah! ma foi, que dit le charbonnier, il ne fallait pas le dire.

Et quand on verra un loup qui a la queue coupée, c'est celui qui a fait un si beau rêve et un si mauvais voyage. » (Recueilli en 1888 à Mangiennes, dans la Meuse; A. Jeanroy, *Quatre contes meusiens.*)

« *Le loup et le renard dans le puits*

Le loup a trouvé le rnard, le loup a dit au rnard :

— Ah, te voici, bin i vais faire deux bouchées de toi.

— Oh, i te dmande pardon i te dmande pardon.

— Eh bien, trouve-moi quelque chose.

— J te trouverai.

— Qu'est-ce que tu veux bien me trouver? Je veux que tu me trouves une meule de fromage.

— Oh, je saurai bien te la trouver.

— Alors c'est parfait.

Ils ont traversé trois vergers, ils sont allés tourner devant chez Benjamin (c'étaient les Faivret qui restaient là dans le temps), et puis ils ont traversé le jardin des Chalandre (entre Benjamin et Fortunat). Les voilà dans la cour de Fortunat. I avait un puits, seulement, il y avait des margelles, puis c'était un puits à deux seaux avec une chaîne puis une poulie.

— Lè ous que te me men, i n wa ran? (Là ou s que tu me mènes, je ne vois rien).

— Syo, ètan (si, attends), ètan, s'o iqi ô fon, yè qè choûz, è yè di froumâj, i t lou garanti (Attends, c'est ici au fond, il y a quelque chose, il y a du fromage, je te le garantis).

Puis la lune donnait, elle plombait directement dans le puits, alors le renard lui dit :

— Ergadj (regarde).

— E byin désan (Eh bien, descends).

— O, s'o n moûl de froumèj, ô, s'èl o groû, s'o è moul de fromèj, qu'il lui crie depuis le fond. Alors il dit au loup :

— Monte dans l'autre seau.

Comme le loup était plus lourd que le rnard, il a été vite au fond, puis le rnard au dsus.

— E bè, te vyo m manjî, é bè s cou si rmont, i soe sové (Eh bien, tu voulais me manger, eh bien, ce coup-ci remonte, je suis sauvé).

Le loup disait bien :

— Rmont me. Quand i te rtrouvrâ i voe t croqâ (Remonte-moi, quand je te retrouverai, je veux te croquer).

« *L'âne malade et les loups.* »
Illustration d'Ernest Griset pour les Fables d'Ésope, *vers 1880. Ésope était en fait plus un conteur qu'un écrivain et ses fables, dans lesquelles les animaux donnent des leçons aux hommes, sont issues de la lointaine tradition orale.*

170

Min i ne l'a pas rtrouvé, il a été noyé. » (Recueilli à Lanten-ne-Vertière, dans le Doubs; *Bartizier, Almanach populaire comtois,* 1950, n° 15.)

« *Le partage de la récolte*
Une fois, un renard et un loup vivaient ensemble dans une même caverne.

Le loup était grand mangeur, et souvent il lui arrivait de manger le dîner du renard. A la fin, le renard fatigué de la gloutonnerie du loup lui dit :

— Loup, toi et moi ne pouvons aucunement vivre comme cela, tu as trop gros appétit; il nous faut partager la récolte, et chacun mangera sa part; tant pis pour celui qui n'en aura pas assez.

Ainsi dit, ainsi fait.

Le temps de semer arriva; le renard dit au loup :

— Loup, quelle part de récolte veux-tu? De terre en amont ou de terre en aval?

Le loup abaissa la tête, serra les dents et fit aller la queue un moment — et, après avoir réfléchi :

— Je veux de la terre en aval, dit-il.

— Eh bien! de la terre en aval tu auras, répondit le renard.

Cette année, le renard voulut semer du blé. Et quand le blé fut à point, le renard s'en alla le moissonner et eut la paille et du grain. Au loup il resta le chaume et les racines, part qu'il s'était réservée... de terre en aval.

— Renard, dit le loup, cette année, tu m'as trompé, mais attendons l'année prochaine.

Quand le temps de semer fut revenu, le renard dit au loup :

— Hé! quelle part veux-tu, cette fois, loup?

— Cette année, fripon, je veux de la terre en amont.

— Allons, de la terre en amont tu auras.

Et ils s'en allèrent semer.

Le renard voulut semer des topinambours, parce qu'ils avaient semé du blé l'année précédente. Au temps de la récolte le renard dit au loup :

— Va prendre ta part de terre, comme il a été convenu.

Le loup alla couper toutes les tiges des topinambours. Le renard s'en alla, à son tour, chercher sa part de terre en aval, et remplit sa cave de topinambours.

Et, pauvre loup, il avait supporté la famine l'année précédente, et la supporta encore celle-ci; il souffrit tant et tant qu'il creva.

Nigauds, toujours vous serez dupés par les fripons. » (Recueilli par les enfants de l'école de Comberouger, dans le Tarn-et-Garonne, en 1900, sous la direction d'Antonin Perbose.)

« *Le loup et l'écureuil*
Un loup vit un jour un écureuil au haut d'un arbre. Comme il voulait le croquer, il imagina la ruse suivante; il dit à l'écureuil :

— Ah! mon ami écureuil, ton père était bien plus leste que toi, il aurait sauté de l'arbre où tu es, jusqu'à cet autre arbre.

Et en même temps le loup lui désignait un arbre assez éloigné. L'écureuil se piqua d'honneur et se lança dans l'espace. Comme le loup l'avait prévu il n'atteignit pas l'autre arbre et tomba sur le sol. En deux bonds le loup sauta dessus et le tint sous ses pattes; il se préparait à manger le malheureux écureuil, lorsque celui-ci lui dit :

Quelle ne fut pas ma surprise de voir le féroce animal enharnaché aux lieu et place de sa victime!

Parmi les innombrables aventures du baron de Crac, il lui arriva d'être poursuivi par un loup affamé qui, dévorant son cheval, se mit à sa place dans les harnais.
Imagerie Pellerin à Épinal, fin du XIXe siècle.

171

— Ah! ton père était bien plus honnête que toi, il n'aurait rien mangé sans faire auparavant le signe de la croix.

Le loup voulut être aussi honnête que son père et il se mit à faire le signe de la croix. L'écureuil profita de ce moment pour s'échapper, se mit à courir et s'enfonça dans un tas de pierres et de broussailles; mais le loup qui le poursuivait l'attrapa par la patte de derrière.

— Tire, tire, loup, tant que tu voudras la racine du buisson.

Et le loup croyant en effet s'être mépris lâcha la patte de l'écureuil qui fut ainsi sauvé. » (Recueilli à Vals, en Ardèche, en 1876; E. Rolland, *Faune populaire*.)

« Le loup de Saint-Léger

Une fois, il y avait un homme, chez nous, qui était riche. Et alors, il avait un grand bois à Saint-Léger, là-haut. Et un jour il s'en va au marché à Saint-Bonnet et puis il trouve un homme de Saint-Léger qui lui dit :

— Bé... tu vas voir ton bois là-haut? Je crois qu'ils te coupent du bois.

Et alors, en venant du marché, il dit à sa femme :

— Il faut que j'aille voir mon bois demain, là-haut, qu'ils m'en coupent.

Alors le lendemain le voilà *maï* parti pour aller voir son bois. Il prend sa canne et il s'en va à Saint-Léger. Et en faisant le tour du bois il trouve un loup *empêché* (empêtré) dans un morceau d'arbre. Alors le loup lui dit :

— Ah! mon brave homme, si tu pouvais me *désempêcher* de là. Il y a trois jours que je suis là et j'ai faim et je peux pas me *désempêcher*.

Alors l'homme lui dit :

— Mais, si je te *désempêche,* tu vas me manger.

— Oh! non, non, non, va, je te mange pas, je te le promets. Je te mange pas.

Alors l'homme le *désempêche*. Et une fois *désempêché* le loup lui dit :

— Mais il y a trois jours que j'ai rien mangé, je sais pas si je te mangerai pas.

— Oh! ben, tu m'as bien promis que tu me mangerais pas, tu vas peut-être pas me manger?

Le loup lui dit :

— Ben, on va faire une affaire. On va partir; les trois premières bêtes qu'on rencontre, s'*ils* me disent de te manger je te mange, et s'*ils* me disent autrement je te laisserai.

Ah! Ils partent tous les deux. Alors ils commencent de rencontrer un chien, un vieux chien. Ils lui racontent l'histoire. Et le vieux chien lui dit :

— Va... tu peux le manger. Pour moi tu peux le manger. Moi, j'ai gardé les bêtes toute ma vie; dans la nuit je gardais la maison, et aujourd'hui ils me sortent de la maison avec le bâton.

Ah! Alors ils filent. Ils rencontrent un vieux boiteux, un cheval qui pouvait plus marcher et ils lui disent *maï*. Alors le cheval leur dit :

— Ah! j'ai travaillé pour un homme toute ma vie et toute ma vie il m'a fait marcher à coups de fouet, il me faisait tirer la charrue; aujourd'hui, tu vois comme il me fait : je suis dans un parc à crever de faim, je peux plus marcher, et il me fait coucher dehors.

— Ah! Ça faisait déjà deux bêtes, ça. L'homme commençait à

172

A quelque temps de là, Goupil trouva, dans le bois, un petit lapereau étranglé par un collet malfaisant. Il saisit l'animal par les oreilles, et le porta jusqu'au bout d'un chemin qui bordait le bois.

Le Rusé emporta le lapereau dans quelque endroit minutieusement choisi par lui, puis il déposa la petite bête près d'un piquet de bois qui émergeait du sol herbeux.

Ensuite, patiemment, il attendit le passage du loup.

Celui-ci, depuis plusieurs jours affamé, parut bientôt.

Apercevant le lapereau, il fonça dessus en criant à Goupil:

— Vois, si la Force ne prime pas le Droit...

— Oui, mais la Ruse prime la Force, répondit le renard.

A ce moment, on entendit jouer un léger déclic, et le loup poussa un cri formidable.

Ses deux pattes de devant venaient d'être happées par les dents d'acier d'un piège à loups, piège que le renard avait éventé et dont il avait su si intelligemment se servir.

Une troupe de loups se faisant « la courte échelle » pour atteindre un personnage réfugié dans un arbre est un thème courant de la littérature orale.
En général il réussit involontairement à chasser les loups en laissant tomber un objet bruyant, un instrument de musique ou en urinant de peur.
Illustration de A. Buquet pour Le conte du Loup blanc, *1864.*

trembler. Alors ils filent, ils filent, et ils rencontraient plus personne. Et puis ils voient passer un renard là-bas sur la route et ils font signe au renard. Et le renard leur dit :

— Et qu'est-ce qu'il y a?

— Ah! ben, il m'a *désempêché* comme ça et comme ça.

Et il lui raconte l'histoire. Et le renard lui dit :

— Mais... moi je peux rien vous dire. Je peux rien vous dire parce qu'il faudrait que je voie comme tu étais.

Alors, ils partent tous les trois et ils s'en revont là-haut à Saint-Léger, pour se remettre comme il était. Et le loup se replace dans le morceau de bois et le renard quand il a vu ça, qu'il était *empêché,* il a dit :

— Ah! tu y es là, ben restes-y!

Et l'homme est reparti avec le renard... » (fragment d'un conte recueilli à Gap, dans les Hautes-Alpes, en 1959; Ch. Joisten, *Contes populaires du Dauphiné,* 1971.)

« La vieille et le loup

Il y avait autrefois une très vieille femme qui habitait seule une petite maison au milieu des bois. Tous les jours, elle allait prendre du bois sec dans la forêt, mais avant de sortir, elle cuisait sa bouillie d'avoine *(hou keir),* et la laissait refroidir sur la table.

Un jour, elle trouva son bassin vide, ainsi que le lendemain et le surlendemain. Elle devina que le loup rentrait manger sa bouillie pendant son absence.

La vieille cuisit alors une grosse bassinée de bouillie et plaça sur le feu une grande marmite d'eau qu'elle fit bouillir. Elle s'écarta alors de la maison, et revint quelque temps après; elle constata de nouveau que sa bouillie avait disparu; elle regarda autour d'elle et elle vit les deux yeux du loup qui brillaient sous le lit comme l'éclat du soleil. Vite, elle prit l'eau bouillante et la jeta sur le loup, qui perdit tout son poil; en se débattant, il essayait de passer à travers les barreaux de la fenêtre, mais, ayant trop mangé, il ne pouvait plus sortir. Pendant ce temps, la vieille l'arrosait d'eau bouillante, et elle ne le laissa sortir que lorsqu'elle n'en eut plus.

Les jours suivants, le loup ne revint pas, et la vieille riait de bon cœur de lui avoir joué ce tour.

Quelque temps après, la vieille se trouvait dans les bois, et elle aperçut son loup; de son côté, il la reconnut, et de suite il se mit à hurler de toutes ses forces, appelant ses confrères à son secours. Bientôt ils arrivèrent de toutes parts, grands et petits; tous ensemble, ils menacèrent la bonne femme. Celle-ci, surprise, et ne sachant que faire, monta dans un sapin; aussitôt les loups l'entourèrent et décidèrent de l'atteindre. Mais comment?

— Se mettre les uns sur les autres, dit l'un; qui se mettra dessous?

— Moi, reprit l'échaudé; et de suite il se cramponna à l'arbre. Un deuxième monta sur lui, puis un troisième, un quatrième, un cinquième, un sixième; le septième allait l'atteindre. La bonne femme tremblait de frayeur, croyant ses derniers moments arrivés; elle ne put s'empêcher de pisser. Les gouttes tombèrent sur le loup échaudé; il crut que la vieille l'arrosait encore d'eau bouillante, lâcha prise et se sauva en hurlant. Ses confrères, qui fixaient la vieille, dégringolèrent plus vite qu'ils n'étaient montés. Dans leur chute, ils se firent de graves blessures. Les uns avaient les pattes cassées, d'autres les côtes. Ils lancèrent à travers la forêt des hurlements terribles, se promettant de venger la lâcheté de leur compagnon.

Peu après, ils le rencontrèrent et le dévorèrent.

Depuis ce jour, aucun loup n'osa pénétrer chez elle, et sa vie s'écoula si paisiblement qu'elle ne savait plus son âge, ni à quelle époque cela lui était arrivé. » (Recueilli à Carnac dans le Morbihan; Z. le Rouzic, *Carnac, légendes, traditions, coutumes et contes du pays,* 1909.)

« Le lion, le loup et le renard

Autrefois, vous savez que tous les animaux avaient un roi, et le roi c'était le lion. Un jour, le roi a tombé bien malade, et tous les animaux allaient à son secours pour tâcher de le guérir. Voilà, en partant, le loup qui va trouver le renard; qu'il dit :

— Mon pauvre renard, faut aller voir notre roi, parce qu'il est bien malade, pour tâcher de le guérir.

Mon renard répond :

— Ah! i me fous ben de notre roi, va, aussi ben comme de toi! I voudrais que vous seriez crevés tous deux.

Le loup s'en va bien vite chez le roi :

— Bonjour, notre roi! Et c'ment allez-vous?

— Ah! i n' seus pas guère mieux, mon pauvre loup!

— Ah! notre roi! I ai ben voulu amener le renard; mais il m'a dit qu'il se foutait du roi aussi ben comme de moi! Il voudrait que nous serions crevés tous deux.

— Pas possible! Oh bien, il sera puni.

Tout d'un coup, le renard arrive, d'un air essoufflé, grand chaud.

— Hé! bonjour, notre roi! Et c'ment allez-vous? Voilà le quatrième jour, qu'i n' fais que courir pour trouver un remède pour vous guérir!

— Et quel remède?

— Mon bon roi, c'est d'écorcher un loup tout vif, et vous piéger (envelopper) dans la peau.

Le loup, qui était là, qui répond :

— O (ce) ne sera pas moi, toujours! I seus ben trop vieux!

— Et quel âge as-tu, loup?

— I ai sept ans.

— Précisément. Ol est juste de l'âge qu'o le faut.

Voilà bien vite les domestiques à se mettre à écorcher le loup tout vif. Et ils envoyèrent le loup tout dépouillé, en ne lui laissant rien qu'un peu de poil au bout des oreilles. Si vous aviez vu ce pauvre animal, comme il était laid! Quand il a arrivé dans sa famille, personne ne le reconnaissait, et le pauvre diable, il a vécu trois ou quatre jours, et puis il est crevé. Le roi a guéri; il a mandé le renard; le renard y a été, et puis le roi l'a décoré. » (Recueilli à Lussac-les-Châteaux, dans la Vienne; L. Pineau, *Les contes populaires du Poitou,* 1891.)

Dans les contes fantastiques, le loup perd cette image d'animal niais et lourdaud. Il devient un personnage de seconde importance dont les héros du conte, loups-garous ou démons, prennent la forme animale. Il peut même devenir intelligent dans les rapports qu'on lui prête avec son maître, le meneur de loups.

« Le loup-garou du Bois-aux-Fées

Chaque samedi, dans le Bois-aux-Fées, en Picardie, on pouvait voir un homme qui, après avoir déposé ses habits sur un buisson, se « touillait » (roulait) dans la vase de la mare et ne tardait pas à en sortir transformé en loup. C'était le loup-garou (en picard, louerrou — loup-werrou) du bois d'Orville. Le loup-garou se rendait aussitôt à Orville ou à Thièvres, entrait on ne sait comment dans une bergerie et en enlevait un mouton qu'il emportait au Bois-aux-Fées. Les sorcières, les fées et le diable arrivaient, allumaient un grand feu de broussailles, faisaient cuire le mouton, le dépeçaient et le mangeaient avec le loup-garou.

Un homme guetta un soir le loup-garou en se cachant dans un buisson, et le vit reprendre sa forme humaine aussitôt que les habitués du Sabbat se furent retirés.

Le loup-garou n'était autre qu'un paysan de Thièvres.

L'homme l'attendit à la sortie du bois et lui demanda pourquoi il se changeait ainsi en loup-garou.

« Voici bientôt dix ans, lui dit ce dernier, que je suis forcé de venir ici chaque samedi soir, me rouler dans la Mare-aux-Fées pour prendre la forme d'un loup et aller ainsi voler le mouton qui sert au souper du Sabbat. Je voudrais bien m'en empêcher, mais le diable est en moi quand l'heure de la réunion des sorcières approche et je suis poussé contre ma volonté à me faire loup-garou. Depuis dix ans, j'ai vu ici bien des choses horribles et j'ai appris bien des secrets. Je sais que, pour me délivrer de la possession du diable, il te faudrait venir par exemple samedi prochain, auprès de la Mare-aux-Fées, t'armer d'un long sabre et le faire tourner rapidement au-dessus de ta tête jusqu'à ce que tu sentes un choc quelconque. Je serai invisible auprès de toi, et si tu me blesses de ton sabre, la moindre goutte de sang qui s'écoulera de ma blessure me guérira de la possession du démon. »

Le paysan lui promit de remplir ces instructions à la lettre. Le samedi suivant, il vint se placer dans un buisson près de la Mare-aux-Fées et attendit. Il vit arriver l'homme qui, après s'être changé en loup, se mit en compagnie avec les sorcières, les fées et le diable. On commença le repas. Bientôt le loup-garou sembla disparaître et le paysan fit tournoyer son sabre comme c'était convenu. Il ne tarda pas à frapper un corps dans l'air et le loup-garou tomba blessé sur le sol. Le Sabbat se termina aussitôt par la fuite des mégères et du diable, et le loup-garou, légèrement atteint, put revenir au village. Dès ce jour il fut délivré de la possession du démon, et les réunions du Sabbat dans le Bois-aux-Fées cessèrent. (Conté par Jules Bonnel de Thièvres, dans la Somme, en 1880; E.H. Carney, *Littérature orale de la Picardie.*)

« La messe des loups

Les loups sont des bêtes comme les autres. Ils n'ont pas d'âme. Pour eux, tout finit juste au moment de la mort. Cependant, une fois chaque année, les loups du même pays s'assemblent pour entendre la messe. Cette messe est dite par un curé-loup, qui a appris son métier je ne sais où. Le curé-loup monte à l'autel, juste à l'heure de minuit du dernier jour de l'année, qui est la fête de saint Sylvestre. On dit qu'il y a aussi des évêques-loups, des archevêques-loups, et un pape-loup. Mais nul ne les a jamais vus. Pour les curés-loups, c'est une autre affaire. Vous allez en avoir la preuve.

Il y avait, autrefois, dans la ville de Mauvezin, dans le Gers, un brave homme qui faisait le métier de charron. L'un de ses fils

« Le grand loup ravissant déguisé en médecin apprend aux louveteaux à être gloutons contre diètes, à suer le sang des brebis et à courir vaquer au long des champs non pas pour pérégriner mais pour chercher à dévorer... »
Gravure sur bois illustrant *Les loups ravissants de R. Gobin, 1510.*

travaillait avec lui comme apprenti. Un soir, après souper, le père dit au garçon :

— Mon ami, tu as aujourd'hui vingt et un ans sonnés. Tout ce que j'étais capable de t'enseigner, tu le sais maintenant aussi bien que moi. Voici le moment de t'établir à ton compte. Fais courir l'œil, et tâche de bien choisir où tu dois aller. Une fois achalandé, tu n'auras pas de peine à te marier.

— Père, vous avez raison. Il est temps de m'établir à mon compte. Quant à me marier, il y a longtemps que j'y pense. Ma maîtresse demeure à Montfort. C'est une fille belle comme pas une, et honnête comme l'or. J'irai donc m'établir charron à Monfort.

Sept jours après, le jeune homme avait fait comme il avait dit, et les pratiques ne lui manquaient pas. Sept mois plus tard, il épousait sa maîtresse. Tous deux vivaient heureux et tranquilles, comme des poissons dans l'eau.

Un soir d'hiver, sept jours avant la Saint-Sylvestre, le charron et sa femme étaient en train de souper, quand ils entendirent le bruit d'un cheval lancé au galop. Le cheval s'arrêta devant la porte de leur maison.

— Ho! Charron! Ho! Charron! s'écria le cavalier.

Le charron ouvrit la fenêtre et reconnut un de ses amis de Mauvezin.

— Que me veux-tu, mon ami?

— Charron, je t'apporte de mauvaises nouvelles. Ton père est malade, bien malade. Si tu veux le voir encore en vie, tu n'as que le temps de partir pour Mauvezin.

— Merci, mon ami. Je pars sur-le-champ. Descends de cheval, et viens boire un coup.

— Merci, charron. J'ai des affaires pressées ailleurs.

Le cavalier repartit au grand galop, et le charron s'en alla trouver aussitôt le devin de la commune.

— Bonsoir, devin.

— Bonsoir, charron. Je sais pourquoi tu es ici. Ton père est bien malade, bien malade. Sois tranquille, il ne mourra pas. Mais il souffrira comme un damné de l'enfer, jusqu'à ce qu'il ait avalé le remède qu'il lui faut. Ce remède est la queue d'un curé-loup, que ton père mangera tout entière, avec le poil, la peau, la chair, les os et la moelle. Veux-tu faire ce qu'il faut, pour avoir cette queue de curé-loup?

— Devin, je le veux, et je te paierai ce qu'il faudra.

— Quand ton père sera près de guérir, je me paierai de mes mains, et sur tes oreilles.

Cela dit, le devin changea le charron en loup, qui sur-le-champ partit au grand galop pour la forêt de Boucone. Les loups le reçurent dans leur bande. Pendant six jours et six nuits, il les aida à voler des veaux et des brebis.

Le dernier jour de l'année, qui est la fête de saint Sylvestre, les loups furent avisés d'avoir à se procurer un clerc, pour servir la messe de minuit, qu'un curé-loup devait dire au beau milieu de la forêt de Boucone. Alors, les loups se dirent les uns aux autres :

— Qui de nous est en état de servir de clerc?

— Moi, répondit le charron.

— Eh bien, frère, tu feras ton métier.

Une heure avant minuit, le charron avait préparé, au beau milieu de la forêt de Boucone, un autel avec des cierges allumés. Devant l'autel, les loups attendaient le curé-loup, qui arriva tout habillé pour dire la messe, juste à l'heure de minuit. La messe commença donc, et le charron la servit jusqu'au dernier évangile. Alors, les loups s'enfuirent au grand galop, de sorte qu'il ne demeura plus que le curé-loup et son clerc.

— Attends, curé-loup. Je vais t'aider à te déshabiller.

Le charron s'approcha par derrière du curé-loup et, d'un grand coup de gueule, il lui coupa la queue ras du cul. Le curé-loup partit en hurlant. Aussitôt, le charron se trouva porté, sans savoir comment, dans la maison du devin de Montfort.

— C'est toi, charron. Regarde-toi dans ce miroir.

Le charron se regarda dans le miroir. Il était redevenu homme. Mais il avait encore les oreilles d'un loup, et tenait, serrée entre ses dents, la queue du curé-loup.

— Charron, voici le moment de me payer de mes mains, et sur tes oreilles.

Le devin arracha les deux oreilles de loup du charron. Aussitôt deux oreilles de chrétien repoussèrent à la place.

— Et maintenant, charron, tu as de quoi guérir ton père.

— Merci, devin.

Le charron partit vite pour Mauvezin, et fit manger à son père toute la queue du curé-loup, avec le poil, la peau, la chair, les os et la moelle. Aussitôt, le malade fut guéri, et il vécut encore bien longtemps. » (J.-F. Bladé, Contes populaires de la Gascogne.)

On raconte que les ménétriers, rentrant chez eux à pied, la nuit après un bal ou une noce, seuls en pleine campagne ou au milieu de la forêt, étaient parfois suivis par des loups. Souvent ils devaient leur abandonner la brioche ou la miche de pain reçue en salaire de leur soirée, mais quelquefois cela ne suffisait pas à les éloigner, leur cornemuse était alors d'un grand secours comme en témoignent de nombreux contes. Celui-ci a été recueilli auprès d'un habitant du Boischaud de l'Indre, M. Bret, en avril 1971 :

« C'est ma mère qui m'a raconté l'histoire d'un cornemuseux... Il avait été servir une noce, et pis i' s'en retournait chez lui... Il passait dans le bois de Grammont, mais c'était à l'époque des loups...

Il emportait un pain chaud dans sa gibecière et avait aussi sa musette... L'envie de faire pipi le prend!... il s'arrête... Il aperçoit un gros loup qui s'amenait en face de lui à travers bois... Il sentait le pain chaud ce loup!... Alors le cornemuseux, il est monté sur l'arbre avec son pain, pis sa musette, mais le loup attendait en dessous de lui...

A la fin du compte, il se dit : « Comment qu'c'est je vas faire... Fau'ra ben que je m'en aille, le jour va poindre!... » Alors, il a démanché sa musette; il l'a ben gonflée et, avec sa ceinture, il l'a descendue jusse sous le nez du loup... Le loup a mis la patte dessus : « Bêê... » qu'elle a fait la musette!...

Alors le loup, il a pris peur et le voilà parti!... » (D. Bernard, La fin des loups en Bas-Berry.)

Mais parmi les contes de loup, le plus célèbre, celui qui, depuis des siècles, fait vibrer les enfants et avant eux des générations d'adultes, celui dont le succès s'envole au-dessus des frontières, c'est Le Petit Chaperon rouge. Il n'échappe pas aux règles de la récupération de la tradition orale par la littérature « académique » et sans doute son prestige vient-il du succès des deux principaux auteurs qui se l'approprièrent, le modifièrent et le livrèrent, pieds et poings liés, au service de la morale bourgeoise : Charles Perrault et les frères Grimm.

Rentrant au village après la noce, les ménestriers étaient souvent suivis par des loups.
Gravure sur bois de Hardy, 1891.

Un vielleux du Centre, carte postale du début du siècle.

179

Dans le théâtre de marionnettes, le Petit Chaperon rouge n'était pas oublié. Marionnettes du théâtre Dulaar, Blois, XIXe siècle.

Tout le monde connaît le Petit Chaperon rouge, cette petite fille qui, portant à travers la forêt un pot de beurre et une galette à sa grand-mère, rencontre le loup. Un loup aimable d'ailleurs, qui engage la conversation, lui demande où elle va et lui parle des fleurs, des papillons et des charmes de la forêt. Oh, le rusé! (pour une fois) puisque ce n'est que dans le but de mieux la tromper. Arrivé avant elle chez la grand-mère, il la dévore et prend sa place dans le lit en attendant la fillette. On connaît la suite : « Tirez la bobinette et la chevillette cherra »! Puis, c'est l'étrange jeu dans le lit. Ce jeu qui fascine à son tour l'enfant, comme s'il parlait d'une certaine manière, de lui-même. Un jeu « de mots » : « Mère-grand, que vous avez de grandes jambes, de grandes oreilles, de grands yeux... », jusqu'aux fatidiques grandes dents qui permettent à Perrault de conclure : « Et en disant ces mots, le loup se jeta sur le Petit Chaperon rouge et le mangea. »

Mais, comme si son conte moralisateur n'était pas assez clair, il termine par cet épilogue :

Et si on jouait au Petit Chaperon rouge? Vignette publicitaire d'un magasin de confection : Le paradis des dames, *vers 1900.*

180

On voit ici que de jeunes enfants,
Surtout de jeunes filles,
Belles, bien faites, et gentilles
Font très mal d'écouter toute sorte de gens
Et que ce n'est pas chose étrange
S'il en est tant que le loup mange.
Je dis le loup, car tous les loups
Ne sont pas de la même sorte :
Il en est d'une humeur accorte,
Sans bruit, sans fiel et sans courroux,
Qui privés, complaisants et doux,
Suivent les jeunes demoiselles
Jusques dans les maisons, jusques dans les ruelles;
Mais hélas, qui ne sait que ces loups doucereux
De tous les loups sont les plus dangereux.

Cette version « qui finit mal » fut écrite à la fin du XVIIe siècle par Charles Perrault. Il en est une autre, finissant bien, transcrite par les frères Grimm qui l'auraient recueillie en 1812 auprès d'une jeune fille de la bourgeoisie. Après avoir dévoré grand-mère et Chaperon rouge, le loup est tué par des chasseurs. Ils l'éventrent et libèrent ainsi ses victimes qui en sortent en s'écriant : « Oh, là là, quelle peur j'ai eue! Comme il faisait noir dans le ventre du loup! »

« Or, c'est une tout autre histoire, nous explique Yvonne Verdier [27], que nous ont transmise les traditions orales de plusieurs provinces françaises, qui ne doivent rien, assurent les spécialistes, à l'imprimé. Recueillies pour la plupart à la fin du XIXe siècle dans le bassin de la Loire, le Nivernais, le Forez, le Velay ou, plus récemment, dans la partie nord des Alpes, de la bouche même des conteurs, ces versions comportent des motifs qui ont été entièrement laissés de côté par la tradition littéraire. »

Dans le *Conte populaire français*, Paul Delarue a recueilli de nombreuses versions différant d'un pays à l'autre par certains détails ou par le dénouement. La grand-mère devient souvent la mère, la tante ou la marraine, toutes des parentes jouant un rôle très important dans l'éducation de la jeune fille. Le Chaperon rouge, cette coiffe qui donna son nom au conte, semble bien être une invention de Perrault, car on ne la rencontre dans aucune autre version. Certaines s'achèvent tragiquement par la mort de la jeune fille et de la grand-mère, mais la plupart d'entre elles offrent un dénouement heureux dans lequel la petite fille réussit à s'échapper avant d'être dévorée. Enfin, différence de taille avec le conte de Perrault, le Petit Chaperon rouge, presque toujours, partage avec le loup, en un repas sacrificiel, les restes de la grand-mère.

Les analyses du thème du Petit Chaperon rouge ne manquent pas. Freud, Bruno Bettelheim, Marc Soriano, Pierre Péju, Yvonne Verdier et bien d'autres ont tenté d'expliquer son symbolisme et sa psychanalyse [28]. « Ce que nous dit donc le conte, explique cette dernière, c'est la nécessité des transformations biologiques féminines qui aboutissent à l'élimination des vieilles par les jeunes, mais de leur vivant : les mères seront remplacées par leur fille, la boucle sera bouclée avec l'arrivée des enfants de mes enfants. Moralité : les mères-grands seront mangées. »

Et le loup dans cette histoire de femmes? Il serait là, bien sûr, pour signaler aux filles : tu seras mangée par l'homme, celui-là même qui a déjà mangé ta mère et ta grand-mère. Avec la scène

Le Petit Chaperon rouge vu par Gustave Doré.
Gravure sur bois, XIXe siècle.

27. Y. Verdier. « Le Petit Chaperon rouge dans la tradition orale » in *Le Débat*, 3, 1980.

28. Freud s'est occupé pendant plusieurs années d'un cas célèbre de névrose intitulé « *l'Homme aux Loups*. » Il s'agissait de Sergeï Pétrov qui écrivit ses mémoires sous le titre : *The Wolf-Man and Sigmund Freud*. The Hogarth Press, 1972. Voir : R. Jaccard. *L'homme aux Loups*. Paris, Éditions universitaires, 1973.

Le Petit Chaperon rouge était un thème privilégié de l'imagerie populaire. Image de la fabrique Pellerin, Épinal, XIXᵉ siècle.

du déshabillage on en profite pour glisser une certaine manière d'initiation sexuelle, en même temps qu'on signifie clairement le passage de la condition de petite fille, avec ses attributs, à celle de femme : « Où faut-il mettre mon tablier? questionne la fille dans une version nivernaise.

— Jette-le au feu mon enfant, tu n'en as plus besoin », répond le loup. Et ainsi de suite pour la robe, le cotillon, les chausses, le corset...

C'est lui, le loup, l'homme, qui est présent tout au long du conte et provoque chaque transformation de la petite fille. Tout d'abord, il la détourne du droit chemin par son badinage de comédien, il la roule et lui fait dévorer sa grand-mère en prenant sa place, enfin il l'attire dans son lit et la dévore, ou, ce qui revient au même, lui révèle alors sa véritable personnalité de loup dangereux et féroce. « La petite fille, continue Yvonne Verdier, n'a donc pas perdu son temps en allant rendre visite à sa grand-mère! Initiée à son destin de femme, instruite dans tous les arts de la vie domestique, elle peut rentrer à la maison. » Elle a « vu le loup »!

« C'était une femme qui avait fait du pain. Elle dit à sa fille :
— Tu vas porter une époigne toute chaude et une bouteille de lait à ta grand.

Voilà la petite fille partie. A la croisée de deux chemins, elle rencontra le bzou qui lui dit :
— Où vas-tu?
— Je porte une époigne toute chaude et une bouteille de lait à ma grand.
— Quel chemin prends-tu? dit le bzou, celui des Aiguilles ou celui des Épingles?
— Celui des Aiguilles, dit la petite fille.
— Eh bien! moi, je prend celui des Épingles.

La petite fille s'amusa à ramasser des aiguilles; et le bzou arriva chez la mère-grand, la tua, mit de sa viande dans l'arche et une bouteille de sang sur la bassie. La petite fille arriva, frappa à la porte.
— Pousse la porte, dit le bzou. Elle est barrée avec une paille mouillée.
— Bonjour, ma grand, je vous apporte une époigne toute chaude et une bouteille de lait.
— Mets-les dans l'arche, mon enfant. Prends de la viande qui est dedans et une bouteille de vin qui est sur la bassie.

Suivant qu'elle mangeait, il y avait une petite chatte qui disait :
— Pue!... Salope!... qui mange la chair, qui boit le sang de sa grand.
— Dhabille-toi, mon enfant, dit le bzou, et viens te coucher vers moi.
— Où faut-il mettre mon tablier?
— Jette-le au feu, mon enfant, tu n'en as plus besoin.

Et pour tous les habits, le corset, la robe, le cotillon, les chausses, elle lui demandait où les mettre. Et le loup répondait : « Jette-les au feu, mon enfant, tu n'en as plus besoin. »

Quand elle fut couchée, la petite fille dit :
— Oh! ma grand, que vous êtes poilouse!
— C'est pour mieux me réchauffer, mon enfant!
— Oh! ma grand, ces grands ongles que vous avez!
— C'est pour mieux me gratter, mon enfant!
— Oh! ma grand, ces grandes épaules que vous avez!

— C'est pour mieux porter mon fagot de bois, mon enfant!

— Oh! ma grand, ces grandes oreilles que vous avez!

— C'est pour mieux entendre, mon enfant!

— Oh! ma grand, ces grands trous de nez que vous avez!

— C'est pour mieux priser mon tabac, mon enfant!

— Oh! ma grand, cette grande bouche que vous avez!

— C'est pour mieux te manger, mon enfant!

— Oh! ma grand, que j'ai faim d'aller dehors!

— Fais au lit, mon enfant!

— Oh! non, ma grand, je veux aller dehors.

— Bon, mais pas pour longtemps.

Le bzou lui attacha un fil de laine au pied et la laissa aller.

Quand la petite fut dehors, elle fixa le bout du fil à un prunier de la cour. Le bzou s'impatientait et disait : « Tu fais donc des cordes? Tu fais donc des cordes? »

Quand il se rendit compte que personne ne lui répondait, il se jeta à bas du lit et vit que la petite était sauvée. Il la poursuivit, mais il arriva à sa maison juste au moment où elle entrait. »
(Version nivernaise publiée par Paul Delarue, le *Conte populaire français.*)

Pour savoir comment les enfants d'aujourd'hui imaginent le loup, une enquête a été effectuée dans quatre classes de quatre régions françaises très différentes, auprès d'élèves de huit à neuf ans. Les réponses diffèrent peu, mais révèlent la lourde influence des contes, fables ou dessins animés. Les enfants savent parfaitement que le loup a entièrement disparu, mais voici en quelque sorte son portrait robot reconstitué à partir de leurs réponses :

« Le loup vit dans les forêts, mais parfois dans les zoos. Il a de grandes dents pointues, une longue queue et de longues oreilles, de grands ongles pointus et même de grosses griffes. Son pelage est gris, noir ou roux. Ses yeux sont grands, marrons ou noirs et brillent dans l'obscurité. » Certains l'imaginent encore comme « un chien sauvage qui peut ressembler à un berger allemand. C'est en général un animal méchant, parfois féroce, qui mange des animaux, et, lorsqu'il a très faim, des hommes, des femmes et des enfants. »

Le loup vu par les enfants.
Dessins de Sabine et Valérie (8 et 9 ans), élèves de l'école d'Hersin-Coupigny dans le Pas-de-Calais, 1979.

*Encore aujourd'hui des générations de jeunes lecteurs
vibrent en lisant les aventures de leur héros favori luttant contre une bande de loups.
Vernes et Forton : Bob Morane, L'épée du paladin, éditions Dargaud, 1967.*

« Quand on parle du loup... »

Fallait-il qu'il soit au centre de la vie quotidienne cet animal mystérieux, pour qu'il ait imprégné les mentalités au point d'être encore présent journellement dans le langage courant, dans les expressions, les proverbes, les noms d'outils ou d'instruments!

Pour ne pas faire de bruit vous marchez *à pas de loup* et, si le passage est étroit, vous vous mettrez *à la queue leu leu*. Si vous jeûnez pendant deux jours vous aurez une *faim de loup,* et si vous mangez seul *vous mangez en loup.* Si vous êtes *comme le loup blanc* la vie ne doit pas être très agréable, mais si vous prenez les devants dans une querelle on dira que vous êtes *plus fort que les loups.* Par contre, à la tombée de la nuit, *entre chien et loup,* faites attention de ne pas vous *jeter dans la gueule du loup,* surtout si vous traversez *un pays de loup,* c'est-à-dire sauvage et désert, par un *froid de loup.* Si vous rencontrez une femme qui a *vu le loup,* qui est *habile à la danse du loup* ou qui sait *danser le branle du loup,* c'est qu'elle est experte en amour. Peut-être pour elle vous mettrez-vous à *mener une vie de loup,* faite de rapines, à *contrefaire le loup en paille,* c'est-à-dire feinter, ou à *avoir peur du loup,* donc à ne rien faire.

Dans l'imprimerie et la métallurgie, *faire un loup,* c'est *louper* son ouvrage. Un *loup* désigne un gourmand, un paresseux, un créancier, un vol, une dette... Mais, avec une intonation familière, il devient le surnom d'un être cher.

Et les exemples sont innombrables, certains sont des expressions anciennes, tombées aujourd'hui en désuétude, mais d'autres sont encore très utilisées de nos jours. Ne dit-on pas d'un jeune cadre dynamique que c'est un *jeune loup,* ou d'un être ambitieux sans scrupule qu'il a *des dents de loup.*

Autrefois, les paysans craignaient tellement l'animal qu'ils n'osaient pas l'appeler par son nom et employaient un sobriquet, une périphrase, une image, voire une allégorie, quand on n'utilisait pas simplement le terme « la chose ». Ses surnoms renvoient à son aspect physique, son comportement, son environnement et sont parfois d'une poésie étonnante, comme « Pied doré » ou « Chien de nuit ». Dans le monde celte, le loup n'est jamais désigné par son propre nom et les expressions les plus courantes sont celles de chien, chien gris, chien d'enfer... On lui donne aussi parfois un prénom d'homme, en relation avec un saint populaire : Guillem, Yann en Bretagne, Guillaume, Gabriel ou Henricke en Westphalie. Enfin les noms littéraires transposent à leur manière le tabou linguistique : grande goule, fils de la terre, pattes grises, le brigand des bois, l'homme de l'eau (en Allemagne)...

Cet animal mythique fascine les enfants mais aussi les adultes...
Affiche de roman par A. Galland, 1937.

Le loup, plus que tout autre animal, est au centre de notre vie quotidienne.
Affiche publicitaire pour Europe n° 1, 1980.

Le loup utilisé encore aujourd'hui dans de nombreuses expressions quotidiennes :
« A pas de loup » — « Une faim de loup » — « A la queue leu leu ».
Croquis de Serge Bloch, extrait du Dossier Okapi, La peur du loup, *1981.*

29. Forme ancienne de louve.

30. Ces différents noms de lieux ont été recensés grâce à Longnon, *Les noms de lieux de la France,* au *Dictionnaire topographique* publié à la fin du XIXe siècle par l'Imprimerie nationale (un volume par département), au *Répertoire et nomenclature des lieux-dits* de l'INSEE, à diverses monographies locales dont notre enquête sur la toponymie relative aux loups dans l'Indre.

31. Les termes dérivés de vulpis ou goupil se rapportent aux repaires du renard. Ainsi trouve-t-on « la Goupillière » ou « la Verpilière ».

Sans rapport immédiat avec l'animal, le mot « loup » est souvent utilisé par les artisans et les ouvriers pour désigner certains outils. Dans le textile, le loup est un appareil garni de grosses dents qui sert à ouvrir la laine avant le cardage; avant son invention, les artisans drapiers utilisaient pour la même opération un chardon appelé *tête de loup, chardon de loup, peigne de loup, cape de loup,* peut-être en raison de son aspect agressif. On arrache une *dent de loup* (un gros clou servant à fixer les poteaux d'une cloison) avec un *loup,* une forte pince recourbée. On déplace une pierre de taille avec une machine de fer composée de trois pièces, dont l'une s'appelle la *louve* et les deux autres les *louveteaux.* En broderie, on réalise des découpures à *dents de loup,* c'est-à-dire à angles aigus. Pour pêcher, on utilise le *loup,* un filet en nappe tendu sur trois perches, ou la *louve,* une nasse à ailes ayant une entrée de chaque côté. Le compagnon tailleur de pierres est surnommé *chien* et le gavot, *loup.* Le *loup des frontières* est le douanier, et l'*étapier du loup,* le bourreau.

On pourrait ainsi remplir des pages et des pages d'exemples, mais ce n'est pas là notre but.

La toponymie elle aussi témoigne de la présence permanente des loups, surtout au Moyen Age, l'essentiel des noms de lieux les utilisant date en effet de cette époque. Certains termes sont relatifs aux lieux fréquentés par les fauves, ils désignent une partie du terrain cultivé, inculte ou boisé, un élément hydrographique ou orographique. On trouve ainsi *le champ aux loups, le pré au loup, la brande au loup, le pré de la loube*[29], *la lande au loup* ou *le ruisseau des landes au loup*[30]. Les bois, bien sûr, mais aussi les chemins, les rues, les buttes, les roches, les vallées, les fontaines, les gués furent baptisés du nom du loup.

D'autres termes étaient relatifs aux repaires de l'animal. Ce serait le cas, d'après Longnon, pour les mots *louvière, loubatière* et leurs innombrables dérivés[31]. Ils sont très fréquents dans les régions infestées par les loups, ainsi en était-il de la commune de La Ferté-Loupière dans l'Yonne, par exemple.

D'anciens mots désignant un antre peuvent également être classés parmi les repaires du loup : *la cabane du loup* dans l'Allier, *la cave aux loups* dans l'Indre, *la chambre aux loups* dans l'Aisne, *le creux du loup* et *la grotte au loup* dans l'Indre, etc. Dans la tradition orale les dolmens passent pour être des refuges de loups. Ainsi trouve-t-on une pierre levée du nom de *cabane au loup* dans l'Allier, *la table du loup* à Espartignac, en Corrèze, ou *la pierre au loup* à Saint-Aigny dans l'Indre.

L'endroit où hurle le loup à la saison des amours est souvent devenu *Chanteloup,* terme très fréquent également sous la forme *Canteloup, Cantelau* ou dont la féminisation donne *Chanteloube* ou *Chantelouve.* Citons encore *la Chantelouvière* dans la Mayenne, *les Brâmes loups* dans l'Indre ou *Jappeloup* en Haute-Vienne.

D'autres noms, formés à l'aide du verbe « pisser », désigneraient la limite des territoires de chasse de deux bandes de loups. Longnon leur attribue un sens figuré : « Ils désignent sans doute à l'origine de minces filets d'eau que l'on a comparés à des « pissées de loups ». Ainsi trouve-t-on très souvent *Pisseloup* au nord de la Loire ou *Pisseleux, Pisseloube, Pisselouvet...*

Le nom du loup a été associé à de nombreux verbes, créant ainsi une toponymie pleine de saveur. Les terroirs nous en livrent des exemples innombrables tel *Petteloup, Heurteloup, Grateloup.* Dans le Loiret, à Sandillon, une maison isolée porte ce dernier

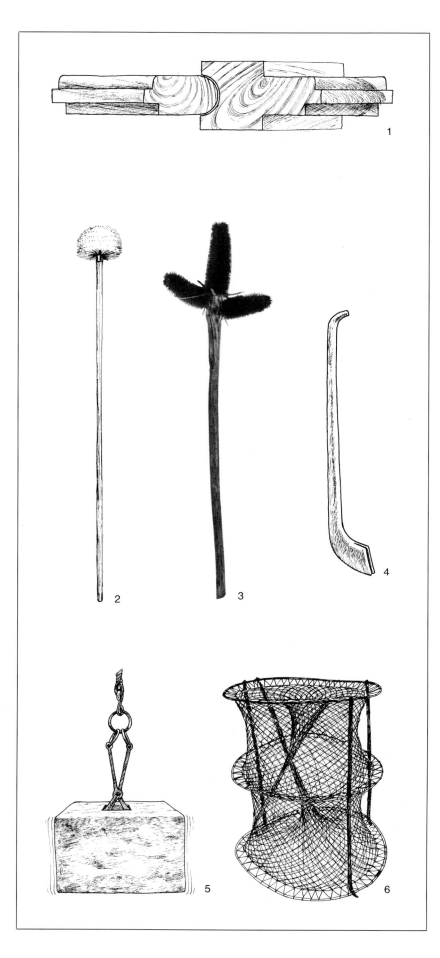

Une quantité d'objets les plus divers empruntent au loup son nom.
1 : Gueule de loup : *assemblage de deux pièces de bois dans le sens de leur épaisseur;*
2 : tête de loup : *brosse ronde portée par un long manche pour nettoyer les plafonds;*
3 : chardon de loup : *chardon en croix que l'on cloue sur les portes pour chasser le diable (Bouches-du-Rhône);* 4 : loup : *forte pince courbée pour arracher les clous;*
5 : louve : *outil de fer utilisé pour le montage des pierres de taille;* 6 : louve : *filet en forme de nasse pour la pêche en rivière.*

Aconit tue-loup (Aconitum vulparia Reichenb).
Le suc extrait de cette plante servait au Moyen Age à empoisonner les loups en les attirant avec des morceaux de viande imprégnés de cet « arsenic végétal ». D'où ses noms populaires : tue-loup, étrangle-loup, herbe aux loups.

nom : on y dit qu'elle est exposée à ce que le loup vienne gratter à la porte poussé par la faim. Citons encore les *Retourne-loup*, peut-être une limite observée au-delà de laquelle les animaux n'osaient pas s'aventurer, ou les *Passeloup* désignant sans doute les chemins sur lesquels il ne fallait pas se promener pendant la nuit. D'autres termes concernent l'animal lui-même, comme *la Patte du Loup* en Loir-et-Cher, *le Pas du loup* dans les Alpes, *le Pied du loup* dans la Creuse, *la Queue de leu* dans l'Aisne, *le Saut du loup* dans l'Indre, etc.

Mais les toponymes relatifs au loup les plus nombreux sont sans conteste ceux concernant sa destruction. Les plus répandus sont *les fosses aux loups* qui désignaient ces trous couverts de branchages, ces pièges dans lesquels on attirait l'animal grâce à un appât. *Le loup pendu, la mort au loup* sont également très fréquents.

On trouve encore d'un pré à l'autre, d'un village à l'autre, des *Tombes au loup*, des *Chasselouvières* ou *Chasseloup*. Peut-être furent-ils à l'origine des lieux de battues.

Enfin nous n'en finirions pas de citer la multitude de lieux qui empruntent leur nom à la simple dénomination de cet animal si haï, si pourchassé, mais si admiré : *la Loupe, les Blancs Loups, Chèvreloup, Corcheloup, Couveloup, Croqueloup, Cul-de-loup, le Port-aux-loups, Puits-à-loup, la Tête-aux-loups,* ...

L'albinisme se rencontre chez quelques individus. Il est à l'origine du fameux proverbe : « Être connu comme le loup blanc. » Les communautés rurales, impressionnées par la rareté du phénomène, en ont conservé le souvenir dans certains lieux-dits. A Montierchaume (Indre), on raconte qu'un loup blanc a été aperçu autrefois dans la zone qui porte aujourd'hui cette appellation. On dit aussi qu'une louve blanche fut prise vivante dans la forêt de Fontainebleau et envoyée à la ménagerie.

La plupart de ces toponymies sont en place dès le XIIᵉ ou le XIIIᵉ siècle; quelques autres datent des XIVᵉ et XVᵉ siècles. Ce phénomène indique combien les mentalités populaires étaient préoccupées par le loup dès le Moyen Age. Il faut néanmoins préciser que des fosses à loups ont encore été ouvertes au XIXᵉ siècle : la dénomination du lieu où elles ont été creusées peut donc être récente. Ainsi *la fosse à loups* d'Aize, dans l'Indre, n'est pas mentionnée sur le cadastre de 1827; son ouverture est donc postérieure à cette date.

La présence du loup dans de très nombreux proverbes est également intéressante à remarquer. En 1621, Estienne Pasquier écrit dans les *Recherches de France :* « Le loup entre les bestes sauvages nous a été si commun ou si odieux que, par-desssus tous autres animaux, nous avons tiré plusieurs proverbes de lui. » Bien sûr, la plupart d'entre eux, comme les contes, font preuve d'un anthropomorphisme débridé et ne sont que des prétextes moralisateurs.

Le loup alla à Rome, il y laissa son poil et rien de ses coutumes (XVᵉ siècle).

Quand le loup enseigne la prière aux oies, il les croque pour ses honoraires (Allemagne).

Quand on demande au loup pourquoi il suit un troupeau, il répond que la poussière qu'il soulève soigne ses yeux malades (Islam).

Compagnon **Tailleur de pierre** étranger.

Dans la franc-maçonnerie un louveteau désigne un fils de maçon, tandis que les compagnons tailleurs de pierre du Devoir étranger se qualifient de loups.
Compagnon tailleur de pierre du Devoir étranger, gravure du XIXᵉ siècle.

Page de droite, en haut :
La plupart des proverbes font preuve d'anthropomorphisme et ne sont que des prétextes moralisateurs.
Gravure extraite des Proverbes de Lagniet, *XVIIᵉ siècle.*

Page de droite, en bas :
Les dolmens passent pour être des refuges de loups, d'où leur dénomination courante de « cabane du loup », « pierre au loup » et « roche aux loups ».
Dolmen de la Roche-au-Loup, Morbihan, carte postale du début du siècle.

Rifodés, sont ceux qui dient
que tous leurs biens et
maisons ont estés brullés.

Marcandiers, sont ceux qui sont les marchand
deualisez, qui dient auoir perdu tout leur
bien.

Millards, sont
ceux qui portent
vn grand bissac
sur leur dos.

Mettre les Hola.

Mal sur mal n'est
pas santé.

RIFODE

MARCANDIER

MILLARD

Il n'a pas enuie de le nourir.

La corde
a vous.

Il pense fraper qui tue.

A battre faut l'amour.

26

I. Lagnet ex.

« Les loups ne se mangent pas. »

« La faim chasse les loups du bois. »

Quand on conseille au loup de marcher devant les moutons, il objecte qu'il a mal aux pieds (Kurdistan).

Le loup a eu pitié de la jument,
il a laissé la queue et la crinière (Russie).

Celui qui observe les défenses religieuses avec un cœur léger et sans conviction ressemble à un loup qui se livrerait au jeûne (Bouddhisme).

Quand hurle le loup, il lève la tête vers les cieux (Allemagne).

Pour l'amour d'un bœuf, le loup lèche la charrue.

Quand le loup est à la corde,
il crie miséricorde.

Si tu vois un loup lécher un agneau,
Dis-toi que c'est un mauvais présage.

Tôt sait le loup ce que mauvaise bête pense (XIVe siècle).

Nourris un louveteau, il te dévorera (Grèce).

Les pires loups sont les loups baptisés.

Il n'y pas de méchant lièvre ni de petit loup.

Qui se fait brebis, le loup la mange.

Bon loup, mauvais compagnon, dit la brebis.

Le loup perd ses dents, mais pas la mémoire (Espagne).

Lorsque le loup devient vieux, les corbeaux le chevauchent (Hollande).

Quand le loup est pris, tous les chiens lui mordent aux fesses.

Le loup ne craint pas le chien de berger, mais les clous de son collier.

Si tu discutes avec le loup, garde ton chien près de toi (Turquie).

Quand les brebis enragent, elles sont pires que les loups.

Le loup apprivoisé rêve toujours de la forêt (Russie).

On accuse le loup coupable ou non (Zenobius).

Le berger qui vante le loup, n'aime pas les moutons (Italie).

Pendant que le loup chie,
La brebis au bois s'enfuie.

Mort du louveau
Santé de l'agneau.

On crie toujours le loup plus grand qu'il n'est.

Le loup ne chante pas quand il a faim.

Cent loups jamais ne craignent une chèvre.

Il vaut mieux manger le loup que le loup ne nous mange.

Les loups trouvent toujours qu'il y a trop de bergers.

Quand les chiens s'entendent avec les loups, ça va mal pour les brebis.

La mort d'un chien, c'est la vie d'un loup.

Il ne faut pas se moquer des loups qu'on ne soit sorti du bois.

A mol pasteur le loup chie laine.

Un loup n'engendre pas de moutons.

La faim chasse le loup du bois.

L'homme est un loup pour l'homme.

Un homme fait peur à un autre la nuit au milieu d'une rue; si deux loups s'y rencontrent, ils se font bon accueil.

Si le loup sentait,
Si l'orvet voyait,
Et si la chèvre avait ses dents dessus,
Tout le monde serait perdu.

Aujourd'hui, et souvent aujourd'hui encore, l'enfant faisait connaissance avec le loup très tôt grâce à une vaste panoplie de comptines, de jeux et de chansons.

Au berceau, les mères du Poitou chantaient :

Là-bas, là-bas,
Frère Colas,
Y a-t-un loup gris,
Frère Louis;
Courons-y donc,
Frère Simon,
Acheter de la laine,
Frère Étienne,
Pour faire un bonnet
A frère Jacquet [32].

En grandissant, l'enfant retrouve le loup dans les comptines :

Un loup passait
Dans un désert
La queue levée
Le cul ouvert,
Il lâche un pet
Pourqui, pour toé!...

ou bien :

Un i, un l,
De pique, de pelle,
De saint Sabbat,
De Carabol,
Le loup passant par le désert,
Levant la queue, la patte en l'air.
Fait trois petits pets qui sont pour toi.
La Caillebotine, etc.

Ensuite, dans les jeux, le loup cherche à attraper de malheureuses victimes. A *la queue leu leu,* les enfants se tiennent par la taille; le premier est *le bélier,* le dernier *l'agneau;* celui qui n'est pas de la bande, *le loup,* doit se saisir de l'agneau que le bélier et le troupeau protègent avec acharnement. *Le loup et le fermier* se joue de la façon suivante : le fermier possède des animaux domestiques représentés par les joueurs. Le loup survient et demande au fermier : « As-tu une vache? — Non! — As-tu une chèvre? — Oui! — Combien en veux-tu? — Six francs! — Convenu! »

« Folle est la brebis qui au loup se confesse. »

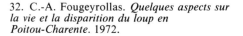

« Il faut hurler avec les loups. »
Cent proverbes illustrés par Grandville, 1844.

32. C.-A. Fougeyrollas. *Quelques aspects sur la vie et la disparition du loup en Poitou-Charente.* 1972.

191

Aux dires de Restif de la Bretonne, « la queue au loup » était un jeu fort prisé par les jeunes gens du XVIIIᵉ siècle et parfois un peu érotique.
Gravure anonyme du XIXᵉ siècle.

L'enfant fait connaissance avec le loup dès son plus jeune âge par ses jeux et ses comptines.
« Loup y es-tu? », lithographie d'Alexandre David, fin du XIXᵉ siècle.

Le loup frappe six fois dans la main du vendeur, pendant ce temps, la chèvre se sauve et il ne peut la poursuivre que lorsqu'il a conclu son marché.

A Boulogne-sur-mer, à l'époque où les rues étaient encore le domaine des enfants, on jouait *au loup*. Le fauve se mettait au milieu de la chaussée, les moutons étaient réfugiés sur les trottoirs. Ils devaient traverser rapidement sans se faire dévorer.

Qui ne connaît le célèbre jeu *Loup y es-tu?* :

Promenons-nous dans les bois
Pendant que le loup y est pas,
Si le loup y était
Il nous mangerait,
Mais comme il n'y est pas
Il nous mangera pas.
Loup y es-tu?
M'entends-tu?
Que fais-tu?

A cette question, le loup répond selon l'inspiration du moment : « Je me lève... Je mets ma culotte... » Le jeu reprend jusqu'au moment où le loup s'écrie : « Je pars à la chasse! » Tout le monde se sauve alors en criant pour lui échapper. « Tout le

192

plaisir du jeu était dans l'imprévu, dit Marcel Aymé dans les *Contes du chat perché,* car le loup n'attendait pas toujours d'être prêt pour sortir du bois. Il lui arrivait aussi bien de sauter sur sa victime alors qu'il était en manches de chemise ou n'ayant même pour tout vêtement qu'un chapeau sur la tête. »

Il est étonnant de constater à quel point les enfants s'identifient à leur rôle : le loup se fait menaçant et pousse des hurlements terribles auxquels font écho les cris d'épouvante des poursuivis. C'est l'occasion pour eux d'extérioriser la crainte confuse qu'ils ressentent pour cet animal fabuleux.

En 1796, dans *Monsieur Nicolas,* Restif de la Bretonne décrit un *jeu du loup* moins innocent :

« Le jeu du loup était toujours réservé pour l'obscurité. On plantait un piquet en terre : on y attachait une longue corde formée de plusieurs chevêtres de cheval. On choisissait le premier loup; ordinairement, ce titre était ambitionné; on l'attachait à la corde; on lui bandait les yeux, puis on s'écartait. Alors, on lui jetait, les garçons, leurs chapeaux ou leurs bonnets, les filles, leurs tabliers ou leurs fichus roulés, jusqu'à des chemisotes ou des corsets. Le loup devinait à qui appartenaient le chapeau, le tablier, le fichu, ou il les mettait au pied de son piquet s'il ne devinait pas : on tâchait alors de les reprendre. Mais s'il avait deviné un garçon, celui-ci était loup à son tour : au lieu que si c'était une fille, elle nommait un garçon pour le remplacer. Si le loup saisissait un garçon personnellement, il le rossait; si c'était une fille, il la mangeait, c'est-à-dire qu'il la fourrageait assez librement. On n'était guère attrapé qu'en voulant reprendre les gages amoncelés autour du piquet du loup. Ce jeu était fort innocent entre les enfants tels que j'étais, mais quelquefois les garçons de quinze à vingt ans s'en mêlaient, et alors il se passait des choses peu décentes. »

Le Livre de la jungle *de R. Kipling fait découvrir à ses jeunes lecteurs les péripéties de Mowgli, l'ami des loups.*
Gravure de M. de Becque, Paris, 1930.

La « queue au loup », un jeu qui s'est longtemps joué dans les cours d'école.
Gravure anonyme du XIXe siècle.

La queue au loup.

Dans les chansons populaires le loup était également présent. Ici, comme dans certains contes, son rôle n'avait pour but que de mettre en garde la jeune fille contre l'homme rusé qui la désire. Le monde pastoral, la plupart du temps servait de décor.

Dis-moi donc ma bergère
N'as-tu pas peur du loup?
Ta houlette légère
N'en viendrait pas à bout.

Et si le galant lui demande de « chanter », la bergère lui répond :

Pour chanter, non je ne peux pas,
J'ai vu le loup trop près de moi,
Dedans ces bois, dedans ces verts bocages
Et j'ai grand peur qu'il fasse du ravage.

Et sous ce texte à double sens, qui rappelle la croyance pastorale faisant perdre la voix aux bergères si le loup les voyait avant elles, se cache un érotisme frondeur.

L'amour fait plus de ravages
Que le loup en son troupeau,
dit la chanson!

Dans une chanson champenoise destinée à écarter les galants, le loup remplace l'amant éconduit :

Loup, loup, loup,
Compère le loup,
T'as beau flairer la sœurette,
Loup, loup, loup,
Tu n'entreras pas chez nous!

Méchant, sournois, rôde, rôde;
La faim t'a chassé du bois :
Tourne autour de notre porte...
La chair fraîche n'est pas pour toi!

Loup, loup, loup,
Compère le loup,
T'as beau flairer la sœurette;
Loup, loup, loup,
Compère le loup,
Tu n'entreras pas chez nous.

Bien sûr, sauver la bergère du loup ou l'aider à l'éloigner de son troupeau était un thème privilégié. De ce service rendu, on espérait quelque récompense, d'autant plus facile à deviner que le mythe de la femme seule avec son troupeau, à l'orée du bois, devait être bien attirant.

Cette chanson, *la brebis sauvée du loup*, a été recueillie dans la région de Metz :

Là-haut, là-haut, trois quarts du bois
Il y a-t-une bergère gardant ses moutons;
La bergère a bien de la peine;
Par là, par là passe un gros loup
Qu'ayant la gueule ouverte,
Il prit un de ses beaux moutons,
Dans ces grands bois l'emporte.

Par là l'y passe t'un cavalier
Ayant son épée claire;
A fait trois tours autour du bois
Son mouton lui ramène.
Tenez, bergère, votre mouton,

Mettez-le avec les autres,
De peur que le loup ne revienne
Qu'il ne l'emporte encore.

— Monsieur en vous remerciant
De vos aides et de vos peines,
Quand nous tondrons nos moutons
Vous en aurez la laine.
— Je ne suis point marchand drapier
Ni trafiqueur de laine,
Belle, donnez-moi z-un doux baiser
Pour soulager mes peines.

— Prenez-en un, prenez-en deux,
Puisque vous êtes si amoureux
Contentez douce envie,
Mais quand vous m'aurez bien baisée,
Cavalier, mon cher ami,
Ne l'allez pas répéter [33].

Avec le loup on pouvait même danser, comme en témoigne cette bourrée auvergnate recueillie à la fin du XIXᵉ siècle par Eugène Rolland :

Para lou lou bardzéra
  Para lou lou
  Para lou lou
Qu'importe la plus brava
  Para lou lou
Qu'importa le mouton.

Ce qui signifie :

Chassez le loup bergère
Qui emporte le plus brave
Chassez le loup
Qui emporte le mouton.

Ou cette danse qui clôturait les bals dans le sud du Berry il y a quelques dizaines d'années :

Ma chine garelle, va virer les loups, ma belle
Ma chine garelle va virer les loups.
Ah! ramène-les là,
  ramène-les là, ma chine garelle,

33. *Chansons populaires de France du XVᵉ au XIXᵉ siècle*. Paris, Plon, 1941.

195

Ah, ramène-les là,
  ramène-les là quand i' sont plats.

Ah! laisse-les don' là,
  Laisse les don' là, ma chine garelle,
Ah! laisse-les don' là,
  Laisse-les don' là, quand i' sont gras [34].

Sans doute, les paroles de ces chansons à danser n'avaient-elles pas beaucoup d'importance et seule la prononciation, la musique des mots comptaient-elles pour marquer le rythme. Pourtant, le texte de cette bourrée révèle un étonnant bon sens. La « chine garelle », la chienne bariolée, doit éloigner les loups s'ils sont « plats », c'est-à-dire maigres et affamés et que l'on peut craindre leurs attaques. Par contre, s'ils sont gras, point n'est besoin de se soucier d'eux. Voici une preuve de plus que ce loup féroce, ce fauve aux yeux de braise, ce démon aux pieds dorés, cette bête grise, ce garou épouvantable n'a jamais eu l'importance que l'imaginaire rural lui concède et dont les mentalités d'aujourd'hui se sont faites les héritières.

Pour le berger du XVe siècle, sans doute n'était-il, à l'instar des autres animaux de la forêt, qu'un compagnon de plus, quelquefois un peu agaçant, mais bien à plaindre tout de même, lui qu'on mettait en fuite en claquant seulement ses sabots l'un contre l'autre.

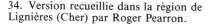

34. Version recueillie dans la région de Lignières (Cher) par Roger Pearron.

Bibliographie

1. Sources d'archives

Archives nationales :
Série F 10 202 : agriculture (problèmes divers).
  Séries F 10 459-60, F 10 464, F 10 466 à F 10 470, F 10 472, F 10 474 à 476, F 10 483-84, F 10 486 : destruction des loups en France (années 1776; an III à 1820).
  Série F 10 1726 : destruction des loups et nuisibles; circulaires et objets généraux (années 1807-1844).
  Séries F 10 1727 à F 10 1731 : destructions des loups; ordonnances de paiements des primes de 1882 à 1886.
  Série 01 982 : chasse de la louveterie royale (année 1776).
Archives départementales de l'Indre (Châteauroux) :
Séries M 3 828, M 3 831, M 3 832 : dossiers de la louveterie. Destructions des loups; chasses et battues aux loups (1801-1878).
  Série M 4 006 : prophylaxie de la rage (1872-1878).
Archives départementales de la Haute-Marne (Chaumont) :
Série E.C. Créancey, 1771, an X.
Archives départementales de l'Hérault (Montpellier) :
Série C 44.
Archives départementales de la Lozère (Mende) :
Série E supplément, IV E, F 2294.
Archives départementales du Puy-de-Dôme (Clermont-Ferrand) :
Séries C 1 718, C 1 731, C 1 738.

2. Études et documents non publiés

BEAUFORT (F. de). *Études monographiques d'espèces disparues ou en voie de disparition et des facteurs de réintroduction.* Rapport n° 5 (avril 1970) du service de Conservation de la Nature. Paris, Muséum national d'histoire naturelle.
LAURENCEAU. *Les loups en France au cours des âges et plus particulièrement en Loir-et-Cher du XVIIe au XIXe siècle.* Manuscrit dactylographié, 1946 (Bibliothèque de Blois).
LEROY (M.-M.). *La représentation du loup dans les traditions populaires d'Europe. Analyse de quelques thèmes récurrents à travers les rites, les croyances et les légendes.* Mémoire de maîtrise, UER des sciences sociales de Strasbourg, 1976.
THÉODORIDÈS (J.). *Considérations historiques sur la rage.* Archives internationales Claude Bernard (Coussac-Bonneval; Haute-Vienne), volume n° 5, pp. 151-160, 1974.

3. Imprimés

A. Ouvrages généraux

ANGLADE (J.). *La vie quotidienne dans le Massif central au XIXe siècle.* Paris, Hachette, 1971.
BABÈS (V.). *Traité de la rage.* Paris, Baillière, 1912.
BARRAL et SAGNIER. *Dictionnaire d'agriculture, encyclopédie agricole complète.* Paris, Hachette, 1889, 4 vol.
BÉLÈZE (G.). *Dictionnaire universel de la vie pratique à la ville et à la campagne.* Paris, Hachette, 1890.
BERNARD (D.). *La fin des loups en bas Berry, XIXe-XXe siècles. Histoire et tradition populaire.* Châteauroux, Badel, 1977.
BERNARD (D.). *Un loup enragé en Berry : la bête de Tendu-Mosnay (1878). (Crise rabique et derniers loups de l'Argentonnais).* Châteauroux, Badel, 1978.
BLANCHET (A.). *Traité des monnaies gauloises.* Paris, 1905.
BLANCHET (A.) et DIEUDONNÉ (A.). *Manuel de numismatique française.* Paris, Picard, 1912.
BRISEBARRE (A.-M.). *Le Berger.* Paris, Berger-Levrault, 1980.
BRISEBARRE (A.-M.). *Bergers des Cévennes.* Paris, Berger-Levrault, 1978.
BURTON (R.-G.). *Les mangeurs d'hommes.* Paris, Payot, 1948.
CARCOPINO (J.). « La louve du Capitole », in *Bulletin de l'association G. Budé.* Paris, Les Belles-Lettres, 1925.
CARLIER (M.). *Traité des bêtes à laine ou méthode d'élever et de gouverner les troupeaux aux champs, et à la bergerie.* Paris, Vallat La Chapelle, 1770, 2 vol.
COINTAT (M.). « Les loups en Haute-Marne de 1768 à 1788 », in *Cahiers haut-marnais,* n° 42, 1955, pp. 152-164.
DALPHONSE (Préfet). *Mémoire statistique du département de l'Indre, adressé au ministre de l'Intérieur.*

Paris, Imprimerie de la République, an XIII (1805).

DELPERRIE de BAYAC (J.). *Du sang dans la montagne, vrais et faux mystères de la bête de Gévaudan.* Paris, Fayard, 1970.

DELUMEAU (J.). *La peur en Occident (XIVᵉ-XVIIIᵉ s.).* Paris, Fayard, 1978.

DEMARD (A. et J.-C.). *Le chemin des loups, réalité-légendes.* Langres, Dominique Guéniot, 1978.

DIDEROT et d'ALEMBERT. *L'encyclopédie ou dictionnaire raisonné des sciences, arts et métiers.* Paris et Genève, 1777-1778.

FABRE (F.). *La bête de Gévaudan en Auvergne.* Saint-Flour, H. Boubounelle, 1901.

FEUILLÉ-BILLOT (A.). « Les derniers loups de France, contribution à l'enquête sur la disparition des loups en France », in *La Nature,* 2ᵉ semestre 1932, pp. 551 à 556.

FISCHESSER (B.). *Richesses de la Nature : réserves et parcs naturels.* Paris, Horizons de France, 1973.

FOUGEYROLLAS (C.-A.). *Bibliographie du loup (espèces et sous-espèces).* Niort, 1972.

GADEAU de KERVILLE (H.). *Liste des mammifères observés en Normandie à l'état fossile, sauvage et domestique* (Extrait du bulletin de la Société des amis des sciences naturelles de Rouen). Rouen, 1922.

GAGNIÈRE (S.). *Les loups enragés et la thérapeutique de la rage en France et dans le Comtat.* Avignon, Rullière, 1945.

GAGNIÈRE (S.). *Nouveaux documents sur les loups au XIXᵉ siècle dans le Vaucluse et les départements voisins.* Avignon, Rullière, 1952.

GIRARD (M.). *Catalogue raisonné des animaux utiles et nuisibles de la France (tome 2 : Animaux nuisibles : dégâts qu'ils produisent, moyens de les détruire).* Paris, Hachette, 1879.

HAINARD (R.). *Mammifères sauvages d'Europe.* Neuchâtel, Delachaux et Niestlé, 1961, 2 vol.

HALÉVY (D.). *Visites aux paysans du Centre, 1907-1934.* Paris, Grasset, 1935.

HALL (R.L.) et SHARP (H.S.) (sous la direction de), *Wolf and Man, Evolution in parallel.* New York, Academic Press, 1978.

HESSE (J.). « Le loup en Sologne », in *Le Journal de la Sologne,* n° 21, 1978, pp. 65-70.

DUBY (G.) et WALLON (A.) (sous la direction de), *Histoire de la France rurale.* Paris, Le Seuil, 1975-1977, 4 vol.

JAUBERT. *Glossaire du centre de la France.* Paris, Chaix, 1855, 2 vol.

Journal d'un bourgeois de Paris (1405-1449), publié par A. Tuetey. Paris, Champion, 1881.

LAGRAVE (R.). *Les loups autrefois.* Institut coopératif de l'école moderne, Bibliothèque de travail, n° 442, octobre 1959.

LA RUE (A. de). *Les animaux nuisibles, leur destruction, leurs mœurs (A l'usage des gardes et des propriétaires désireux de multiplier leur gibier).* Paris, Firmin-Didot, 1887.

LECOCQ (A.). *Les loups dans la Beauce.* Chartres, 1860.

MALTIER (L.). *Le loup, ses mœurs, sa destruction et sa chasse en France.* Poitiers, Oudin, 1948.

MARTIN (R.) et ROLLINAT (R.). *Vertébrés sauvages de l'Indre.* Paris, Société d'éditions scientifiques, 1894.

MÉLOTTÉ de LAVAUX. *Le loup dans la légende et l'histoire.* Liège, 1938.

MÉNATORY (G.). *La vie des loups.* Paris, Stock, 1969.

MINGAUD (G.). *Notes pour servir à l'histoire des loups dans le département du Gard et dans les départements limitrophes depuis 1880 jusqu'en 1892.* Nîmes, 1893.

MORLAUD (J.) et PLAISANCE (J.). *Le loup hier en Limousin, dans la vie quotidienne et la tradition populaire.* Limoges, Commission des arts et traditions populaires de la FOL de la Haute-Vienne, s.d.

MOWAT (F.). *Mes amis les loups.* Paris, Arthaud, 1974.

PIC (X.). *La bête qui mangeait le monde en pays de Gévaudan et d'Auvergne.* Paris, Albin Michel, 1971.

Point sur la rage. Paris, comité français d'éducation pour la santé, 1976.

POURCHER (Abbé). *Histoire de la bête de Gévaudan, véritable fléau de Dieu.* Mende, 1889.

ROLLINAT (R.). « Le loup commun (*Canis lupus* Linné). Quelques-uns de ses méfaits : sa disparition presque complète de France », in *Revue d'histoire naturelle,* nᵒˢ 4-7-9 (avril-septembre 1929).

ROLLINAT (R.). « Le loup enragé », in *Revue du Berry,* septembre 1905.

RUDE (P.) et DIDIER (R.). *Les mammifères de France.* Paris, Boubée, 1946.

Spécial rage nᵒ 1, La Hulotte, nᵒ 32, 1976.

THÉODORIDÈS (J.). « Quelques aspects de la rage au XVIIIᵉ siècle », in *Clio Medica,* vol. 11, nᵒ 2, 1976, pp. 95-103.

TRIPIER (L.). *Les codes français, collationnés sur les éditions officielles.* Paris, Cotillon, 1854.

VIVIEN (L.). *Cours complet d'agriculture ou nouveau dictionnaire d'agriculture.* Paris, Pourrat frères, 1840, 18 vol.

VORYS (J. de). « Les loups enragés dans l'Indre en 1878 et 1879 », in *Revue du Berry,* 1905.

Wolves, Morges, Union internationale pour la conservation de la nature et des ressources naturelles, 1975.

B. Ouvrages sur la chasse et la louveterie

BELLIER de VILLIERS (E.). *Le langage de la vénerie, ou recueil des adages, dictons et termes de chasses à cors et à cris avec leurs acceptations usités de nos jours.* Paris, Pairault, 1904.

BURNAND (T.). *Dictionnaire de la chasse.* Paris, Larousse, 1970.

CHEVALIER RUFIGNY. *La chasse aux loups et la destruction des loups en Poitou aux XVIIIᵉ et XIXᵉ siècles.* Poitiers, Oudin, 1938.

CLAMORGNAN (J. de). *La chasse au loup.* Paris, 1576.

DELISLE de MONCEL. *Mémoire sur l'utilité et la manière de détruire les loups dans le royaume.* Paris, 1765.

DELISLE de MONCEL. *Méthodes et projets pour parve-*

nir à la destruction des loups. Paris, Imprimerie royale, 1768.

DELISLE de MONCEL. Résultats d'expériences sur les moyens les plus efficaces les moins onéreux au peuple, pour détruire dans le royaume, l'espèce des bêtes voraces. Paris, 1771.

DUCHARTRE (P.-L.). Dictionnaire analogique de la chasse. Paris, Nouvelles éditions du Chêne, 1973.

Du FOUILLOUX (J.). La vénerie. 1561, réédition Limoges, Adolphe Ardant, 1973.

DUNOYER de NOIRMONT. Histoire de la chasse en France depuis les temps les plus reculés jusqu'à la Révolution. Paris, Vve Bouchard-Huzard, 1867-1868, 3 vol.

DUVAL (L.). Les grands louvetiers normands. Alençon, Vve Laverdure, 1913.

FIRMIN-DIDOT (A.). Les loups et la louveterie. Paris, Firmin-Didot, 1899.

FOUGEYROLLAS (C.-A.). Un animal de grande vénerie, le loup. Paris, Olivier Perrin, 1969.

GRUAU (L.). Nouvelle intention de chasse pour prendre et ôter les loups de la France. Paris, 1613.

LENOBLE-PINSON (M.). Le langage de la chasse. Gibiers et prédateurs. Étude du vocabulaire français de la chasse au XXe siècle. Bruxelles, Facultés universitaires Saint-Louis, 1977.

Le livre de chasse du Roy Modus, transcrit en français moderne par G. Tilander. Limoges, Adolphe Ardant, 1973.

La louveterie (destruction des animaux nuisibles; ordonnances, arrêts, lois, décrets et circulaires sur la louveterie et la chasse). Édité sous le patronage de l'association des lieutenants de louveterie. Paris, Firmin-Didot, 1925.

Mémoire sur la destruction des loups. Paris, Imprimerie royale, 1770.

MÉRITE (E.). Les pièges, étude sur les engins de capture utilisés dans le monde. Paris, Payot, 1942.

PAIRAULT (A.). Nouveau dictionnaire des chasses. Vocabulaire complet des termes de chasse anciens et modernes. Paris, Pairault, 1885.

PARENT (E.). Le livre de toutes les chasses. Dictionnaire encyclopédique du chasseur. Paris, Tanera, 1865-1866.

REMIGEREAU (F.). Recherches sur la langue de la vénerie et l'influence de Du Fouilloux dans la littérature et la lexicographie. Paris, Les Belles Lettres, 1963.

TIREBARDE et FRÉMONT. Projet d'établissement de louveteries nationales, sans frais pour le gouvernement, nécessaires et très peu coûteuses à l'agriculture. Rouen, an VI (1798).

C. Ouvrages sur le loup dans les mentalités

Les admirables secrets d'Albert le Grand, 1703. Réédition, Paris, La diffusion scientifique, 1962.

BAVOUS (F.). « Les loups-garous en Franche-Comté », in Les heures comtoises, no 4, 1952.

BEAUQUIER (Ch.). Faune et flore populaire de la Franche-Comté. Paris, Ernest Leroux, 1910, 2 vol.

BÉNICHOU (P.J.B.). Horreur et épouvante dans le cinéma fantastique. Paris, PAC, 1967.

Bestiaires du Moyen Age (Pierre de Beauvais, Guillaume Le Clerc, Richard de Fournival, Brunetto Latini, Corbechou). Mis en français moderne et présenté par Gabriel Bianciotto. Paris, Stock, 1980.

BETTELHEIM (B.). Psychanalyse des contes de fées. Paris, Robert Laffont, 1976.

BLADÉ (J.-F.). Contes populaires de la Gascogne (tome 3 : contes familiers et récits). Paris, GP Maisonneuve, 1886.

BOGUET (H.). Discours exécrable des sorciers. 1602, réédition Paris, Le Sycomore, 1980.

BONNIOT (P. de). Histoire merveilleuse des animaux. Tours, 1890.

BOUTEILLER (M.). Sorciers et jeteurs de sorts. Paris, Plon, 1958.

CANTELOUBE (J.). Anthologie des chants populaires français. Paris, Durand et Cie, 1951, 4 vol.

Chansons populaires de France du XVe au XIXe siècle. Paris, Éditions d'histoire et d'art, 1941.

CHAPISEAU (F.). Folklore de la Beauce et du Perche. Paris, GP Maisonneuve, 1892, 2 vol.

CHAUMARTIN (H.). Folklore d'une grande tueuse. Vienne, Ternet-Martin, 1958.

CHAUVAINCOURT. Discours de la lycanthropie ou de la transmutation des hommes en loups. Paris, 1599.

COLLIN de PLANCY (J.). Dictionnaire infernal. Paris, P. Mongié, 1818.

DAUZAT (A.). Les noms de lieux. Origine et évolution. Paris, 1926.

DELARUE (G.) et TENÈZE (M.-L.). Le conte populaire français. Paris, Maisonneuve et Larose, 1970-1976, 3 vol.

DONTENVILLE (H.). La France mythologique. Paris, Tchou, 1966.

DURAND-TULLOU (A.). Du chien au loup-garou dans le fantastique de Claude Seignolle. Paris, Maisonneuve et Larose, 1961.

ELIADE (M.). « Les daces et les loups » in De Zalmoxis à Genglis Khan. Paris, Payot, 1970.

FINBERT (E.J.). Dictionnaire des proverbes du monde... Paris, Laffont, 1960.

FLEURY (J.). Littérature orale de la Basse-Normandie (Hague et val de Seine). Paris, Maisonneuve et Larose, 1883.

FROST (B.J.). Book of the Werewolf. Londres, Sphere Books, 1973.

JOISTEN (Ch.). Contes populaires du Dauphiné. Grenoble, CARE, 1971.

LAISNEL de LA SALLE. Souvenirs du vieux temps : le Berry. Paris, GP Maisonneuve, 1875.

LA VÉRONNE (Ch. de). La Brenne, histoire et tradition. Tours, Gibert-Clarey, 1967.

LEROUX de LINCY. Le livre des proverbes français. Paris, A. Delahays, 1859.

LONGNON (A.). Les noms de lieux de la France. Leur origine, leur signification et leur transformation. Paris, Champion, 1920.

MALOUX (M.). Dictionnaire des proverbes, sentences et maximes. Paris, Larousse, 1960.

MARTINET (L.). Légendes et superstitions du Berry. Bourges, 1879.

MICHELET (J.). La sorcière. Bruxelles, 1867.

MINEAU (R.) et RACINOUX (L.). Légendaire de la Vienne. Poitiers, Brissaud, 1978.

Nomenclature des hameaux et lieux-dits habités. Paris, INSEE, 1954-1956 (un volume par département).

ORAIN (A.). *Contes de l'Ille-et-Vilaine.* Paris, GP Maisonneuve, 1901.

PALOU (J.). *De la sorcellerie, des sorciers et de leurs juges.* Sazeray, Fondation Jean Palou, 1972.

PÉJU (P.). *La petite fille dans la forêt des contes.* Paris, Robert Laffont, 1981.

PRZYLUSKI (J.). « Les confréries de loups-garous dans les sociétés indo-européennes », in *Revue de l'histoire des religions,* n° 121, 1940.

RÉAU (L.). *Iconographie des saints.* Paris, PUF, 1959.

ROLLAND (E.). *Faune populaire de France.* Paris, Maisonneuve, 1877-1908, 8 vol.

Le roman de Renart, transcrit du vieux français par Maurice Toesca. Paris, Stock, 1979.

SAND (G.). *Histoire de ma vie.* Tomes 1 et 2 des Œuvres autobiographiques, publiées par G. Lubin. Paris, Gallimard, 1970.

SAND (G.). *Les légendes rustiques,* 1858. Réédition, Verviers, Marabout, 1975.

SÉBILLOT (P.). *Folklore de France,* 1907. Réédition, Paris, Maisonneuve et Larose, 1968.

SEIGNOLLE (C.). *Contes populaires de Guyenne.* Paris, GP Maisonneuve, 1946, 2 vol.

SEIGNOLLE (C.). *Les évangiles du diable selon la croyance populaire.* Paris, Maisonneuve et Larose, 1964.

SEIGNOLLE (C.). *Le gâloup.* Paris, EPM, 1960.

SEIGNOLLE (C.). *Marie la louve.* Paris, Maisonneuve et Larose, 1963.

SUMMERS (M.). *The Werewolf.* Secausus, The Citaldel Press, 1973.

TENÈZE (M.-L.). *Quatre récits de loups.* (Tiré à part extrait de Volksüberlieferung), Göttingen, 1968.

THIERS (J.-B.). *Traité des superstitions qui regardent les sacrements selon l'Écriture sainte.* Paris, Compagnie des Libraires, 1741, 4 vol.

TRÉBUCQ (S.). *La chanson populaire et la vie rurale des Pyrénées à la Vendée.* Bordeaux, Feret, 1912.

VAN GENNEP (A.). *Le folklore de l'Auvergne et du Velay.* Paris, GP Maisonneuve, 1942.

VAN GENNEP (A.). *Manuel de folklore français contemporain.* Paris, Picard, 1943-1958, 9 vol.

VARTIER (J.). *Les procès d'animaux du Moyen Age à nos jours.* Paris, Hachette, 1970.

VERDIER (Y.). « Le Petit Chaperon rouge dans la tradition orale », in *Le débat* n° 3, Paris, Gallimard, 1980.

Remerciements

L'auteur et le directeur de la collection remercient vivement Daniel Dubois qui a collaboré à cet ouvrage en réunissant une grande partie de la documentation ethnographique, Josselyne Chamarat à qui l'on doit les recherches iconographiques, Marie-Louise Tenèze, aux recherches de laquelle nous devons la plus grande partie des contes publiés, Claude Seignolle et Jean Anglade qui ont accepté que des extraits de leurs œuvres littéraires soient reproduits, Nicole Patureau, directeur des Services d'Archives de l'Indre, Marie-Jeanne Darras, Cécile Abdesselam, et enfin tous ceux qui, nombreux, ont apporté leur aide et leurs conseils à l'élaboration de cet ouvrage.

Pour une même page, les numéros 1, 2, 3... indiquent l'ordre des photographies de haut en bas et de gauche à droite.

Iconographie

Photographies de : *M. Beaudenon* : pages 18 (1, 2), 20 (2), 25 (1), 79, 184, 185 (2). — *D. Bernard* : pages 63, 75 (1, 2), 98, 99, 116. — *F.-X. Bouchart* : page 73 (1, 2, 3). — *J.-J. Brisebarre* : pages 18 (1, 2), 20 (2), 25 (1), 79. — *J.-L. Charmet* : pages 30, 134 (1), 143, 146 (2), 161 (1), 171, 179 (1), 185. — *J.-M. Curien* : page 38 (2). — *B. et G. Delluc* : page 41 (1). — *E. Gless* (Liberté de l'Est) : pages 58 (1), 59 (1, 2). — *J. Hesse* : pages 83, 129. — *Ph. Speltdorn* : page 91. — *Z. Wdowinski* : pages 21 (1), 29 (1), 66.

Sources iconographiques :

Agences : *Explorer, J. Bras* : pages 21 (2), 37 (3), 123 (1), 125 (1), 152. — *Giraudon* : pages 37 (2, 4), 47 (3), 113, 132, 193 (2). — *Jacana, A. Rainon* : page 19 (2). — *Pitch, S. Cordier* : page 38 (1). — *Rapho, R. Doisneau* : page 147 (1); *Mac Hugh* : pages 19 (1), 20 (1); *E. Weiland* : page 22 (1). — *SNARK international* : page 144 (1). — *Ulstein Bilderdienst* : page 163 (2). — *Viollet, Harlingue* : page 31; *R. Viollet* : pages 63, 64 (2), 65 (1), 75 (2), 114 (1).

Institutions : *Archives de la Haute-Marne* : page 69 (1, 2). — *Archives de la région de Haute-Normandie* : page 145. — *Archives nationales (Paris)* : pages 47 (2), 50 (1), 107. — *Bibliothèque nationale (Paris)* : pages 22 (2), 25 (2), 27, 40 (1), 48 (1), 50 (2), 52 (1), 53 (1), 55 (2), 60 (1), 71 (1, 3), 78, 80, 81, 84, 85 (2), 90 (4), 93, 94 (1, 2), 96, 100, 101, 102 (1, 2), 103 (1, 2), 104 (1), 108, 111, 112, 118 (2), 119 (2), 120 (1, 2), 123 (3), 124, 128, 130, 131, 132, 136, 140, 141, 155, 159, 166, 168, 177, 188, 189 (1), 190 (1, 2), 191 (1, 2), 192 (1, 2), 195; *photo J.-L. Charmet* : pages 24, 35 (2), 42 (2), 44 (2), 54 (1), 96, 153, 154, 193 (1); *SPADEM (pour l'œuvre de B. Rabier)* : page 173. — *École vétérinaire (Maison-Alfort), photo J.-L. Charmet* : pages 47 (1), 106, 119 (1, 3). — *Institut royal du patrimoine artistique, ACL (Bruxelles)* : page 76 (2). — *Inventaire des monuments historiques du centre (Orléans), photo J.-C. Jacques et R. Malnoury* : page 146. — *Musée des arts décoratifs (Paris)* : page 74; *photo M. Beaudenon* : pages 104 (2), 189 (2); *photo J.-L. Charmet* : pages 23 (1), 34, 35 (1), 39 (1), 46 (1), 49 (2), 149, 150, 158 (1, 2), 170, 181. — *Musée des beaux-arts (Lille), Studio Gérondal* : page 147 (2). — *Musée des beaux-arts (Orléans), photo J. Verroust* : page 56 (1, 2). — *Musée Carnavalet (Paris), photo J.-L. Charmet* : page 71 (2). — *Musée de l'homme (Paris)* : pages 41 (2), 90 (1). — *Musée des monuments français (Paris), photo M. Beaudenon* : page 44 (1). — *Musée de Tulle, photo ATP* : page 85 (1); *Studio Durand* : page 148. — *Musée de la Vénerie (Senlis)* : page 115; *photo J. Verroust* : pages 110 (1, 2), 114 (2). — *Museum d'histoire naturelle (Paris)* : pages 118, 125 (2). — *Museum d'histoire naturelle (Rouen)* : page 137. — *Réunion des musées nationaux* : pages 144 (2), 161 (2); *photo du musée des ATP* : pages 49 (1), 52 (1), 53 (2), 64 (1), 82, 87, 88, 139, 151, 169, 181, 196; *photo du musée des antiquités (Saint-Germain-en-Laye)* : page 40 (2).

Provenances diverses : *Alexandre, fourrures* : page 23 (2). — *Bayard Presse, éditeur* : pages 186, 161 (2). — *Cahiers du cinéma* : page 164 (1, 2). — *CIRCA* : page 90 (2, 3). — *H. Cuny* : page 135. — *Dargaud, éditeur* : page 184. — *M.-J. Darras* : page 183 (1, 2). — *Fallu* : page 174. — *Folklore de Champagne* : page 67 (1). — *Imagerie d'Épinal* : page 182. — *Pujol* : page 180 (2). — *Le sauvage, dessin de G. Fenus* : page 59 (3). — *Sorlot, éditeur* : page 162. *Droits réservés* : page 179.

Dessins : *F. Proix* : pages 18 (3), 27 (2), 28 (1 à 6), 36, 42 (1), 70 (1), 76 (1), 89, 95, 105, 116 (1), 122 (1 à 3), 123 (2), 134 (2), 138, 187.

1re page de couverture : *Ph. Legendre.*
4e page de couverture : *Z. Wdowinski* (1). — *J.-L. Charmet* (2 et 4). — *Pitch, S. Cordier* : (3). — *H. Roger-Viollet* (5).

Conception : Jean-Jacques Brisebarre.
Fabrication : Anne-Marie Veujoz, Louise Champion, Noémi Adda.
Maquette : Atelier Pascal Vercken.
Documentation : Josselyne Chamarat, Marie-Laure Verroust.

Table

Achevé d'imprimer
sur les presses
de l'imprimerie Berger-Levrault à Nancy
Dépôt légal : 4e trimestre 1981
No d'imprimeur : 119735